Beck'sche Reihe
BsR 276

Frauen in der Geschichte sichtbar zu machen, ist das Ziel. Deshalb führt dieses Buch zu Frauen im Bereich der öffentlichen Politik; zu Frauen an den verschiedenen Plätzen ihrer Haus- und Lohnarbeit; zu Frauen, deren Sexualität zwar von Männern wissenschaftlich definiert, von ihnen selbst aber im Zeichen möglicher Schwangerschaften gelebt wird. Historische Frauenforschung wird hier außerdem als Programm und Praxis zur Diskussion gestellt.

Karin Hausen ist Professorin für Wirtschafts- und Sozialgeschichte an der Technischen Universität Berlin. Sie forscht seit langem zur Familien- und Frauengeschichte und veröffentlichte zuletzt u. a.: Mütter, Söhne und der Markt der Symbole und Waren. Der „Deutsche Muttertag“ 1923–1933, in: H. Medick, D. Sabean (Hg.), Emotionen und materielle Interessen, Göttingen 1984; zus. mit H. Nowotny (Hg.), Wie männlich ist die Wissenschaft? Frankfurt 1986; Große Wäsche. Technischer Fortschritt und sozialer Wandel in Deutschland vom 18. bis ins 20. Jahrhundert, in: Geschichte und Gesellschaft 13, 1987, Heft 3.

Frauen suchen ihre Geschichte

Historische Studien zum 19. und 20. Jahrhundert

Herausgegeben von
Karin Hausen

VERLAG C.H.BECK MÜNCHEN

CIP-Kurztitelaufnahme der Deutschen Bibliothek

Frauen suchen ihre Geschichte : histor. Studien zum 19. u. 20. Jh. / hrsg. von Karin Hausen. – 2., durchges. Aufl. – München : Beck, 1987.
(Beck'sche Reihe ; 276)
ISBN 3 406 09276 4
NE: Hausen, Karin [Hrsg.]; GT

Originalausgabe
ISBN 3 406 09276 4

2., durchgesehene Auflage. 1987
Einbandentwurf von Uwe Göbel, München
Umschlagbild: Berliner demonstrieren wegen der Fleischverteuerung (1912), Ausschnitt; aus: Glaser/Pützstück (Hg.), Ein deutsches Bilderbuch 1870–1918. München 1982, Nr. 206.

Gesamtherstellung: Georg Appl, Wemding
Printed in Germany

Inhaltsverzeichnis

Vorwort zur zweiten Auflage

Als unser Buch 1983 zum Berliner Historikerinnentreffen auf den Markt kam, gaben wir ihm viele gute Wünsche mit auf den Weg. Das Buch sollte das Interesse eines breiten Lesepublikums finden, aber auch Einzug halten in die wissenschaftlichen Bibliotheken, um von dort aus der historischen Frauenforschung einen breiteren Weg zu bahnen. Wenn das Buch jetzt in einer zweiten Auflage erscheint, so wollen wir dieses optimistisch als Zeichen der erhofften Bewährung deuten.

Seit 1983 hat die historische Frauenforschung in der Tat beträchtliche Fortschritte gemacht. Die Historikerinnentreffen in Wien, Bonn und Amsterdam haben die Diskussion weiter vorangebracht. Immer zahlreicher werden jetzt die nach mehrjähriger historischer Forschungsarbeit veröffentlichten Aufsätze und Bücher zur Frauengeschichte. Es zeichnet sich ab, daß die an die Geschichte von Frauen gerichteten, vorausstürmenden Fragen allmählich eingeholt werden von fundierten Kenntnissen.

Auch die Autorinnen dieses Bandes haben in den zurückliegenden Jahren weitergearbeitet. Dennoch haben wir auf eine tiefgreifende Überarbeitung der Texte verzichtet. Sie war uns weder möglich, noch erschien sie uns notwendig. Einzig einige Literaturhinweise wurden aktualisiert. Wir sind sicher, daß unser Buch auch weiterhin seine Funktion erfüllen wird. Unsere Hoffnung ist allerdings weiter gespannt. Im Vorwort zur dritten Auflage wollen wir demnächst festhalten können, daß unser anspruchsvolles Vorhaben, Geschichte umzuschreiben, um darin gleichberechtigt Frauen und Männer und deren Beziehungen zueinander aufscheinen zu lassen, ein gutes Stück vorangekommen ist.

Berlin, im Februar 1987 *Karin Hausen*

Einleitung

Frauen hat es in der Geschichte immer gegeben. Diese Aussage ist banal. Weniger banal ist dagegen der Zusatz, daß Frauen in der überlieferten Geschichte kaum vorkommen. Im allgemeinen Verständnis von Geschichte wurde bis vor kurzem das historisch Bedeutende so abgesteckt, daß nur diejenigen Räume und Zeiten des gesellschaftlichen Geschehens einbezogen waren, die für das Handeln und die Interessen von Männern entscheidende Bedeutung hatten oder haben. Zwischen dem Männerbereich des Öffentlichen und dem Frauenbereich des Privaten wurde eine Trennlinie angenommen, die das vermeintlich Relevante vom Nicht-Relevanten scheidet und Frauen mit ihrer typischen Lebenssituation in Haushalt und Familie aus der Geschichte ausgrenzt. Zur Geschichte zugelassen blieben dann allenfalls solche Frauen, die ähnlich den Männern als hervorragende Persönlichkeiten öffentliches Ansehen erlangten, sich in Parteien, Verbänden und Vereinen organisierten oder außerhäusliche Erwerbsarbeit leisteten. Doch zumeist galt das generell für Frauen übliche historische Vergessen auch diesen Frauen.

Um diese verzerrte Perspektive zu verdeutlichen, ließe sich ausmalen, wie unser Geschichtsbild wohl aussähe, wenn es aus der Sicht von Frauen entworfen würde und darin Männer – in Umkehrung der „normalen“ Bewertung – nur als das abgeleitete „andere“ Geschlecht erschienen. Dieses Gedankenspiel würde zumindest zutage fördern, wie ungeübt unsere Phantasie und wie untauglich unsere Sprache, unsere Begriffe und gängigen Deutungsmuster für ein solches Vorhaben sind. Denn die tagtägliche ebenso wie die wissenschaftliche Verständigung über Gesellschaft und Geschichte ist keineswegs neutral gegenüber den Geschlechtern, sondern von Grund auf männerzentriert. Darauf hat die Neue

Frauenbewegung in den letzten 15 Jahren mit Nachdruck aufmerksam gemacht.

Wem ist es früher schon aufgefallen, daß z.B. die Lexika des 19. und 20. Jahrhunderts Informationen über Frauen in den Sonderkategorien „Frau", „Frauenarbeit", „Frauenbewegung", „Frauenfrage" speichern, entsprechende Rubriken für Männer jedoch nicht aufweisen? Allenfalls zum Stichwort „Mann" findet sich ein vergleichsweise sehr kurzer Artikel. Warum wurde es bislang als selbstverständlich hingenommen, daß es eine allgemeine Kategorie „Arbeit" gibt, Frauen aber der Sonderkategorie „Frauenarbeit" bedürfen, unter der im übrigen nicht die unentlohnte Arbeit von Frauen in Familie und Haushalt, sondern die Erwerbsarbeit zusammengefaßt wird? Was besagt es eigentlich, daß bis heute niemals über eine „Männerfrage", wohl aber über eine „Frauenfrage" diskutiert wurde?

Zur „Frage" wurde im 19. Jahrhundert alles erklärt, was im herrschenden gesellschaftlichen und politischen System auf Veränderung drängte, also: Nationale Frage, Verfassungsfrage, Soziale Frage, Arbeiterfrage, Judenfrage und eben auch Frauenfrage. Ausführlich erläutert dazu Meyers Großes Konversationslexikon 1908:

„*Frauenfrage* ist die Frage, wie die Stellung der Frau im Gesellschaftsorganismus zu regeln ist. Diese Regelung ist bei den einzelnen Kulturvölkern und auf den einzelnen Kulturstufen in verschiedener Weise erfolgt. Eine eigentliche F. kennt erst die Neuzeit. Sie ist das Resultat einerseits der individualistischen Ideen, die sich seit dem 18. Jahrh. entwickelt haben, anderseits die Rückwirkung, welche die völlige Umgestaltung der wirtschaftlichen und sozialen Verhältnisse seit dem Ende des Mittelalters auf die Lage des weiblichen Geschlechts ausübte. In der F. offenbart sich das Bewußtsein von dem Vorhandensein eines Widerspruchs zwischen den Ansprüchen, welche die Frauen an die Gesellschaftsordnung zu stellen wirklich oder vermeintlich berechtigt sind, und der Stellung, die ihnen tatsächlich zugewiesen ist. Sie berührt alle Seiten der weiblichen Existenz, die rechtliche, wirtschaftliche, sittliche und politische. Mit der Frage zugleich entstand die *Frauenbewegung* als die Gesamtheit aller jener Bestrebungen, die auf die Beseitigung jenes Widerspruchs durch eine Neuregelung der Beziehungen des Weibes zur übrigen Gesellschaft gerichtet sind. (. . .)"

Die ersten Sätze dieses Zitats würden durchaus ihren Sinn behalten, wäre darin von Männerfrage, Mann und männlichem Geschlecht die Rede; denn die „Umgestaltung der wirtschaftlichen und sozialen Verhältnisse" betraf Männer nicht weniger als Frauen. Wie allerdings die Stellung der Männer im „Gesellschaftsorganismus" zu regeln sei, wurde jedoch bezeichnenderweise nicht als „Männerfrage", sondern geschlechtsneutral mit Begriffen wie „Menschenrechte", „Stände", „Klassen" diskutiert. Eine solche Redeweise verfolgte nicht etwa die Absicht, auch Menschen weiblichen Geschlechts an den „individualistischen Ideen" teilhaben zu lassen. In der Französischen Revolution setzte Olympe de Gouges deshalb neben die „Erklärung der Menschen- und Bürgerrechte" (im Französischen bezeichnet das Wort l'homme zugleich Mann und Mensch) ihre „Erklärung der Frauenrechte"; und erst als Frauen ihre bitteren Ausschluß-Erfahrungen in der Frauenbewegung politisch wendeten, erhielt im 19. Jahrhundert nicht anders als heute die „Frauenfrage" die ihr gebührende Aktualität. Wenn es im zitierten Text dazu heißt, das angestrebte Ziel sei eine „Neuregelung der Beziehungen des Weibes zur übrigen Gesellschaft", so wird mit dieser Formulierung Gesellschaft-minus-Frauen wiederum nicht als Männer-Gesellschaft wahrgenommen, sondern als Gesellschaft allgemein, zu der *das* Weib sich in Beziehung setzen muß.

Ein solcher Sprachgebrauch verweist auf weiterreichende Deutungsmuster. Auch hierüber gibt der zitierte Lexikon-Artikel Aufschluß, wenn man ihn gegen den Strich liest. Nach einem wohlwollenden Bericht über die Fortschritte der Frauenemanzipation in England, Deutschland, Schweden und Nordamerika wird darin als Zentralproblem der Frauenfrage die Frauenerwerbsarbeit herausgestellt und betont, daß den Frauen Erwerbsmöglichkeiten offenstehen müssen. Bevor dann geschildert wird, wie die Erwerbsfähigkeit von Frauen gefördert werden kann, lesen wir:

„Die F. (= Frauenfrage) betrifft danach vorzugsweise die *Unverheirateten,* da den Verheirateten Unterhalt und Wirkungskreis in der Familie geboten ist. Allerdings wird die soziale Stellung des weiblichen Geschlechts stets in erster Linie durch die Ehe und Familie und die hierdurch erwachsenden besonderen Aufgaben bestimmt bleiben müssen, und bei der spezifischen Verschiedenheit der von der Natur den Geschlechtern zugewiesenen Stellung im Geschlechtsleben kann selbst bei noch so weit getriebener formaler Rechtsgleichheit eine tatsächliche Gleichstellung des männlichen und weiblichen Geschlechts niemals zur Verwirklichung gelangen, obschon das Verhältnis der Unterordnung der Frau unter den Mann mehr und mehr einem wirklichen Genossenschaftsverhältnis weichen muß (...)"

Diese zwei Sätze versammeln wichtige Versatzstücke einer vor 200 Jahren begonnenen Diskussion über die gesellschaftliche Plazierung der Geschlechter. Dazu lautete 1908 mit Gewißheit und ohne Begründung die Prämisse: Die soziale Stellung des weiblichen Geschlechts werde in erster Linie durch Ehe und Familie bestimmt. Daran sei nichts zu ändern. Erstrebenswert sei zwar ein „Genossenschaftsverhältnis" zwischen Frau und Mann in der Ehe. Doch im übrigen werde alle formale Rechtsgleichheit zwischen den Geschlechtern durch die Natur selbst in ihre Grenzen gewiesen. Eine tatsächliche Gleichstellung der Geschlechter könne es deshalb nicht geben, da die Natur ihnen unterschiedliche Stellungen im Geschlechtsleben zugewiesen habe. Die Annahme, daß Ehe und Familie als Norm für das weibliche (nicht aber für das männliche) Geschlecht gelte, und die argumentative Verschränkung von Natur- und Rechtsverhältnissen sind Setzungen, die bis heute ein dichtes Gitter formieren, um die „Beziehungen des Weibes zur übrigen Gesellschaft" in die gewünschten Bahnen zu lenken. Auch der Artikelschreiber versteht dieses Mittel zu nutzen, um schließlich eine „Frauenfrage" nur für die, als Sonderfall aus dem weiblichen Geschlecht herausgenommenen, unverheirateten Frauen anzuerkennen.

Bereits dieses einfache Textbeispiel aus dem Jahre 1908 vermittelt einen Eindruck davon, wieviele Ablagerungen beiseite zu räumen sind, um die Geschichte von Frauen und den Platz von Frauen in der Geschichte freizulegen. Als Frauen in der Neuen Frauenbewegung eine eigene Geschichte als Möglichkeit wiederentdeckten und nach 1970 damit begannen, ihre Geschichte zu erforschen, ahnten sie nicht das Ausmaß und die Schwierigkeiten der erforderlichen historischen Grabungen. Sie wußten nur, daß hierzulande von der historischen Fachwissenschaft zunächst so gut wie keine Unterstützung zu erwarten war und daß dieses für die vorgenommene Arbeit ebenso Chance wie Hemmnis bedeutete.

Insgesamt hat das Nachforschen schon jetzt Kenntnisse und Einsichten zutage gefördert, die unser Geschichtsbild verändern werden. Es bleibt allerdings für die deutsche Geschichte noch viel zu tun, bevor die Zeit für zusammenfassende Bestandsaufnahmen und entschiedene Beurteilungen gekommen ist. Im Augenblick dürfte es wichtiger sein, die beim Nachforschen gesammelten Erfahrungen für die noch anstehenden Arbeiten auszuwerten. Es gilt, unergiebige und irreführende Fragen aufzugeben und aufschlußreichere zu entwickeln, hinderliche Begriffe und Kategoriensysteme zu durchschauen und durch tauglichere zu ersetzen, und methodische Instrumente zu verfeinern, die es erlauben, historische Quellen überhaupt für die Geschichte von Frauen zu entschlüsseln.

Die in diesem Sammelband veröffentlichten Aufsätze wollen zu einer solchen Zwischenbilanz beitragen und Einblick geben in die aktuellen historischen Grabungsarbeiten auf dem Gebiet der Frauenforschung. Der Entschluß zu einer solchen Publikation reifte heran, als wir – die gescholtenen „Expertinnen" – im Anschluß an die großen Historikerinnen-Treffen in Bremen 1980 und Bielefeld 1981 darüber diskutierten, warum der vielversprechende Plan, im Dialog zwischen persönlich und politisch allgemein interessierten Frauen und wissenschaftlich speziell eingearbeiteten Frauen das Verständnis von Frauengeschichte zu vertiefen und historische Frauenforschung zu verbessern, nur mühsam und gegen viel beiderseitige Ungeduld zu verwirklichen ist. Wir hofften mit unserem Versuch, über Spezialgebiete lesbar, engagiert und wissenschaftlich stichhaltig zu schreiben, die weitere Verständigung über historische Frauenforschung ein Stück voranzubringen.

Das so entstandene Buch schließt an bereits vorliegende Aufsatzsammlungen an, verfolgt aber andere Ziele. Unsere Aufsätze dokumentieren nicht direkt die Referate und Diskussionen der Historikerinnen-Treffen;[1] sie orientieren sich weder vorrangig an der wichtigen Aufgabe, im Interesse von Frauen das Schulfach Geschichte zu verändern,[2] noch zielen sie darauf ab, die deutschen

Vertreter der Geschichtswissenschaft zum Nachdenken über Frauen, Männer und Geschlechterverhältnisse in der Geschichte anzuregen.[3] Für alle, die die amerikanische, englische und französische Forschung verfolgen, fehlt es schon lange nicht mehr an einer solchen Anregung, und einige wichtige Beiträge liegen inzwischen auch in deutscher Übersetzung vor.[4] Die Möglichkeit, zehn kurze Aufsätze zu einem Buch zusammenzustellen, haben wir auch nicht dazu genutzt, die Situation von Frauen in einer bestimmten Epoche möglichst umfassend herauszuarbeiten, wie es jüngst für die Zeit des Nationalsozialismus geschehen ist.[5] Unser Ziel ist vielmehr, Neugier und Interesse zu wecken und weitere Forschungen anzuregen und zu verbessern. Deshalb will unser Buch anhand einiger Beispiele zeigen und zur Diskussion stellen, was und wie derzeit in der Bundesrepublik von Frauen über Frauen in der Geschichte gearbeitet wird.

Die Beiträge sind so ausgewählt, daß Frauen in wichtigen Bereichen ihres Lebens sichtbar werden und die gleitenden Übergänge zwischen den nur scheinbar getrennten privaten und öffentlichen Handlungsfeldern von Frauen deutlich zutage treten. Als Frauen der Neuen Frauenbewegung mit ihren Nachforschungen begannen, suchten sie zuerst nach der verschütteten Geschichte der Alten Frauenbewegung, um aus dieser Geschichte für die eigene politische Praxis zu lernen. Die Vielzahl der wiederentdeckten und nachgedruckten Texte und die inzwischen veröffentlichten Untersuchungen zur Organisationsgeschichte dokumentieren heute – außer der bereits geleisteten Arbeit – auch das Ausmaß des jahrzehntelangen Vergessens und Verdrängens. Dieses im Neuland der historischen Frauenforschung zuerst ausgemessene Forschungsfeld stellen wir in unserem Band mit Bedacht erst im Schlußkapitel vor. Uns erschien es sinnvoll, die tatsächliche Aufeinanderfolge der einzelnen Forschungsetappen gleichsam zurückzuspulen. Der vorliegende Band beginnt deshalb mit einer systematisierenden Zwischenbilanz der bisherigen Forschung, lenkt dann die Aufmerksamkeit auf Sexualität als soziale Beziehung und berichtet anschließend über die Arbeit von Frauen, bevor zuletzt „Organisation und Politik“ in den Blick kommen. Um näher zu erläutern, wie die Aufsätze aufeinander bezogen sind, will ich mit einigen Bemerkungen zum letzten Kapitel beginnen.

Die Suche nach der Geschichte der Frauenbewegung und der Frauenemanzipation und letztendlich nach dem historischen Platz von Frauen in der gesellschaftlichen Öffentlichkeit nähert sich sehr viel langsamer ihrem Ziel als anfangs erwartet. Die häufig kurzschlüssige Interpretation der zahlreich aufgefundenen Quellen hat uns erkennen lassen, daß unsere heutigen Erfahrungen ganz offensichtlich umfassende historische Forschungen nicht ersetzen können, sondern einzig diesen den Weg weisen. Unser Wissen, daß formale Gleichberechtigung nicht bereits reale gesellschaftliche Chancengleichheit der Geschlechter bedeutet, führt zur kritischen Analyse und Bewertung der historischen Programme zur politisch-rechtlichen Emanzipation. Die noch heute politisch brisante Diskussion, ob die Mobilisierung der Frauen als Frauen oder der Frauen als Teil der Arbeiterklasse eine umfassende Frauenemanzipation besser befördert, schärft ebenso wie das noch immer aktuelle Spannungsverhältnis zwischen autonomer Frauenbewegung und der innerhalb von Parteien, Verbänden, Kirchen etc. wirkenden Frauenbewegung den Blick für die Richtungs- und Organisationsvielfalt der deutschen Frauenbewegung vor 1933. So wird es möglich, die Frauenbewegung in ihren verschiedenen Organisationen und breit verzweigten Aktivitäten als Praxis ihrer Anhängerinnen wahrzunehmen und auch das Wirken von Frauen in anderen Organisationen der gesellschaftlichen Öffentlichkeit zu würdigen. Selbst für das 19. Jahrhundert erweist sich dann die übliche Gleichsetzung von Frauenbereich mit Privatbereich als irreführend. Ute Gerhard, Irene Stoehr und Doris Kaufmann entwickeln in ihren Aufsätzen solche Frageansätze weiter. Ihr Interesse gilt den Frauen, die sich 1848, vor 1914 und in der Zwischenkriegszeit in sehr verschiedenen sozialen und politischen Milieus dafür einsetzten, den Status von Frauen in der Gesellschaft zu verbessern; die Autorinnen versuchen, die Erfahrungen, Interessen, Zielvorstellungen dieser Frauen zu verstehen und deren Entfaltungs- und Einflußmöglichkeiten zu beurteilen.

Als Einheit gelesen zeigen diese drei Untersuchungen, in welchem Maße Frauenfrage und Frauenemanzipation quer zu den parteipolitisch abgesteckten Territorien liegen. Denn da sie bis ins letzte Detail zusammenhängen mit der geschlechtsspezifischen Organisation der gesellschaftlichen Arbeit, sind in ihnen Klassen- und Geschlechterantagonismen unentwirrbar verschränkt. Eindrucksvoll zeichnet sich auch die Widersprüchlichkeit der Emanzipationsgeschichte ab. Wenn Frauen im 19. und 20. Jahrhundert für ihre Rechte kämpfen, müssen sie zugleich gegen gesellschaftliche Entwicklungen ankämpfen, die die Frauen in der Gesellschaft fortwährend weiter zu benachteiligen drohen. Frauen erlangen schließlich gesellschaftliche Rechte und Anerkennung als autonome Persönlichkeiten. Sie sehen sich damit aber zugleich den Zwängen zur Assimilation in die vorgefertigte Männerwelt ausgeliefert. In einer Art Gegenbewegung zu dieser Emanzipation geraten sie außerdem seit der Wende zum 20. Jahrhundert verstärkt unter Schutz, Kontrolle und Vormundschaft von Staat und Gesellschaft, weil die ihnen eigene „Gebärfähigkeit" als soziale Ressource definiert und behandelt wird. Der Versuch, diese Widersprüche in eine einzige Richtung aufzulösen, wird umso verdächtiger, je mehr über die realen Lebensverhältnisse von Frauen bekannt wird und je nachhaltiger die konkurrierenden Emanzipationsstrategien des 19. und 20. Jahrhunderts daraufhin befragt werden, ob und wie sie den Frauen aus verschiedenen sozialen Schichten hätten zugute kommen können.

Vier Berichte über Frauenarbeit sind unter der Überschrift „Arbeit ohne Feierabend" dem Schlußkapitel vorangestellt. Anders als für Männer, deren Tage, Wochen und Jahre im 20. Jahrhundert immer deutlicher rhythmisiert werden durch den Wechsel von Arbeitszeit und Freizeit, regiert über die Zeit der Frauen weiterhin die Arbeit ohne Feierabend. Frauen haben in ihrem Leben und ihrer Leistung immer und zumeist mit großer Mühe den Zusammenhang von Haushalts- und Familienarbeit auf der einen und Erwerbsarbeit auf der anderen Seite zu bewerkstelligen. Die hierzu erforderliche Anstrengung wird unterschätzt. Schon im 19. Jahrhundert war es üblich, die immer ausschließlicher den Frauen zugewiesenen Zuständigkeiten für Familie und Haushalt nicht als

Frauen*arbeit* anzusprechen. Und daß Frauen in Familienhaushalten häufig genug auch Erwerbsarbeit leisteten, wird bis heute nur zögernd zur Kenntnis genommen.

Es ist bemerkenswert, wie wenig sozialistische Emanzipationsprogramme dieser doppelten Belastung von Frauen Rechnung trugen, wenn sie über Frauenerwerbsarbeit als Vehikel der Frauenemanzipation theoretisierten, zugleich aber den Wert privater Familienhaushalte hochschätzten. Frauen aus dem bürgerlich-liberalen Milieu und aus kirchlich-konservativen Kreisen, die generell gegen sozialistische Gesellschaftsentwürfe Front machten, sahen in diesem Punkt die tatsächlichen Probleme der Frauenemanzipation sehr viel klarsichtiger. Allerdings griffen sie umgekehrt mit ihren Reformvorstellungen, die bei den Aufgaben von Müttern und Hausfrauen ansetzten, viel zu kurz, um die gesellschaftliche Dominanz der Männer zu überwinden.

Wie kompliziert die soziale Plazierung von Frauen um die Wende zum 20. Jahrhundert war, veranschaulichen die auf sehr verschiedenartiger Quellenbasis erarbeiteten Berichte. Die Studien von Regina Schulte über Bauernmägde, von Dorothee Wierling über Dienstmädchen und von Sibylle Meyer über Hausfrauen im Milieu der mittelständischen Beamten lenken die Aufmerksamkeit auf Arbeitsplätze, die für unverheiratete und verheiratete Frauen zusammen mit der Heimarbeit bis nach dem Ersten Weltkrieg am häufigsten und wichtigsten waren.

Alle diese Arbeitsplätze galten im Gegensatz zu denen in der Fabrik, die hier an einem Beispiel aus der Juteindustrie von Marlene Ellerkamp und Brigitte Jungmann untersucht werden, den zeitgenössischen Beobachtern als „natürliche", da auf Haushalte ausgerichtete Betätigungsfelder für Frauen. Die „Unnatur" gesellschaftlicher Arbeitsverhältnisse für Frauen pflegte nur in Form der Fabrikarbeit angeprangert zu werden. Mit der Fabrikarbeit zeichnete sich ab, daß die für Männer im Laufe des 19. Jahrhunderts weitgehend durchgesetzte räumliche und zeitliche Trennung von Haus- und Erwerbsarbeit nun auch für Frauen zum Zuge kommen würde. Die räsonierenden Männer und Frauen fürchteten mit Recht, daß die als selbstverständlich vorausgesetzte familiale Grundlage der kapitalistisch-bürgerlichen Gesellschaft ins Wanken geriete, sobald eine feste, in Kindheit und Jugend intensiv eingeübte Familieneinbindung nun auch für die Mehrzahl der Frauen nicht mehr sichergestellt werden könnte. Die vollständige Mobilität der Ware Arbeitskraft auf dem Arbeitsmarkt erschien daher nur im Hinblick auf die Männer als gesellschaftlicher Fortschritt, im Hinblick auf die Frauen dagegen als gesellschaftsgefährdende Entwicklung.

Um dieser sozialen Bedrohung zu steuern, wurden schon im Kaiserreich Reformmaßnahmen in Kraft gesetzt. Langfristig hatte diese Strategie Erfolg. Kurzfristig brachten die Reformen den meisten erwerbstätigen Frauen kaum nennenswerte Entlastung. Zudem erhielten diese Maßnahmen in der von Männern dominierten Gesellschaft die Form der Ausnahme- und Sonderregelungen. Frauenarbeitsschutz stellt immer noch sicher, daß Frauen als Ausnahme von der Regel beschäftigt werden, was im Funktionszusammenhang des Arbeitsmarktes dazu führt, daß sich die Chancen der Frauen verschlechtern. Doch diese Behinderung war nicht neu. Sie verstärkte nur die bis heute übliche zweitrangige Bewertung der Frauen auf dem Arbeitsmarkt. Weil ein gesellschaftlicher Konsensus darüber besteht, daß Frauen in der Gegenwart oder Zukunft als Mütter und Hausfrauen fungieren bzw. fungieren sollen, öffnet sich für sie der Arbeitsmarkt nur mit besonders unattraktiven, unsicheren und unterbezahlten Frauenarbeitsplätzen. Der Arbeitsmarkt scheint geschlechtsneutral nach Angebot und Nachfrage, nach Leistung und Lohn zu funktionieren. Doch da diese Wirkungsmechanismen nach Männermaß zugeschnitten sind, produzieren sie zwischen den Geschlechtern eine unübersehbare Ungleichheit.

Wie immer die Suche nach den Frauen in der Geschichte ausformuliert wird, historisch nach Frauen zu fragen heißt unabweislich, auch das soziale Verhältnis beider Geschlechter zueinander zu thematisieren. Wieso aber sind dann nicht in der bisherigen „Männergeschichte“ ebenso zwangsläufig auch die Frauen immer schon zum Thema geworden? Als Frauen begannen, nach Frauen in der Geschichte Ausschau zu halten, begriffen sie zu ihrer eigenen Überraschung erstmals, wie erfolgreich wir unsere Sprache (seit wann eigentlich?) darauf eingestellt haben, über das Vorhandensein von Geschlechtern hinwegzutäuschen. Wenn von Menschen, von Bauern, Arbeitern oder Angestellten, von Jugendlichen, Lehrlingen oder Schülern die Rede ist, erscheinen Frauen und Männer als einheitliches Kollektiv. Doch dieses Kollektiv ist ganz offensichtlich nicht nur grammatikalisch meistens männlich ausgewiesen. Ein dergestalt „neutrales" Kollektiv als Subjekt oder Objekt historischer Ereignisse, Prozesse und Strukturen neutralisiert dann fast automatisch auch die Handlungen und Erfahrungen der doch je konkret in der Geschichte sehr verschieden betroffenen und beteiligten weiblichen und männlichen Menschen. Nicht zuletzt diese „Neutralität" unserer Wissenschafts- und Umgangssprache hat Frauen gelehrt, die Menschen wieder deutlich nach Frauen und Männern zu unterscheiden und die begründete Vermutung ernst zu nehmen, daß beide Geschlechter Geschichte höchst unterschiedlich leben und verarbeiten.

Um diese zentrale Einsicht als Angelpunkt aller historischen Frauenforschung zu unterstreichen, haben wir zwei Studien über Sexualität als soziale Beziehung an den Anfang des Buches gestellt. Die Kapitelüberschrift „Natur als Geschichte" ließe sich am bündigsten kommentieren mit der Wechselform „Geschichte als Natur". Körperlichkeit, Charakter und Bedürfnisse eines Menschen sind seine Natur und als solche geprägt durch die individuelle Lebensgeschichte und durchdrungen von der kollektiven Geschichte der umgebenden Gesellschaft. Ein besonders deutlicher Sammelpunkt dieser von Frauen und Männern gelebten Natur-Geschichten ist die Sexualität.

Einen Einblick in diesen Zusammenhang ermöglichen Gudrun Schwarz und Anna A. Bergmann mit ihren Aufsätzen. Sie untersuchen an zwei Beispielen, wie zwischen den Geschlechtern Sexualität und Herrschaftsbeziehungen vermittelt waren. Nimmt man den Geburtenrückgang als Indikator, so gelang es seit dem Ende des 19. Jahrhunderts immer mehr Frauen, über das Vermögen und die Bedürfnisse ihres Körpers selbst zu bestimmen und sich dem Zwang zum Gebären und Aufziehen von Kindern zu widersetzen. Ihnen entgegen stand eheliche, ärztliche, polizeiliche und richterliche Männermacht, die das Recht hatte, die sexuelle Befriedigung als Privileg des Mannes und das weitere Bevölkerungswachstum als höheren Gesellschaftszweck zu verteidigen. Anna A. Bergmann unternimmt am Beispiel der Gebärstreikdebatte der SPD den Versuch, die Heftigkeit und Unverhältnismäßigkeit, mit der in der Öffentlichkeit über den Geburtenrückgang diskutiert wurde, zurückzubeziehen auf die hinter diesem Phänomen verborgenen, spannungsreichen Auseinandersetzungen zwischen den Geschlechtern um Sexualität.

Auch Gudrun Schwarz stellt die Frage, wie Männer auf Frauen reagierten, die sich weigerten, das herrschende Geschlechterverhältnis der Sexualität für sich zu akzeptieren. Um hierüber etwas zu erfahren, untersucht sie die im 19. Jahrhundert von Wissenschaftlern aufgestellten und schnell popularisierten Theorien über Lesben. Diese Theorien sagen zwar wenig über frauenliebende Frauen, dafür aber um so mehr über die herrschenden sozialen Normen aus, die das Verhältnis der Geschlechter zueinander regulieren. Hier wie in vielen anderen Bereichen sind es Ärzte, die ihre Definitionsmacht einsetzen, um für Frauen verbindlich festzulegen, wo zwischen Natur und Unnatur, zwischen normalem und abweichendem Verhalten die Grenzen verlaufen. Und es ist durchaus nicht unwesentlich, daß es Männer sind, die ihre Wahrnehmungen in das Gewand der Wissenschaft kleiden, um die soziale Ordnung der weiblichen Sexualität zu bestimmen.

Die hier versammelten Aufsätze führen vor Augen, wie sich unsere historische Wahrnehmung verändert, wenn nicht mehr nur Menschen, sondern neben Männern auch Frauen in der Geschichte gesehen werden. Was der andere Blick auf Geschichte bisher zutage gefördert hat, bestätigt die in der Frauenforschung begründete Annahme, daß für das Verständnis von Geschichte und Gesellschaft „Geschlecht“ als soziale Kategorie unerläßlich ist. Um die in der historischen Frauenforschung bereits gewonnenen Erfahrungen und Erkenntnisse zu systematisieren und auszuwerten, hat Gisela Bock die besonders weit fortgeschrittenen Forschungen und methodischen Diskussionen in Amerika kritisch gesichtet. Ihre breit ausgeführte Zwischenbilanz markiert den schon erreichten

Forschungsstand und das mögliche Niveau, von dem aus Diskussionen über Probleme und Maßstäbe der historischen Frauenforschung weitergeführt werden können. Dieser Aufsatz leitet unser Buch ein. Er soll damit nicht einen Anspruch formulieren, den die folgenden Fallstudien einzulösen beabsichtigen. Er ist vielmehr als Anregung und Aufforderung gedacht, auch in Deutschland die Möglichkeiten und Aufgaben der historischen Frauenforschung stärker als bisher zu diskutieren, um so den Startpunkt für neue Forschungen so weit es geht vorzuschieben. Die vorgelegten Aufsätze sind eher Werkstattberichte als abgeschlossene Forschungen. Ihr Vorzug ist, daß sie historisches Material in einiger Breite und mit all seinen Widersprüchen aufnehmen. Die Autorinnen hatten ihre Forschungen mit aktuellen Fragen begonnen. Um dem schließlich aufgefundenen Material Antworten zu entlocken, mußten sie ihre Fragen verändern und dem Material anpassen. Der Forschungsprozeß ist kompliziert. Er ist um so komplizierter, wenn Geschichte der Frauen nicht nur als Ideologiegeschichte, sondern auch und vorrangig als Sozialgeschichte zutage gefördert werden soll. Wir hoffen mit den hier vorgestellten Ergebnissen davon zu überzeugen, daß sich die Mühe der historischen Grabungsarbeiten lohnt.

Karin Hausen

Anmerkungen

Barbara Duden hat wesentlichen Anteil am Zustandekommen dieses Buches gehabt. Ich danke ihr.

1 Vgl. die Dokumentationen: Muttersein und Mutterideologie in der bürgerlichen Gesellschaft. Frauenarbeitstreffen vom 18.–20. Januar 1980 in Bremen (Hektographierter Bericht); Sonderheft „Frauengeschichte" in: Beiträge zur feministischen Theorie und Praxis 5, 1981.

2 Vgl. Annette Kuhn u. a. (Hg.), Frauen in der Geschichte, 2 Bde, Düsseldorf 1979 und 1982; außerdem die Sonderhefte „Frauen in der Geschichte" in: Geschichtsdidaktik 3, 1978, Heft 4; 4, 1979, Heft 1; 6, 1981, Heft 3.

3 Siehe Hans-Ulrich Wehler (Hg.), Frauen in der Geschichte des 19. und 20. Jahrhunderts, Göttingen 1981 (= Geschichte und Gesellschaft 7, 1981, Heft 3/4.)

4 Claudia Honegger, Bettina Heintz (Hg.), Listen der Ohnmacht. Zur Sozialgeschichte weiblicher Widerstandsformen, Frankfurt 1981.

5 Frauengruppe Faschismusforschung, Mutterkreuz und Arbeitsbuch. Zur Geschichte der Frauen in der Weimarer Republik und im Nationalsozialismus, Frankfurt 1981.

I

Historisches Fragen nach Frauen

Gisela Bock

Historische Frauenforschung: Fragestellungen und Perspektiven*

Notwendigkeit und Legitimität historischer Frauenforschung wurden in den Vereinigten Staaten seit den späten 60er Jahren im Zusammenhang der neueren Frauenbewegung gesehen und begründet. Um die Mitte der 70er Jahre waren „women's studies" grundsätzlich und vielfach auch institutionell anerkannt. Zugang zu akademischen Ressourcen fanden Frauen in mannigfachen Formen, sowohl als Teil der Disziplinen wie als eigenständige Forschungsprogramme oder Curricula. Dies ermöglichte eine rasche Entwicklung der Frauenstudien, und ähnliche Initiativen folgten bald in anderen Ländern.[1] Gleichzeitig blieb Frauenforschung eine wesentliche Manifestation der wie immer auch heterogenen Frauenbewegung. Historische Frauenstudien waren und sind Teil einer „Herausforderung" an sexistische Strukturen in der Wissenschaft; solche Strukturen zu untersuchen und das Wissen von Frauen über sich selbst zu erweitern, waren 1977 die Hauptmotive zur Gründung der National Women's Studies Association.[2]

Um die gleiche Zeit, als in den USA das historische Interesse an Frauenstudien eindrucksvoll wuchs – die Treffen der Berkshire Conference of Women Historians zogen seit 1974 Tausende interessierter Frauen an –, zeigte sich Ähnliches in der Bundesrepublik. Arbeitsgruppen wurden inner- und außerhalb von Universitäten gegründet, historische Arbeitskreise auf der jährlichen „Sommeruniversität für Frauen" in Berlin fanden seit 1976 reges Interesse,[3] die Zahl frauenbezogener Lehrveranstaltungen und Examensarbeiten wuchs, feministische Zeitschriften brachten Forschungsergebnisse von Historikerinnen. Die historische Frauenforschung und feministisch engagierte Historikerinnen haben in der Bundesrepublik allerdings bisher noch kaum Zugang zu akademischen Ressourcen gefunden. Ein Grund dafür ist wohl die Tatsache, daß – im Unterschied zu den USA – die Expansion des Interesses an Frauenstudien mit einer Kontraktion der öffentlichen Haushalte zusammenfiel; ein anderer, daß die hiesigen akademischen Traditionen weniger offen für die Erkenntnisinteressen sind, die den neuen historiographischen Ansätzen zugrundeliegen.

Frauen, denen in der Gegenwart „Selbstverwirklichung" erschwert wird, sehen sich darauf verwiesen, die historischen Ursachen und Wirkungsweisen solcher Behinderungen zu erkennen, und sie werden damit nicht nur auf die Geschichte von Frauen verwiesen, sondern gerade auch auf die von Männern. Darüberhinaus ist dieses Erkenntnisinteresse vielfach von einem spezifischen Merkmal der neueren Frauenbewegung geprägt: Jenseits bloßer Gleichberechtigung oder Gleichheit mit Männern strebt sie eine Autonomie von Frauen an, und über eine Kritik der differentiellen Stellung der Geschlechter („Diskriminierung") stellt sie moderne Machtstrukturen insgesamt in Frage. Diesem Erkenntnisinteresse ist es zu verdanken, daß die neuere historische Frauenforschung von Anfang an Frauengeschichte in den Gesamtzusammenhang von Geschichte stellte und Fragestellungen entwarf, die über „Männergeschichte" wie über herkömmliche Frauenforschung hinausgehen. Laufende Forschungen und drei Arbeitstreffen von Historikerinnen haben dazu geführt, die Fragen zu differenzieren und in eine Fülle historischer Einzelprobleme aufzufächern.[4] Hingegen ist die gleichzeitige Auseinandersetzung um grundsätzliche Fragen historischer Frauenforschung in der Bundesrepublik bisher kaum dokumentiert worden. Die folgenden Überlegungen, die sich weitgehend an der nordamerikanischen Diskussion im letzten Jahrzehnt orientieren, sollen dazu beitragen, diesem Mangel abzuhelfen.

Das Allgemeine und das Besondere. Als engagierte Frauen in den 70er Jahren damit begannen, historisch über Frauen zu forschen, ging es ihnen um weit mehr als um bloße Anreicherung des Wissenschaftskanons mit „Frauenthemen“ oder „frauenspezifischer Forschung“, verstanden lediglich als Titel mit Bestandteilen wie „Frau“, „weiblich“ usw. Ebensowenig konnte es darum gehen, die bisherige Halbheit der Geschichtswissenschaft durch eine umgekehrte Halbheit und historiographische Dichotomie zu ersetzen und damit reflektiert das fortzusetzen, was Historiker unreflektiert getan haben.[5] Neuere historische Frauenforschung meint in erster Linie einen „anderen Blick“ auf Geschichte insgesamt,[6] einen neuen Ansatz.

Voraussetzungen, Formen, Inhalte und Folgen eines solchen Perspektivwechsels sind häufig Gegenstand methodischer Reflexionen und empirischer Forschung geworden. Obgleich das Pathos der Neuentdeckung und empörten Selbstbestätigung von Frauen sich in mühsamer historischer Arbeit teilweise abgenutzt hat, verdient der Ausgangspunkt dieser neuen Sichtweise immer noch hervorgehoben zu werden: In einer Geschichtswissenschaft, die Rationalität, Universalität und neuerdings Geschlechtsneutralität für sich beansprucht,[7] ist die weibliche Hälfte der Menschheit unsichtbar geblieben. Warum nur gibt es scheinbar so wenige Frauen in der Geschichte? Daß es „so wenige Historikerinnen“[8] gibt, ist gewiß eine, aber keine zureichende Erklärung. Ein Überblick über verschiedene Verfahrensweisen, Frauen unsichtbar zu halten, vermag die Frage besser zu beantworten.

Innerhalb einer Geschichte von Staaten, Regierungen und Kriegen ließ sich der Ausschluß von Frauen noch ihrem Fehlen unter den Haupt- und Staatsakteuren zuschreiben. Und doch müßte gerade diese Abwesenheit auch in solche Geschichtsschreibung einbezogen werden. Wird dies versäumt, so wird im wissenschaftlichen Verfahren ein Ausschluß von Frauen praktiziert, dessen Vorverständnis selten explizit, oft aber auf der Ebene widersprüchlicher Begrifflichkeit zutage tritt: beispielsweise bei der Behandlung des „allgemeinen" Wahlrechts für Männer, die Frauen schon sprachlich aus „der" Geschichte ausklammert.[9] Auch Forschungen über Unterschichten übergehen Frauen. Werden explizit nur Männer als Gegenstand gewählt, so mag das Verfahren als normal erscheinen, wenngleich seine Ergebnisse zu bezweifeln sind: so bleibt etwa hinter der Freizeit von Arbeitern die Arbeit von Frauen verborgen.[10] Wird eine soziale Gruppe wie Angestellte untersucht, die großenteils aus Frauen besteht, ohne daß sie als Frauen zum Thema werden, so bedarf die Analyse empirischer wie grundsätzlicher Revision.[11] Werden ganze Epochen und ihr historischer Wandel gesellschaftsgeschichtlich „aus der Vogelperspektive",[12] aber ohne Blick auf die Frauen behandelt, so wird der gesellschaftsgeschichtliche Anspruch dieser Perspektive absurd. Werden Frauen in solchen Analysen zum „Sonderproblem" erklärt,[13] so offenbart sich ein Allgemeinproblem, das allen diesen Verfahrensweisen zugrundeliegt: Frauen werden nicht einfach vergessen, sondern die weibliche wird als Sonderfall der männlichen Species „Menschheit" verstanden, während Geschichte von Männern als Allgemeingeschichte definiert wird. Daß aber Frauen in der Hierarchie und Symbolik fast aller historisch bekannten Gesellschaften „unten" angesiedelt wurden, sollte nicht rechtfertigen, dies in der Relevanzhierarchie geschichtswürdiger Gegenstände zu reproduzieren – es sei denn, Historiker fühlen sich eben dieser Tradition von „oben" und „unten" verpflichtet. Insoweit in den genannten Ansätzen dies Verhältnis zwischen Allgemeinem und Besonderem zutage tritt, scheint die Unsichtbarkeit von Frauen in der Geschichte sich also in erster Linie einem Geschlechterverhältnis zu verdanken, das analytisch-sozialtheoretisch mit Phallologozentrismus, Androzentrismus oder Sexismus umschrieben wurde.[14]

Historiographische Verfahrensweisen, die nur die Hälfte der Menschheit und diese Hälfte nicht als Männer, sondern als geschlechtsneutrale Wesen wahrnehmen, führen nicht nur zu einer unvollständigen, sondern zu einer falschen Universalität. Es ist deshalb irrig anzunehmen, „die bisherige ‚Männergeschichte' (habe) . . . sich zwar nicht so genannt, aber überwiegend so verstanden".[15] Tatsächlich hat sie sich nicht als Geschichte von Männern oder als von Männern gemachte Geschichte, sondern als allgemeine Geschichte verstanden. Männer und Frauen wurden auch nicht „dichotomisiert" wahrgenommen,[16] sondern die Wahrnehmung von Frauen wurde der Wahrnehmung von Männern subsumiert. „Geschlechtsspezifisch" wurde deshalb in der Regel ein Verfahren genannt, das auch Frauen, nicht aber eines, das nur Männer behandelte; als frauen-„spezifisch" wird die neuere Frage nach Frauen eingeordnet, während männer-„spezifische" Fragen an die „allgemeine" Geschichte nicht gestellt werden. Es wäre jedoch nützlich, die Wissenschaftssprache von solchen präjudizierenden Begriffen freizuhalten und damit für neue Fragestellungen erst zu öffnen.

Frauen in der Geschichte – Geschichte von Frauen. Warum gibt es nun seit einigen Jahren viele Frauen in der Geschichtsforschung? „Sichtbarmachen"[17] war ein erster Schritt, das übliche Verhältnis zwischen Allgemeinem und Besonderem und die Hierarchien von Bedeutsamkeiten in Frage zu stellen. Weitere Schritte folgten. Historikerinnen fanden schnell heraus, daß Frauenforschung sich nicht darauf beschränken darf, weiße Flecken auf der Wissenschafts-Landkarte auszufüllen, Frauen der bisherigen Historiographie nur hinzuzuaddieren und so eine bloß „kompensatorische" Funktion zu erfüllen.[18] Das Sichtbarmachen von Frauen betrifft nicht nur einzelne Bereiche (etwa Familie), sondern prinzipiell jeden historischen Bereich: Innen- wie Außenpolitik, Bevölkerungs- wie Wirtschaftsgeschichte, Bereiche „mit" oder „ohne" Frauen können und sollen zum legitimen Gegenstand historischer Frauenforschung werden. Sie deckt nicht nur Forschungslücken ab, sondern stellt auch bisherige Forschungsergebnisse in Frage: sowohl in der unerläßlichen Umkehr des gängigen Satzes, daß Frauengeschichte getrennt von der „allgemeinen" ein Unding sei, wie in der Hypothese, daß auch „Männergeschichte" andere Ergebnisse zeitigen wird, wenn sie als Geschichte wahrgenommen wird, die Männer *als Männer* gemacht haben. Es zeichnet sich die Erkenntnis ab, daß keineswegs nur „die Hälfte der Geschichte ... Geschichte von Frauen ist."[19] Frauen in der Geschichte sichtbar machen heißt auch, Männer in der Geschichte sichtbar machen. Daß neuerdings über Männer auf eine Weise geforscht wird, die gerade nicht „Männergeschichte" im bisherigen Sinn, sondern Geschichte von Männern in bezug auf Frauen darstellt,[20] zeigt ebenfalls, daß jegliche additive Konzeption von Frauengeschichte zu kurz greift.

Frauenforschung muß nicht nur über additiv-kompensatorische Geschichte hinausgehen, sondern auch über das, was „kontributorische" Geschichte genannt wurde:[21] ein Ansatz, der lediglich den Beitrag von Frauen zur „allgemeinen" Geschichte, zu deren Prozessen und Institutionen in Politik, Wirtschaft, Kultur hervorhebt. Gewiß ist die verbreitete Annahme kurzschlüssig, Frauen seien in solchen offensichtlich männerdominierten Bereichen nicht vertreten gewesen, und gewiß ist es wichtig, die vergessene Geschichte solcher Frauen aufzuhellen. Andererseits ist das historische Unsichtbarbleiben von Frauen oft gerade der Tatsache zuzuschreiben, daß wir sie an den gleichen Orten suchen, wo Männer sich bewegen, und sie deshalb nicht finden können. Herkömmliche Wert- und Relevanzkriterien und damit die historiographische Privilegierung „bedeutender" Frauen[22] in der „männlichen" Welt müssen auch hier in Frage gestellt werden. Die Notwendigkeit, über kontributorische Frauengeschichte hinauszugehen, betrifft ebenso die Unterschichten-Historiographie: hier werden Frauen häufig nur dann behandelt, wenn sie in die „männliche" Welt der Erwerbstätigkeit und ihrer Organisationen eintreten.[23]

Ohne Zweifel sind sowohl kompensatorische wie kontributorische Frauenstudien nach wie vor erforderlich. Die Erkenntnis ihrer Grenzen bedeutet aber, über die Feststellung hinauszugehen, daß es „auch" Frauen in der Geschichte gibt. Diese Erkenntnis hat dazu geführt, als Ziel eine historiographische Universalität anzuvisieren, die neu bestimmt werden muß, und zwar weder als Subsumtion noch als Addition noch als Kontribution der Frauen zum „Allgemeinen". Der Weg dahin führt über das, was gegenwärtig als „Frauenthemen" oder „frauenspezifische Forschung" vielfach, aber zu Unrecht für zweitrangig erklärt wird: gerade angesichts noch dürftiger Quellenerschließung und mangelnden Wissens bleiben solche Forschungen vordringliche Aufgabe. Auf diesem Weg haben Historikerinnen zu Fragestellungen gefunden, die einer positiven Formulierung jenes Ziels näherführen. Dies geschah im gleichen Maß, wie der Perspektivwechsel des „Sichtbarmachens" sich als ein doppelter erwies: die Notwendigkeit, „to restore women to history", führte zu der weiteren, „to restore history to women".[24] Damit führte die Frage nach Frauen in der Geschichte zur Frage nach der Geschichte von Frauen, nach einer Geschichte also, die zwar nicht unabhängig von derjenigen von Männern, aber doch eine von Frauen *als Frauen* ist und als solche wahrgenommen zu werden verdient. Gibt es eine unterschiedliche Geschichte für Männer und Frauen? Männer haben ihre Erfahrungen als Geschichte definiert und Frauen ausgelassen. Haben Frauen eine eigene Erfahrung in der und von der Geschichte?

Die frauengeschichtlichen Studien im letzten Jahrzehnt zeigen, daß diese Frage bejaht werden muß. Die vielfältigen Antworten lassen sich hier unmöglich resümieren. Unter methodischem Gesichtspunkt machen sie aber vor allem deutlich, daß mit der Frage die jeweilige Antwort (etwa Art und Unterschiedlichkeit solcher Erfahrung) nicht gegeben und einfach, sondern umstritten und komplex ist. „Weibliche Erfahrung" ist in prononciertem Sinn eine Fragestellung, nicht eine Antwort. Denn sie orientiert sich nicht an der (feministischen Historikerinnen oft unterstellten) Hypothese einer fundamentalen, für alle Frauen gleichen Wahrnehmung oder Situation. Vielmehr geht sie von der Tatsache aus, daß das, „was wir über die vergangene Erfahrung von Frauen wissen, uns hauptsächlich durch die Reflexion von Männern übermittelt ... (und) von einem Wertsystem geprägt worden ist, das Männer definiert haben." Daran schließt sich die Frage an: „Wie würde eine Geschichte aussehen, wenn sie durch die Augen von Frauen gesehen und von Werten strukturiert würde, die Frauen definieren?"[25] Während Ansätze, die unter Titeln wie „weibliche Erfahrung", „weibliche Geschichte", „feministische Wissenschaft" erprobt wurden, in der Bundesrepublik noch als unwissenschaftlich abgetan werden, haben sie schon einen Reichtum an Gemeinsamkeiten und Unterschieden von Frauenexistenzen zutage gefördert, der sich nicht auf einen gemeinsamen Nenner universaler „Weiblichkeit" bringen läßt. Der Weg vom „Sichtbarmachen" über die Frage nach

„weiblicher Erfahrung" zur Problematik des „defining females"[26] führte nicht zu Reduktionismus, sondern ist die Entfaltung einer Fragestellung, die zu Unrecht ins historiographische Ghetto verbannt wurde.

Frauengeschichte und Sozialgeschichte. Historische Frauenforschung hat wichtige Einsichten und Hilfsmittel vor allem aus der Sozialgeschichte bezogen, und auch der umgekehrte Prozeß zeichnet sich schon ab. Diese Rezeption war nicht ohne herbe Kritik im Ganzen wie im Detail denkbar. Einige ihrer Motive sollen hier am Beispiel von drei gesellschaftlichen Teilbereichen und von drei historischen Methodenfragen angedeutet werden.

Bundesrepublikanische Historiker vollzogen in den 60er Jahren einen „Paradigmawechsel",[27] indem sie die Unterschichten, die „Schweigenden", die „inarticulate" als geschichtswürdigen Gegenstand entdeckten. Diese Art von „Sichtbarmachen" hatte mit der späteren Entdeckung von Frauen gemeinsam, daß es sich großenteils um Menschen handelte, die kaum direkte oder schriftliche Zeugnisse hinterlassen hatten und deren Erforschung deshalb besonderer Fragestellungen und Methoden bedurfte. Die Chance, damit zugleich auch Frauen wahrzunehmen, wurde jedoch blokkiert durch eine Fixierung auf den „kleinen Mann"[28] und auf Schichten- oder Klassenmodelle, deren herkömmliche Verwendung Frauen unsichtbar hielt. Die sozialhistorische Kritik an der Geschichtsschreibung der Arbeiterbewegung, die vorwiegend Organisationen, Programme und Führer behandelt hatte, führte lediglich zu einer neuen Arbeitergeschichte, kaum zu einer Geschichte von Arbeiterinnen und erst recht nicht zu einer von Hausarbeiterinnen. Falls diese doch vorkamen, dann als Frauen „ihrer" Männer und oft verborgen hinter „Nicht"-Arbeit, „Privatsphäre" und „Alltag".[29]

Ähnliche Wahrnehmungsmuster kennzeichnen die Mobilitätsforschung. Sie orientierte sich ausschließlich an der Mobilität von Männern, und wo es um berufliche Mobilität zwischen Generationen ging, an derjenigen zwischen Vätern und Söhnen.[30] Daß dieses Verfahren großenteils durch die Quellen aufgenötigt wird, erledigt das Problem nicht, sondern führt es von der empirischen auf eine konzeptionelle Ebene: Wenn Frauen in solche Forschungen einbezogen werden, ist es dann berechtigt und welche Konsequenzen hat es, „Status" oder „Plazierung" von Frauen nicht nur stillschweigend, sondern nun explizit an ihrem Ehemann oder Vater zu messen?[31] Ist ein solcher Maßstab nicht schon selbst Indikator für einen sozialen Status, der dem von Männern nicht gleichgeordnet und ohne grundsätzliche Erwägungen über die jeweilige Bedeutung von Heirat für Männer und Frauen auch nicht mit ihm verglichen werden kann? Ist jener Status doch weder der eigene, noch identisch mit dem von Ehemann/Vater, noch besitzt er dessen Stabilität. Welche Konzepte und Quellen wären geeignet, den eigenen Status von Frauen und dessen Wandel zu bestimmen? Ist er bestimmbar durch Erwerbstätigkeit, durch männliche Familienangehörige oder durch neu auszuarbeitende Maßstäbe wie die Arbeit, die Ehefrauen an ihren „statusbestimmenden" Männern verrichten, Mutterschaft, Zahl der Kinder, weibliche Verwandtschaft?[32]

Besonders aufschlußreich für Frauengeschichte könnte die historische Familienforschung sein. Bis vor kurzem war Familie der einzige Bereich der Sozialgeschichte, wo Frauen „institutionell" vorhanden waren. Trotzdem behandeln historische Analysen der Familie, die doch als „Frauensphäre" par excellence gilt, zuweilen nur Väter und Söhne.[33] Unsichtbar bleiben Frauen aber auch in Modellen, die Familie und Haushalt als Konglomerat geschlechtsneutraler Individuen behandeln, Familie als einheitliches Subjekt gleichgerichteter Interessen verstehen oder Frauen auf eine familiale „Reproduktionsfunktion" reduzieren, und schließlich in Modellen vom Verhältnis zwischen Familie und Gesellschaft, die das Verhältnis der Geschlechter sowohl in der Familie wie in der Gesellschaft nicht in die Analyse einbeziehen.[34]

Die Kritikerinnen betonen demgegenüber eine Geschichte der Familie als eines bestimmten und wechselnden Verhältnisses zwischen Frauen und Männern. Innerhalb der Familie wurden nach Geschlechtern unterschiedliche Interessen, verschiedene Arbeiten, differentielle Entscheidungs- und Machtstrukturen konstatiert.[35] Von hier aus ergaben sich auch neue Gesichtspunkte für das Verhältnis von Familie und Gesellschaft: im Hinblick auf Gemeinsamkeiten in der familiären Situation von Frauen wurde etwa die Vorstellung von der Familie als Untereinheit von Klassen angezweifelt,[36] und im Hinblick auf die unterschiedlichen familiären Situationen von Frauen wurde die Vorstellung von der Familie als Grundeinheit der Gesellschaft kritisiert: eine (historisch veränderlich) große Zahl von Menschen ist überhaupt nicht oder nicht in „normale", „vollständige" Familien eingebunden; praktisch wirksame Sozialbeziehungen von Frauen orientieren sich oft stärker an weiblicher Verwandtschaft als an der Gesamtfamilie oder auch am Lebenszusammenhang von nicht-verwandten Frauen.[37] Vielfach ist deshalb für eine frauenorientierte Familienforschung der „Lebenszyklus" noch entscheidender als der „Familienzyklus".[38] Während in den meisten familienhistorischen Arbeiten das „Private" konzeptionell privat bleibt und allenfalls dem „Politischen" antagonistisch entgegengesetzt wird, problematisieren Historikerinnen den zugrundeliegenden Politik-Begriff und verweisen auf die reale Politisierung des Privaten spätestens seit dem 19. Jahrhundert.[39]

Als methodisch-technisches Instrumentarium ist für die drei genannten sozialgeschichtlichen Forschungsbereiche der Einsatz von Statistik und computerisierter Datenverarbeitung von großer Bedeutung und kann es auch für historische Frauenforschung sein. In der Bundesrepublik hat sie von dieser Möglichkeit der Verarbeitung von „Massenquellen" noch kaum Gebrauch gemacht, während es einigen beispielhaften Studien aus den USA mit Hilfe solcher Quellen und Techniken gelang, „schweigende" Frauen zu Gehör zu bringen.[40] Solche Studien zeigen allerdings nicht nur den Nutzen des Quantifizierens, sondern bestätigen auch die Erkenntnis, daß selbst eine geschlechtsspezifisch registrierende Statistik nur durch eine besondere Art des Fragens und neue interpretatorische Konzeptionen zur Auflösung jenes Schweigens beitragen kann. Wo es um menschliche Erfahrungen, um Macht- und Arbeits-, Liebes- und Solidaritätsverhältnisse geht, bleibt die Statistik stumm.

Auch die historische Demographie bedient sich quantitativer

Verfahren, und Bevölkerungswissenschaft und -statistik haben seit dem 18. Jahrhundert wichtige Daten für Frauen- und Familienforschung gespeichert. Am Beispiel der Bevölkerungswissenschaft läßt sich aber auch ein methodisch-begriffliches Problem erläutern. Ihre Geschichte zeigt, wie ein wissenschaftliches Vokabular Frauen zum Schweigen bringen kann im gleichen Maß, wie sie zu ihrem bevorzugten Objekt werden. Noch am Ende des 19. Jahrhunderts befaßte sie sich offen – in politischen Stellungnahmen und Folgerungen – mit Frauen und deren Gebärverhalten, ausgedrückt in der „Geburtenrate" (= Geburten pro tausend Menschen). Ihre zunehmende Konzentration auf Frauen führte während der 1920er Jahre dazu, daß zum Zweck präziserer Messung, Prognose und Politik der Maßstab der „Fruchtbarkeitsrate" entwickelt wurde: die Geburten wurden hier pro tausend Frauen im gebärfähigen Alter gemessen. Mitte der 30er Jahre schien es erforderlich, den Maßstab ausschließlich auf Frauen auszurichten: nicht nur im Nenner verschwanden die Männer, sondern nun auch im Zähler; dieser verzeichnete nur noch die Zahl der Töchter als potentiell Gebärende der nächsten Generation. In der geschlechtsneutralen Neuprägung „Nettoreproduktionsrate" verschwanden aber Mütter und Töchter ebenso wie jeglicher Hinweis auf den sozialen Akt des Gebärens und sein Umfeld: Reproduktions-Begrifflichkeit reduzierte ihn auf „Biologie" bzw. „Ökonomie". Damit korrespondierte eine historische Entwicklung, in der sich eine „Rassen-" und „Fortpflanzungshygiene" eben jene parzellierte „Reproduktion" weitgehend unterwarf.[41] Historische Frauenforschung, die sich die Daten der Demographie zunutze machen will, muß sie aus sprachlich geronnenen Androzentrismen erst herausdestillieren. So etwa auch beim „generativen Verhalten": demographisch meint es Zahlen und Zeiten des Gebärens. Was ist deren Verhältnis zum tatsächlichen Wortsinn, zum „Zeugungsverhalten", und zum wirklichen Verhalten von Frauen beim Gebären?

Frauengeschichtliche Kritik und Rezeption der Sozialgeschichte vermögen anzudeuten, was sich in den mit „Betroffenheit", „Parteilichkeit", „Subjektivität"[42] umschriebenen Versuchen ausdrückt, „männliche" Wissenschaft zu problematisieren. Hier geht es nicht nur um den methodischen Anspruch, einer Schein-Objektivität die Subjektivität einer Frauenperspektive entgegenzusetzen, sondern vor allem um den inhaltlichen Anspruch, die Erfahrungen von Frauen zu rekonstruieren. Hier sind (auto-)biographische und mündliche Geschichte von besonderer Bedeutung, und auch dabei kann historische Frauenforschung Anregungen aus anderen sozialgeschichtlichen Bereichen aufgreifen.[43] Solche Ansätze sind für die Erforschung von Unterschicht- und Oberschicht-Frauen gleichermaßen wichtig. Denn erst die Betrachtung „schweigender" wie „sprechender", „gewöhnlicher" wie „bedeutender" Frauen vermag sie als Geschlecht aus dem Dunkel der Geschichte[44] zu lösen.

2. *Frauengeschichte und Geschlechtergeschichte*

Geschlecht als soziale Kategorie. Auf unterschiedliche Weise haben Frauen sich um eine konzeptionelle Fundierung ihrer Geschichte bemüht, die es ermöglicht, Frauen nicht nur auf partikulare Männergeschichte, sondern auf Geschichte und Gesellschaft überhaupt zu beziehen und Gemeinsamkeiten wie Unterschiede der Situation von Frauen zu erfassen. Vielfach griff man anfänglich auf das sozialwissenschaftliche Instrumentarium progressiver Strömungen in Politik und Wissenschaft zurück, in den USA vor allem auf die Forschungen der neuen Linken und der Bürgerrechtsbewegung.

Versuche, die Frauensituation als Ausbeutung durch Männer zu beschreiben und analog der Ausbeutung von Männern in den Kategorien einer Klassenanalyse (also nach ihrem Verhältnis zu Produktionsmitteln, Markt, Kapital, Arbeit) zu definieren, führten in Sackgassen: Die Bestimmung durch Erwerbstätigkeit war unzureichend, diejenige durch Ehemänner/Väter eine abgeleitete, diejenige durch unbezahlte Hausarbeit sprengte die Klassenanalyse. Solche Versuche führten entweder zur These von Frauen als „Klasse" par excellence oder zum Aufgeben aller herkömmlichen Klassenbestimmungen. Die Ablehnung dieser Konsequenz führte zu der Einsicht, daß – da Frauen in allen Klassen anwesend sind – die

Klassen-Termini weder den Gemeinsamkeiten noch den Besonderheiten der Frauensituation noch ihrer Beziehung zur Gesellschaft ausreichend Rechnung tragen.[45]

In Anlehnung an ethnische Diskriminierung wurde die Lage von Frauen häufig auch als die einer „Minderheit" oder „Randgruppe" definiert (polemisch zuweilen auch als „Kaste" oder „Rasse"). Die Unzulänglichkeit auch dieser Analogie ergab sich aus der – nur scheinbar simplen – Tatsache, daß sie die Hälfte der Menschheit ausmachen. Sie lassen sich keinen für Minderheiten entwickelten Begriffen einfügen, und umgekehrt trifft die tatsächliche Marginalität von Minderheiten auf die soziale Existenz von Frauen nicht zu. Schließlich verschleiert ein solches Modell auch die spezifische Situation von Frauen der tatsächlichen Minderheiten ethnischer und sonstiger Art.

Die Erkenntnis der Unzulänglichkeit gängiger, geschlechtsneutraler Kategorien führte die Diskussion um Frauenforschung seit Mitte der 70er Jahre auf eine neue Ebene. Aus der Suche nach Frauen in der Geschichte und nach der Geschichte von Frauen ergab sich, daß Frauen nicht in Analogie zu anderen sozialen Gruppen begriffen werden können. Frauen sind ein Geschlecht. Sie müssen als solches historisch konzipiert und Geschlecht muß als grundlegende Kategorie sozialer und historischer Realität, Wahrnehmung und Forschung eingeführt werden. Die Bedeutung der Geschlechter muß integraler Bestandteil des historischen Erkenntnisinteresses sein: „Es sollte zur zweiten Natur für Historiker werden, was immer sein oder ihr Spezialgebiet ist, die Konsequenzen von Geschlecht ebenso bereitwillig zu studieren wie diejenigen – beispielsweise – von Klasse."[46] Eine solche Sichtweise visiert eine allgemeine Geschichte an, die auch als Geschichte der Geschlechter verstanden werden muß und in der die Geschichte von Frauen und von Männern aufeinander bezogen werden können.

Begrifflichkeit, Voraussetzungen und Konsequenzen dieser Sichtweise müssen, da sie nicht zum selbstverständlichen Instrumentarium der Historiographie gehören, entworfen und erforscht werden. Während „Geschlecht" von manchen noch für sekundär, von anderen bereits für abgeschafft erklärt wird,[47] ist die ernsthafte

Debatte längst nicht abgeschlossen, und verschiedene Disziplinen sind an ihr beteiligt, vor allem auch eine aus Frauensicht revidierte Anthropologie. Im folgenden werden einige terminologische und forschungsstrategische Motive dieser Debatte umrissen und teilweise weitergeführt. Dabei stehen die beiden genannten Gesichtspunkte im Zentrum: das Verhältnis von Frauen zu einer auch als Geschlechtergeschichte verstandenen Allgemeingeschichte und die Homogenität bzw. Heterogenität der Frauensituation.

Geschlechter und Geschlechterbeziehungen. Die Kritik an androzentrischen Vorurteilen und die Rekonstruktion der Lebenswelt von Frauen betreffen vor allem diejenigen Bereiche, die in vielen Wissenschaften als „Sphäre der Frau" und vielfach als universal gültig beschrieben werden: Familie, Mutterschaft, Mütterlichkeit, Reproduktion, Altruismus, Heim, Hausarbeit, Privatheit, Wärme, Inneres, Expressivität, Liebe, Natur, informelle Beziehungen. Im Gegensatz zur „Sphäre der Frau" wird die „Männerwelt" üblicherweise konzipiert als Bereich von formalisierten Beziehungen, Instrumentalität, Aggressivität, Öffentlichkeit, Produktion, bezahlter Arbeit, Politik, Recht, Egoismus, Kultur, Macht, Gesellschaft, Prestige, Äußerlichkeit usw. Das Interesse historischer Frauenforschung richtet sich nun sowohl auf die geschlechtliche Differenzierung, Asymmetrie oder Segregation dieser Bereiche bzw. Verhaltensweisen wie auf das Verhältnis zwischen ihnen (Parallelität, Komplementarität, Hierarchie, Subordination) und damit auf das Machtverhältnis zwischen den Geschlechtern.

Ein solcher Blick auf die Lebenswelt von Frauen hat selbst schon weitreichende Voraussetzungen und Folgerungen, die sich vielleicht nach drei Richtungen zusammenfassen lassen. Erstens erfordert er neue Wertungen. Nicht nur wird die historiographische Relevanzhierarchie umgestülpt, sondern auch die dominierende soziale Werthierarchie der untersuchten (und der eigenen) Gesellschaft wird zur Diskussion gestellt: historiographisch und sozial wird neu gesehen und gewertet, was Frauen tun, tun sollen, getan haben.[48] Zweitens liegt die Annahme zugrunde, daß sexuelle Differenzierung ebenso wie sexuelle Hierarchie sozialpolitisch-kulturelle Produkte sind, daß sie weder auf biologische Determinierung noch auf andere (existentielle, transzendente) Wesenheiten außerhalb historischer Prozesse und schon gar nicht auf eine einzige und einheitliche „ursprüngliche" Ursache zurückzuführen sind. Die reduktionistische Frage nach dem „Warum" erscheint als irrelevant gegenüber der weiterreichenden nach dem „Wie", den Strukturen, Funktionen, Mechanismen, Formen, Inhalten, Bedeutungen der Geschlechter-Asymmetrien.[49] Die dritte Implikation betrifft das „Was": wachsende Zweifel an der „Annahme, wir wüßten, was ‚Männer' und was ‚Frauen' sind",[50] werden zu einem methodischen Prinzip und befördern die Einsicht, daß selbst die Worte „Frau" und „Mann" einer keineswegs selbstverständlichen Bestimmung bedürfen. Damit rücken Fragen nach geschlechtlicher Identität, ihrer Entstehung, Zuweisung und Bedeutung ins Zentrum. Eine annehmbare Alternative zu gängigen Reduktionen auf Prä-Soziales, wirklich oder scheinbar Antagonistisches zeichnet sich inzwischen ab: Frauen (wie auch Männer) müssen „in ihrer Bezogenheit – auf andere Frauen und auf Männer – verstanden werden, nicht in Begriffen von Unterschied und Apartheid."[51] Geschlechtergeschichte muß als Geschichte von Beziehungen sowohl zwischen wie innerhalb der Geschlechter gedacht und erforscht werden.

Vor diesem Hintergrund kritisierten Historikerinnen und Anthropologinnen die Annahme einer universal gültigen geschlechtlichen Asymmetrie bzw. Hierarchie, weil sie unzutreffend sei und Ergebnisse präjudiziere. Die oft leidenschaftliche Diskussion des letzten Jahrzehnts ging insbesondere um folgende drei Fragen: Wie ist geschlechtliche Asymmetrie beschaffen und ist sie tatsächlich universal? Ist eine geschlechtsbestimmte Differenzierung von Bereichen bzw. von Verhalten immer und notwendig verbunden mit einer Machthierarchie, in der Männer dominieren und Frauen abhängig sind? Inwieweit ist die Wahrnehmung der Forscher von dem Geschlechterverhältnis ihrer eigenen Herkunftsgesellschaft bestimmt (Ethno- und Androzentrismus, unterschiedliche Konzeptionen von Stellung oder Befreiung der Frau)?

Vielerlei Antworten auf diese Fragen sind bisher erprobt worden. Anerkannt scheint, daß alle bekannten Gesellschaften geschlechtsbestimmte Bereiche bzw. Tätigkeiten kennen, daß deren konkrete Bestimmung aber alles andere als universal ist. Vor allem kann die Stellung des weiblichen Geschlechts nicht als „panhuman" gelten, denn ihre Variationen sind ebenso vielfältig wie die in der Stellung des männlichen. Die dualisierenden Charakteristika der „Geschlechtersphären" sind selten alle gleichzeitig und in derselben Verteilung den Geschlechtern zugeordnet. Die Analysen unterscheiden sich darin, ob sie trotzdem gewisse soziale Bestimmungen (etwa privat/öffentlich, Mutterschaft) für universal geschlechterprägend halten oder nicht.[52] Sie sind sich einig, daß die Frage nach der Universalität geschlechtlicher Differenzierung in ihrer anfänglichen Schlichtheit falsch gestellt ist, daß sie differenziert oder neuformuliert werden muß.

Die Frage nach der Dominanz des männlichen Geschlechts wird auf der einen Seite mit der These beantwortet, daß Kultur und Macht (Recht, Religion, Politik, Öffentlichkeit) universal von Männern bestimmt werden und daß Frauen in diesen Bereichen und durch sie untergeordnet werden. Andererseits werden beträchtliche Ausnahmen und vor allem das Argument ins Feld geführt, daß die Orientierung an formellen Kultur- und Machtstrukturen von eurozentristischem Denken geprägt sei. So seien „privat" und „öffentlich", „häuslich" und „außerhäuslich" moderne Unterscheidungen und Realitäten, ihre Projizierung auf vergangene und ferne Gesellschaften verdecke sowohl wichtige Frauenaktivitäten wie die variable objektive Macht und Wertung von „Haus" und „häuslicher" Tätigkeit; sie übersehe, daß in manchen, vielleicht vielen Gesellschaften die subjektive Bewertung von Macht und Abhängigkeit nach Geschlechtern unterschieden ist, daß nicht alle Männer Träger formalisierter Machtstrukturen sind und daß informelle Macht von Frauen bedeutender sein kann als formelle von Männern.[53]

Was schließlich das Verhältnis zwischen einer geschlechterdichotomischen Realität und den erkenntnistheoretischen Folgen und Grenzen einer dichotomischen Wahrnehmung seitens der Forscherinnen und Forscher anbelangt, so ist das Bewußtsein dafür geschärft worden, daß unsere heutige Wahrnehmung und ihre Begrifflichkeit weitgehend ein Produkt von Soziologie und Sozialbiologie seit dem 19. Jahrhundert sind. Diese müssen selbst als kulturelles Produkt im Rahmen der historischen Geschlechterverhältnisse und ihres Wandels im 19./20. Jahrhundert analysiert werden. So wurde z. B. das moderne Bild getrennter „Sphären" zur gleichen Zeit von Männern ausgearbeitet und verbreitet, als sich die traditionell-segregierte Welt von Frauen und die vielfältigen Beziehungen zwischen ihnen auflösten. An ihre Stelle trat die „Frauensphäre" der modernen Gattenfamilie, wo Frauen in kleinen sozialen Einheiten an ein männliches Oberhaupt gebunden und tatsächlich voneinander isoliert wurden bzw. werden sollten. Die dichotomisierende Ideologie der meist biologisch begründeten und angeblich überzeitlichen „Frauensphäre" wurde eines der Mittel, mit denen im Zug von „Fortschritt" und „Modernisierung" seit dem 18. Jahrhundert eine relative Autonomie der traditionellen Frauenwelt allmählich aufgebrochen und von einer neuformierten Männerwelt kontrolliert wurde.[54]

Auch in dieser Debatte zeichnen sich unterschiedliche Positionen ab. Auf der einen Seite steht die Hypothese, dichotomisierende Ideologien, insbesondere die des 19./20. Jahrhunderts, hätten hauptsächlich die Funktion, eine fundamentale „Gleichheit" der Geschlechter unsichtbar zu halten und damit deren soziale und ökonomische Gleichstellung zu verhindern.[55] Auf der anderen Seite steht die Vermutung, daß mit den Beschwörungen von „Weiblichkeit" und ihrer „Sphäre" gerade ein „anderer" weiblicher Geschlechtscharakter gebannt werden sollte: eine informelle Macht sui generis von Frauen, eine Bedrohlichkeit des weiblichen Geschlechts für formelle Machtstrukturen und Institutionen, Bereiche von „Listen",[56] Verweigerung und weiblicher Dominanz unterhalb der Oberfläche geschlechtlicher Asymmetrie von Macht.

Die Debatte um die „Frauensphäre", ihre Universalität und Wertung in verschiedenen Gesellschaften überschnitt sich in den 70er Jahren mit der Debatte um die Brauchbarkeit herkömmlicher historischer Zäsuren und Periodisierungen. Sie müssen in Frage gestellt werden, weil die zugrundeliegenden Indikatoren für die

Charakterisierung und Abgrenzung bestimmter Epochen und für den Wandel zwischen ihnen sich ausschließlich an der Geschichte von Männern orientieren. Was etwa traditionell als Fortschritt an Humanität und Freiheit gilt, muß nicht das Gleiche für Frauen heißen und heißt oft genug das Gegenteil. Was aber können taugliche Indikatoren für eine epochenübergreifende Geschichte von Frauen sein? Ist nicht etwa der einschneidende, langwierige und umkämpfte Übergang zur Klinikgeburt ein wichtigerer Markstein für die Geschichte von Frauen als herkömmliche Zäsuren? Führt eine solche „doppelte Sicht“[57] auf Geschichte zu einer Frauengeschichte mit gänzlich divergierenden Zäsuren? Müssen oder können divergierende Zäsuren in einer Geschlechtergeschichte aufeinander bezogen werden, und wenn ja: wie?

Die Zusammenarbeit von Historikerinnen und Anthropologinnen hatte vielfältige begriffliche und inhaltliche Folgen. So sollte beispielsweise die Entstehung moderner Hausarbeit nicht nur als Nebenprodukt der Entstehung einer kapitalistischen Klassengesellschaft gesehen werden, sondern beide zugleich sollten nach ihren Ursachen im Formwandel eines voraufgegangenen Geschlechterverhältnisses befragt werden.[58] Ein solcher Ansatz geht weit darüber hinaus, den neuentdeckten „Reproduktions“-Bereich dem bekannteren „Produktions“-Bereich hinzuzuaddieren; schon diese Terminologie ist fragwürdig, da sie Ergebnisse präjudiziert und den Zusammenhang beider eher verbirgt als klärt.[59]

Zu den gängigen Begriffen und Konzepten, die kritisiert und ad acta gelegt worden sind, gehört etwa „Rolle“, die als „Frauenrolle“ oder „Geschlechtsrolle“ meist auf Frauen, aber kaum auf Männer (als Geschlecht) angewandt worden ist. Geschlecht ist eine viel tiefergreifende, weniger austauschbare und weniger wandlungsfähige[60] soziale Zuschreibung als das, was – sowohl in der Sprache des Schauspiels, aus der sie stammt, wie in der Soziologie – mit Rolle bezeichnet wird. Umgekehrt ist die geschlechtliche Zuschreibung vielfältiger, als dieser Begriff nahelegt, und umfaßt tatsächlich vielerlei „Rollen“ innerhalb jedes Geschlechts. Rollen-Terminologie tendiert außerdem zum Modell eines „separate but equal“, indem sie geschlechtliche Strukturen von Macht und Ungleichheit eher verbirgt als offenlegt. Sie bezieht sich mehr auf Sozialisation als auf soziale Struktur und lenkt damit weg von historischen, ökonomischen und politischen Fragen: spricht man doch auch nicht von „Klassenrolle“ oder „Rassenrolle“. Ähnlich wie der Begriff „Gebärfunktion“ lenkt der Begriff „Rolle“ das historische Nachdenken über Frauen in die Falle der Verdinglichung.

Meines Erachtens mit Recht kritisiert, aber nicht ad acta gelegt ist der Begriff „Patriarchat“ als epochenübergreifende Bezeichnung des Geschlechterverhältnisses, wenngleich er in der Forschung faktisch durch Begriffe wie „Geschlechtersystem“ und „geschlechtliche Stratifizierung“ abgelöst wird. „Patriarchat“, so wurde gefordert, sollte einer spezifischen Ausprägung des Geschlechterverhältnisses vorbehalten werden, in der ein (greiser) Vater die Macht über Frauen, Kinder und sonstige Abhängige ausübt. Im Unterschied dazu scheint für die moderne Gesellschaft der Begriff „Sexismus“ eher geeignet, um das Machtverhältnis zwischen den beiden Geschlechtern, unabhängig von tatsächlicher Vaterschaft, zu bezeichnen.[61] Nützlich wäre es, den Gebrauch von „Sexismus“ auf die Neuzeit zu beschränken und epochenübergreifende Phänomene geschlechtlicher Asymmetrie begrifflich offen zu lassen für weitere Forschung über den Grad an Universalität und Variabilität, Formen, Inhalte und Bedeutungen solcher Asymmetrie.

Geschlecht und „Biologie“. Eine spezifisch moderne Form von Reduktionismus und das noch immer mächtigste Hindernis für die Ausarbeitung einer sozialen Kategorie des Geschlechts ist der Biologismus. Aufgekommen im 19. Jahrhundert, wirkt er bis heute in Gesellschaftswissenschaften, Biologie und Sozialbiologie und hat vielfach das Denken selbst seiner Gegner geprägt. Seit etwa einem Jahrzehnt breitet sich ein neuer Boom von „Biokraten“ aus. Sozialreformerische Strömungen, eingeschlossen feministische, haben die Reduktion von Geschlechter- (oder Rassen- oder Klassen-) Beziehungen auf „Natur“ im Sinn von „Biologie“ meist zurückgewiesen.[62] Sie wandten ein, daß eine solche Reduktion ideologisch sei, weil sie tatsächlich Soziales und Historisches als naturnotwendig präsentiere, und daß sie den Status quo festschreibe, weil „Biologisches“ unveränderbar sei. So suchte man zu beweisen, daß nicht „Angeborenes", „Abstammung" und „Erbmasse", sondern „Milieu" und „Soziales" die Geschichte bestimme: etwa daß zwar Besitz „vererbt" werde, nicht aber Armut, daß „biologische" Gebärfähigkeit zu variablen Formen von Mutterschaft führe oder daß Anatomie keine bestimmte Form von Sexualität determiniere. Zur Unterscheidung zwischen „Biologischem" und „Nicht-Biologischem", um das eine zugunsten des anderen auf ein Minimum zu reduzieren, greifen Biologisten wie Antibiologisten häufig zu dem gleichen Argument: daß nämlich Phänomene, die in allen bekannten Gesellschaften vorkommen, universal gültig und damit „biologisch", d.h. in einem unzugänglichen Innen verwurzelt und deshalb unveränderlich seien; veränderbar sei nur das, was als „nichtbiologisch" erwiesen werden könne.

Mehrfach ist die grundsätzliche Unhaltbarkeit dieser Argumentation und ihrer Vorverständnisse dargelegt worden.[63] Wird sie zur „Widerlegung" des Biologismus von Antibiologisten benutzt, so bleiben diese allerdings dem von der biologistischen Tradition entworfenen Denken verhaftet. Auch die Anfänge der beschriebenen Diskussion um die „Universalität" männlicher Dominanz und weiblicher Unterordnung standen – ungeachtet des Reichtums ihrer Ergebnisse – teilweise in dieser argumentativen Tradition.[64] Umgekehrt scheint ein Teil der Widerstände gegen neuere Ansätze und Organisationsformen der Frauenforschung von der Furcht motiviert, „Biologisches" könne in die sozialen Kategorien der Wissenschaft einbrechen.[65] Zuweilen wird die wissenschaftliche und gesellschaftliche Legitimität historischer Frauenforschung geradezu damit begründet, daß – um die Lage von Frauen zu verbessern – deren Zugehörigkeit zum Reich der Kultur und nicht etwa der Natur wissenschaftlich demonstriert werden müsse. Die Problematik dieser Denkform wird jedoch deutlich, befaßt man sich mit der Geschichte von Biologie, Sozialbiologie und von Versuchen, sie entlang der Fragestellung „Biologie oder Soziales" zu widerlegen.

Von „Biologie" pflegt im Zusammenhang mit Geschichte dann die Rede zu sein, wenn es um Frauen, nicht aber, wenn es um Männer geht. Schon daran wird deutlich, daß es sich hier um ein kulturelles Konstrukt handelt: um geschlechtliche Asymmetrie zu „erklären", trat an die Stelle anderer Denkmuster[66] die Dichotomie zwischen „weiblicher" Biologie und „männlicher" Kultur. Dabei werden „biologisch" genannte – d.h. morphologische, anatomische, physiologische, neuerdings auch genetische, cerebrale, endocrinologische, ethologische – Geschlechtsdifferenzen im Sinn unterschiedlicher Geschlechtsmerkmale mit der geschlechtlichen Differenzierung von Gesellschaften in Beziehung gesetzt. Die „naturwissenschaftliche" Erforschung von Geschlechtsunterschieden wurde in den letzten Jahren großzügig finanziell gefördert; fast immer wird sie zur impliziten oder expliziten Demonstration von Geschlechterbeziehungen benutzt.

Die Kritik von Natur- und Sozialwissenschaftlerinnen konnte zeigen, daß die meisten dieser Analysen von Geschlechtsunterschieden entweder falsch oder vorurteilsbeladen, uneindeutig, unabgeschlossen oder gar prinzipiell nicht – nämlich nicht ohne mörderische Menschenversuche – abschließbar sind. Sind die Ergebnisse hingegen stichhaltig, so sagen sie nichts über Geschlechterbeziehungen. Für die Fragen einer Geschlechtergeschichte sind solche Forschungen deshalb irrelevant: „Biologie ist stumm."[67] Werden sie „sozialbiologisch" interpretiert, so führen sie einzig zu der unannehmbaren Alternative, entweder die sexuellen Vorurteile und das Frauenbild der (fast durchweg männlichen) Forscher zu akzeptieren, oder aber zum Zweck von „Gleichheit" die Geschlechtsunterschiede abzuschaffen: eine Möglichkeit, die beim heutigen Stand von misogyner medizinischer und genmanipulatorischer Technologie durchaus realistisch ist (hormonale Steuerung, vielerlei Sterilisationstechniken, Retortenbaby, Geschlechtsumwandlung usw.). Dies ist nicht neu: Die Geschichte der Biologie und verwandter Wissenschaften ist seit einem Jahrhundert weitgehend geprägt von der Doppelung, ein bestimmtes Mann-Frau-Bild zu entwerfen und andererseits mit fortschrittlichem Vokabular und fortgeschrittensten Instrumenten in Geist und Körper von Frauen und anderen „Minderwertigen" einzugreifen. Biologismus bzw. Sozialbiologie zielen keineswegs bloß auf die Festschreibung eines angeblichen Status quo, sondern auf soziale Intervention im

Sinn einer manipulierten Zukunft. Sie müssen als genuine, „lebensgesetzliche"[68] Sozialtheorie verstanden werden, als Realität und „Mythos des 20. Jahrhunderts": als Sexismus und Rassismus, bzw. Andro- und Ethnozentrismus.

Feministische Wissenschaftlerinnen denken nicht daran, offensichtliche Geschlechtsunterschiede, zu deren Feststellung keinerlei „biologische" Forschung nötig ist, zu negieren und erst recht nicht zur Eliminierung freizugeben. Umso nachhaltiger betonen sie, daß solche Forschung nichts mit Geschlechtergeschichte, aber umso mehr mit modernem Denken über das Geschlechterverhältnis zu tun hat. Welche Form dieses Verhältnis in einer bestimmten historischen Konstellation auch annehmen mag (etwa die moderne Form der „Ungleichheit"), weder konzeptionell noch empirisch läßt sich aufrechterhalten, daß es „auf Geschlechtsunterschieden beruht".[69] Weitaus sinnvoller ist es „zu fragen, wie solche Unterschiede durch Geschlechterbeziehungen geschaffen werden",[70] was historisch überhaupt als „Unterschied" definiert wird und warum.

Geschlechterbeziehungen sind nicht auf Geschlechtsunterschiede reduzierbar, und weder natur- noch sozialwissenschaftlich lassen sie sich von diesen zwingend ableiten. Die analytische (aber nicht reale) Trennung zwischen Geschlechtsunterschieden und Geschlechterbeziehungen ist unerläßliche Voraussetzung für historische Geschlechterforschung, weil ihr angenommener (aber nicht realer) Zusammenhang in Sackgassen führt. Gilt etwa „Biologisches" wie Gebären durch soziale Übereinkunft als minderwertig im Vergleich zu Zeugen oder Arbeit, so führt die biologistische, d.h. andro- oder ethnozentrische Konstruktion der Geschlechterbeziehungen zur schlichten Tautologie: die „Frauensphäre" ist weniger wert als die „Männersphäre". Umgekehrt muß, wer das heutige Verhältnis der Geschlechter als „geschlechtslos" oder „unisex" definiert, angesichts des sichtlichen Gegenteils die Geschlechter „biologisch" definieren: als sichtlich unterschiedliche „Schwellung in den blue jeans".[72] „Biologie" wird hier zum Endprodukt spezifisch modernen Denkens über Geschlechter.

Antibiologistische Versuche, das aus dem „Sozialen" möglicherweise herausfallende „Biologische“ auf ein Minimum zu reduzieren, um ein Maximum durch „Umwelt“ zu erklären und so für „Veränderbarkeit“ zu retten,[73] machen dem Biologismus eine entscheidende Konzession: nämlich „die Annahme, daß Unterschiede zwischen Personen soziale Ungleichheit rechtfertigen. Biologische (...) Unterschiede werden oft für vernunftgerechtere Grundlagen sozialer Ungleichheit gehalten als Unterschiede, die durch Umwelt bedingt sind: letztere haben ein größeres Recht auf besondere Kompensation.“[74] Selbst wenn „Biologie“ im Spiel wäre: warum müssen Frauen dafür mit „Minderwertigkeit“ bezahlen? Offenbar ist es nicht nur „fundamentaler und schwieriger, sondern auch teurer“, mit physiologischen Unterschieden im sozialen Kontext frauen- und menschenfreundlich umzugehen. Das „biologische“ Problem erweist sich hier als eines der sozialökonomischen Geschlechterbeziehungen. Denn „ein Zustand, wo der soziale Beitrag von Frauen (Kinderversorgung, Hausarbeit, Gemeindearbeit) nur indirekt, über das Einkommen des Ehemanns entlohnt wird, ist weder moralisch noch praktisch durch das Faktum gerechtfertigt (sollte es denn ein Faktum sein), daß Frauen aus biologischen Gründen die Arbeit mit Kindern besser bewältigen als Männer.“ Frauen- und Geschlechtergeschichte sollte deshalb ihre wissenschaftliche und gesellschaftliche Legitimation – nämlich zur Erkenntnis und Besserung der Lage von Frauen beizutragen – nicht auf die Fragestellung „Biologie oder Soziales“ gründen, und erst recht nicht sollte diese Besserung von einer „Antwort“ auf sie abhängig gemacht werden.

Dies gilt noch aus einem weiteren Grund, der über die ökonomischen Implikationen des Biologie-Begriffs hinausführt, aber mit ihnen zusammenhängt. Angesichts der tiefen Verwurzelung gerade historisch gewordener Beziehungen wie Rassismus und Sexismus bürgt keine Erfahrung oder Theorie dafür, daß Behinderungen, Ungleichheit, Ungerechtigkeit leichter zu beseitigen sind, wären sie „sozial“ statt „biologisch“ bedingt. Vielmehr wird in solchem Sprachgebrauch der Begriff „Biologie“ zu einer genuin sozialwissenschaftlichen Kategorie im Sinn von ursprünglich, eingeboren, natürlich, zwingend, unveränderbar, schicksalhaft. Sind diese Konzepte an sich schon für historische Forschung problematisch, so erst recht die Tatsache, daß sie für ihre Aussage einen „natur"-wissenschaftlichen Begriff bemühen. Sein sozialwissenschaftlicher Bedeutungshorizont hat im übrigen wenig zu tun mit den Bereichen, die in der Naturwissenschaft unter ihm zusammengefaßt werden, denn deren moderne Experimente, Techniken und Absichten lassen jede Rede von „Ursprünglichkeit" oder „Natürlichkeit" absurd erscheinen. Hinter Biologie als sozialer Kategorie verbirgt sich also eine ursprungsmythische Denkform,[75] die historischer Forschung unangemessen ist. Solche „Biologie" ist nicht „Prä-Soziales", sondern ein moderner Mythos vom Sozialen.

Mit eben dieser Denkform wird mit Vorliebe ein spezifischer Bereich der Geschlechterbeziehungen ideologisiert oder diskriminiert. Er läßt sich – angesichts abgegriffener Vokabeln zwischen glorifizierter „Natur" und verdinglichender „Naturwissenschaft" – am ehesten „Körperlichkeit" oder „Leiblichkeit" nennen. Er ist ein Zentrum historischer Erfahrung von Frauen. Damit assoziierbare Bereiche – Physiologie, Sexualität, Menstruation, Schwangerschaft, Geburt, Altern und ihre Wahrnehmung etwa als Bedrohung, Ablehnung, An- und Enteignung, Parzellierung, Sublimierung, Arbeit – können solange nicht sichtbar werden, wie „Biologie" körperbezogene Geschlechterverhältnisse verschleiert. Werden sie innerhalb einer Geschlechtergeschichte erforscht, so meint dies ebenso sehr Distanzierung von „Biologie" wie Distanzierung bzw. Herausforderung gegenüber der Wissenschaft von einem „Sozialen", aus dem jene Prozesse als „biologische" ausgeklammert wurden. Angesichts männerdominierter Sexualwissenschaft der letzten hundert Jahre ist diese Ausklammerung wohl nicht einmal zu bedauern.[76] Dennoch bleibt zu fragen: Ist Körperlichkeit ein „Frauenthema"? Was bedeutet es für das moderne Geschlechterverhältnis, daß Männer in der Geschichte nicht nach ihrem Verhältnis zu Körperlichkeit und zu Körpern, „eigenen" wie „fremden", befragt wurden? Was bedeutet es für das Geschlechterverhältnis, daß Männer den weiblichen Körper unter Kontrolle genommen haben?[77] Was bedeutet es, innerhalb einer geschlechtlich stratifizierten Gesellschaft über Geschlecht zu forschen? Was ist zu erwarten, wenn es „nur oder überwiegend“[78] von Männern getan wird?

Soll die soziale Kategorie „Geschlecht“ ausgearbeitet werden, muß also die soziale Kategorie „Biologie“, als Denkform wie als Lebensbereich, begraben werden. Dies ist umso nötiger, als sich ein Boom von „Geschlechter“-Publizistik abzeichnet: einst Domäne von „Biologie“, wird „das“ Geschlecht nun zur Konstruktion geschlechtsneutraler Gegenwart oder Zukunft bemüht und auf „bloße Biologie“ reduziert.[79] Solche Publizistik umgeht die Frage nach der Geschichte von Frauen oder reduziert sie auf Einfaches und „wird unter dem Vorwand, soziale Mechanismen zu enthüllen, zu einer Form eben dieser Mechanismen.“[80] Sie ist androzentrisch im gleichen Maß, wie sie die historische Genese von Geschlechterstudien unterschlägt. Diese entstanden aus der Bemühung von Frauen nach Erkenntnis und Besserung ihrer Lage, ohne die Kosten auf andere „Minderwertige“ abzuwälzen und den Preis bloßer Angleichung an Männer zu zahlen. Sie entstammen der leidvollen, aber auch hoffnungsvollen Entdeckung von Frauen, ein Geschlecht zu sein, und ihrem Bedürfnis, ungestraft Frauen zu sein. Der Widerspruch, in den sie dadurch geraten, nämlich eine zuweilen unspezifizierte „Gleichheit“ zu fordern und gleichzeitig auch die „Männerwelt“ transformieren zu wollen, scheint unausweichlich in einer Gesellschaft, die Geschlechterkonflikte negiert und Frauen hindert zu bestimmen, was sie nicht sind. Historische Geschlechterstudien, die durch Aufhellung der „Entstehung und Transformation von Geschlechterbeziehungen“[81] zur Bewältigung dieses Widerspruchs beitragen wollen, müssen deshalb immer auch historische Frauenstudien sein.

Jenseits der Diskriminierungsgeschichte. Einer der aussichtsreichsten Wege zu einer so verstandenen Geschlechtergeschichte ist die Untersuchung der Beziehungen nicht nur zwischen, sondern auch innerhalb der Geschlechter. Eine solche Untersuchung wird zwar aus der heutigen Erfahrung von Diskriminierung gespeist, aber sie kann weder davon ausgehen, daß Frauen in der Vergangenheit oder in anderen Gesellschaften sexuelle Asymmetrien als „Diskriminierung“ erfahren haben, noch kann sie sich methodisch wie inhaltlich darauf beschränken, Frauen lediglich als Opfer wahrzunehmen: Frauen haben Geschichte nicht nur passiv gehabt, sondern auch aktiv gemacht.[82]

Geschichte der Beziehungen innerhalb von Geschlechtern kann – insbesondere im Blick auf das männliche Geschlecht – manche alte Frage in ein neues Licht rücken, präzisieren und ihre Beantwortung modifizieren: so etwa die Geschichte von Kriegen als eine Form direkter Konfrontation unter Männern, die für Frauen veränderte Lebensformen und Beziehungen zu Männern wie Frauen nach sich zieht (Rüstungsarbeit, Sanitätsdienst, Militärprostitution, Verwitwung, Vergewaltigung, „food riots"). Mehrfach schon ist der Nationalsozialismus als besondere Form von Männerbündelei analysiert worden.[83] Programme, Organisationsformen und Elitenbildung in der Arbeiterbewegung waren von Männern bestimmt, und ihre „männlichen" Züge sollten nicht nur klassengeschichtlich, sondern auch geschlechtergeschichtlich untersucht werden.[84]

Innerhalb des weiblichen Geschlechts wäre etwa das Verhältnis zwischen Hausfrauen und Dienstboten ein Beispiel, „das Geschlecht auf Klasse zu reduzieren scheint, tatsächlich aber andeutet, wie Geschlecht und Klasse auseinanderfallen":[85] Das Geld des Hausherrn, nicht das der Hausfrau, bewirkt einen „Klassen"-Unterschied zwischen dieser und den Dienstboten; die Dienste werden im Lauf des 19. Jahrhunderts zunehmend von Frauen als Gruppe verrichtet und beaufsichtigt, und sie betreffen eine geschlechtsbestimmte Frauenarbeit. Beziehungen von Müttern und Ammen, von Müttern und Töchtern, von Hebammen und Gebärenden werden thematisiert.[86] Die Frauenbewegung sollte nicht nur organisationsgeschichtlich und entlang der Trennungslinien zwischen „proletarischer" und „bürgerlicher", also in Korrelation zu bestimmten Männerbewegungen untersucht,[87] sondern nach ihrer Bedeutung innerhalb des Geschlechterverhältnisses und den zugrundeliegenden Frauenerfahrungen befragt werden. Ein Weg hierzu ist die Rekonstruktion von „women's support networks":[88] vielfältiger, über Verwandtschaft, Freundschaft, politische Solidarität vermittelter informeller Beziehungen zwischen Frauen.

Die Tragweite derartiger Forschungen ist bedeutend. So führte die historische Forschung über lesbische Frauen und ihre Lebensformen zu einer gewandelten Sicht von Familie, Verwandtschaft, Sexualität im 19. Jahrhundert.[89] Sie machte auf eine relativ eigenständige „Frauenkultur" aufmerksam und rückte den Bereich „Kultur" im Sinn von nicht-materiellen Symbolen und Ausdrucksformen in den Vordergrund von Geschlechterstudien.[90] Derart ausgewählte Gruppen innerhalb eines Geschlechts müssen auch in bezug auf das „andere Geschlecht" bzw. dessen vergleichbare Gruppen betrachtet werden: so dürfte etwa ein historischer Vergleich zwischen männlichen Homosexuellen und lesbischen Frauen mehr Unterschiede als Gemeinsamkeiten zutage fördern.

Die Fragen nach den Beziehungen zwischen Frauen vertieft auch einige bisherige Problemstellungen der Frauengeschichte, etwa das vieldiskutierte, aber längst nicht ausreichend erforschte Verhältnis zwischen der Norm des Weiblichen (sowohl in ihrer vorwiegend von Männern theoretisierten wie von Frauen „verinnerlichten" Form) und der Realität des weiblichen Geschlechts. Hier ist vor allem auch nach Frauen zu fragen, deren Leben und Arbeit nicht nur von der geltenden Norm, sondern auch von der Realität der meisten Frauen abweichen. Wichtige Beispiele sind frauenliebende Frauen und Prostituierte. Die Rekonstruktion der Geschichte solch „abweichender" Frauen ist bedeutsam für die Geschichte von weiblichem Widerstand gegen die für das weibliche Geschlecht geltende Norm.[91] Sie sensibilisiert gleichzeitig für die Mannigfaltigkeit von Frauenexistenzen überhaupt und wirkt damit der Vorstellung entgegen, Leben und Erfahrung der „meisten" Frauen seien leichter unter einen Begriff zu fassen als Leben und Erfahrung von Männern. So scheinen sich beispielsweise Normen auch für die „Abweichung" herausgebildet zu haben,[92] und „die" Norm für die „meisten" Frauen setzte sich wohl weniger über „Verinnerlichung" durch als in einer Dialektik von Präskription und Proskription: also von gleichzeitiger Normierung und Bestrafung dessen, was als Abweichung vom erwünschten weiblichen Sozialverhalten definiert wurde.

Vor allem aber läßt sich aus der Perspektive der Beziehungen zwischen Frauen die vieldiskutierte Frage nach dem Verhältnis zwischen Geschlecht, Rasse, Klasse (und anderen Bestimmungen) neu formulieren und jenseits der gängigen Globalformel, sie lägen „quer“ zueinander, forschungsstrategisch differenzieren. Anstatt polemisch eine kaum erahnte „Realitätsmächtigkeit“ jener Kategorien gegeneinander auszuspielen,[93] kann das Studium von Beziehungen unter Frauen ein Ausgangspunkt dafür werden, beispielsweise das Verhältnis von Geschlecht und Rasse konkret zu klären. In der deutschen Geschichte wäre hier vor allem auf Forschungen von und über Polinnen, Jüdinnen, Zigeunerinnen und heute zwei Millionen Arbeitsemigrantinnen und über ihre Beziehungen zu Frauen der ethnischen Mehrheit hinzuweisen, oder eher auf den gänzlichen Mangel daran.[94] Die zukunftsträchtigsten Ansätze entstammen dem Protest afro-amerikanischer, asiatischer und lateinamerikanischer Feministinnen gegen die politischen und historiographischen Ansätze der weiß dominierten Frauenbewegung und Frauengeschichte in den USA.[95] Die globale Frage etwa, ob Rassismus oder Sexismus „realitätsmächtiger“ sei, hatte häufig bloß zum Vergleich der Lage weißer Frauen („Sexismus“) und schwarzer Männer („Rassismus“) geführt. Für schwarze Frauen stellt sie sich unter dem Gesichtspunkt ihres Verhältnisses zu weißen Frauen aber weit komplexer dar und historisch in erster Linie genau umgekehrt: nämlich als das Verhalten weißer Männer zu schwarzen Frauen, aber auch als das Verhältnis von weißen Frauen und schwarzen Männern, von schwarzen Frauen und schwarzen Männern, von weißen Frauen und weißen Männern, von schwarzen und weißen Männern, von schwarzen und weißen Frauen.[96] Welche Realität sich als mächtiger erweist, mag nach Geschlechtern, Rassen, Klassen und nach Zeiten divergieren. Was bedeutet für Mütter einer Kinderschar das unterschiedliche Haushaltsgeld des Unter-, Mittel- oder Oberschicht-Ehemanns im Vergleich zur Hausarbeit, die alle leisten?[97] Wie verhält sich das Leben von Prostituierten mit wenig zahlungskräftigen Kunden zur Straßenprostituierten der Jahrhundertwende, die auf umso mehr Kunden angewiesen war, je mehr von ihnen der Unterschicht angehörten?[98]

Methodisch muß festgehalten werden, daß das Verhältnis von

Klasse, Rasse, Geschlecht nicht auf ein Verhältnis von „Ökonomischem" (Geld), „Sozialem" (Vorurteile) und „Anthropologischem" (Kultur) reduziert werden kann. Verschiedentlich wurde betont, daß Geschlechterbeziehungen in allen gesellschaftlichen Beziehungen wirksam sind und alle gesellschaftlichen Beziehungen auf sie wirken.[99] Des weiteren kann es nicht darum gehen, die Frage nach der erkenntnistheoretischen Hierarchie jener sozialen Kategorien „an sich" zu beantworten oder auch nur in diesen Termini zu stellen, sind sie doch alle entlang historischer Prozesse als sozialwissenschaftliche Kategorien entstanden. Die Hierarchie ihrer wissenschaftlichen „Realitätsmächtigkeit" steht im Kontext der sozialen Realität von Macht zwischen Geschlechtern, Rassen, Klassen. Eine solche Perspektive auf deren Verhältnis fordert nur, was innerhalb eines nicht euro- oder androzentrisch orientierten Geschichtsverständnisses selbstverständlich werden sollte: daß die Begriffe und Beziehungen von Geschlecht, Rasse, Klasse jeweils historisch konkret und vielleicht neu und unerwartet bestimmt werden. Ein Weg dazu ist historische Frauenforschung.

Anmerkungen

* Dieser Versuch entstand aus meinem Beitrag zum 3. Historikerinnentreffen in Bielefeld, April 1981. Einige der hier angeschnittenen Fragen werden ausführlicher behandelt in: Gisela Bock, Zwangssterilisation im Nationalsozialismus: Untersuchungen zur Rassenpolitik und Frauenpolitik, Opladen 1986.

1 Gerda Lerner, New Approaches to the Study of Women in American History (1969), jetzt in dies., The Majority Finds Its Past: Placing Women in History, New York-Oxford 1979, S. 3–14. Historische Beiträge finden sich unter anderem in den Zeitschriften SIGNS: Journal of Women in Culture and Society, 1975 ff.; Feminist Studies, 1973 ff.; Women's Studies International Quarterly, 1978 ff.; England: Feminist Review, 1976 ff.; Frankreich: Pénélope, 1979 ff.; Italien: Donna Woman Femme: Rivista internazionale di studi antropologici, storici e sociali sulla donna, 1976 ff.; Memoria: Rivista di storia delle donne, 1981 ff. Vgl. auch Jane Williamson, New Feminist Scholarship: A Guide to Bibliographies, Old Westbury 1979; Doctoral Dissertations on Feminism and Women's Studies, Ann Arbor, Mich., o. J. Überblicke

über die nordamerikanische Frauengeschichtsschreibung geben Karin Hausen, Women's Studies in den Vereinigten Staaten, in: Geschichte und Gesellschaft VII/3–4 (1981), 347–363, und meine Einleitung zu Eleanor Flexner, Hundert Jahre Kampf: Die Geschichte der Frauenrechtsbewegung in den Vereinigten Staaten, Frankfurt a.M. 1978, S.7–46.

2 Gerda Lerner, The Challenge of Women's History (1977), in dies., Majority, S.168–180; dies., Teaching Women's History, American Historical Association pamphlet, Washington 1981; Women's Studies Newsletter V/1–2 (1977), S.6 (der Newsletter der NWSA wurde seit 1981 zum Women's Studies Quarterly). Ein Jahr nach der NWSA wurde in der Bundesrepublik der „Verein Sozialwissenschaftliche Forschung und Praxis für Frauen" gegründet (seine Zeitschrift: s. Anm.4).

3 Frauen und Wissenschaft, Berlin 1977; Frauen als bezahlte und unbezahlte Arbeitskräfte, Berlin 1978; weitere Bände 1979, 1980, 1981.

4 Das 3.Historikerinnentreffen ist dokumentiert im Sonderheft „Frauengeschichte" der Beiträge zur feministischen Theorie und Praxis 5 (1981); 100–200 Historikerinnen nahmen jeweils an den Treffen teil (1979: Berlin, 1980: Bremen, 1981: Bielefeld). Zur älteren Frauenforschung, auf die ich im folgenden nicht eingehen kann, vgl. die kommentierte Bibliographie: Hans Sveistrup, Agnes von Zahn-Harnack, Die Frauenfrage in Deutschland. Strömungen und Gegenströmungen 1790–1930 (1934), Tübingen ²1961.

5 Ohne Beleg wird Frauen, die Frauenforschung betreiben, eine solche Konzeption unterstellt von Hans-Jürgen Puhle, Warum gibt es so wenige Historikerinnen? Zur Situation der Frauen in der Geschichtswissenschaft, in: Geschichte und Gesellschaft VII/3–4 (1981), S.387f.

6 Vgl. etwa: Der „andere Blick" – feministische Wissenschaft? Sondernummer der Zeitschrift Alternative XI/120–121 (1978); Lerner, Majority, S.XIV.

7 Vgl. dazu die Kontroverse zwischen Historikern und Historikerinnen in: Geschichtsdidaktik VI/3 (1981), 312–315; VII/1 (1982), 99–109; Frauengeschichte (s.o. Anm.4), S.123–128.

8 S. oben Anm.5.

9 Vgl. z.B. Bruno Gebhardt, Handbuch der deutschen Geschichte, Bd.3, Stuttgart ⁹1970, z.B. S.193, 228f., 238, 171f. Zur Kritik an gängigen Sprachmustern, die dieses Verhältnis von „Allgemeinem" und „Besonderem" betreffen, vgl. Nicole Claude Mathieu, Ignored by Some, Denied by Others: The Social Sex Category in Sociology, London 1978, S.27–30.

10 Z.B. Siegfried Reck, Arbeiter nach der Arbeit: Sozialhistorische Studie zu den Wandlungen des Arbeiteralltags, Gießen 1977, S.16–22.

11 Zur Revision der Angestelltenforschung vgl. Ute Frevert, Vom Klavier

zur Schreibmaschine – weiblicher Arbeitsmarkt und Rollenzuweisung am Beispiel der weiblichen Angestellten in der Weimarer Republik, in: Frauen in der Geschichte, hg. A. Kuhn, G. Schneider, Düsseldorf 1979, S. 82–112; dies., Traditionale Weiblichkeit und moderne Interessenorganisation: Frauen im Angestelltenberuf 1918–1933, in: Geschichte und Gesellschaft VII/3–4 (1981), 507–533; Ursula Nienhaus, Berufsstand weiblich. Die ersten weiblichen Angestellten, Berlin 1982.

12 Jürgen Kocka, in: Klassen in der europäischen Sozialgeschichte, hg. Hans-Ulrich Wehler, Göttingen 1979, S. 140; vgl. auch ebd., S. 10. Zur Behandlung von Frauen in der „histoire totale" der Annales-Schule in Frankreich: Christine Fauré, L'Absente, in: Temps modernes 410 (1980), 502–513; Susan Mosher Stuard, The Annales School and Feminist History, in: SIGNS VII/1 (1981), 135–143.

13 Hans-Jürgen Puhle, in: Klassen, S. 239.

14 Die Begriffe stammen aus der Kritik an strukturalistischen Ansätzen in Frankreich, an der herkömmlichen Anthropologie und aus der nordamerikanischen Frauenbewegung.

15 Puhle, Historikerinnen, S. 388.

16 Ebd.

17 Vgl. etwa Becoming Visible, hg. Renate Bridenthal, Claudia Koonz, Boston 1977, und Lerner, Majority, S. XIV f.

18 Zur „kompensatorischen" Frauengeschichtsschreibung z. B. Mari Jo Buhle, Ann G. Gordon, Nancy Schrom, Women in American Society: An Historical Contribution (1971), jetzt in: Liberating Women's History: Theoretical and Critical Essays, hg. Berenice A. Carroll, Urbana-Chicago-London 1976, S. 75–92; Lerner, Majority, S. XXX, 145.

19 So, nämlich additiv, wird Frauengeschichte definiert bei Puhle, Historikerinnen, S. 388 f.

20 Z. B. Peter N. Stearns, Be a Man! Males in Modern Society, New York 1979; vgl. Jacques Gélis, Et si l'amour paternel existait aussi! in: L'histoire 31 (1981), 96–98.

21 Lerner, Majority, z. B. S. XXX, 4, 146 f.

22 Zur Kritik an einer Privilegierung von „Women Worthies": Natalie Zemon Davis, „Women's History" in Transition: The European Case, in: Feminist Studies III/3–4 (1976), 83–103. Dennoch notwendig und außerordentlich nützlich: Notable American Women: A Biographical Dictionary, hg. Edward T. James u. a., 3 Bde., Cambridge, Mass., 1971 (es behandelt 1359 Frauen); Lexikon der Frau, hg. Gustav Keckeis, Blanche Christine Olschak, 2 Bde., Zürich 1953–54.

23 Z. B. in: Klassen, S. 105 f., 174, 255 f.

24 Joan Kelly-Gadol, The Social Relation of the Sexes: Methodological Implications of Women's History, in: SIGNS I/4 (1976), S. 809.

25 Gerda Lerner, The Female Experience: An American Documentary,

Indianapolis 1977, S. XXI. Ein weiteres Beispiel für die Frage nach weiblicher Erfahrung: Linda Gordon, Woman's Body, Woman's Right: A Social History of Birth Control in America, New York 1976. Zum Konzept einer Geschichte weiblicher Erfahrung vgl. Lerner, Majority, S. XXXI, 163; Kelly-Gadol, S. 811 f.; Hilda Smith, Feminism and the Methodology of Women's History, in: Liberating Women's History, S. 368–384; Jane Lewis, Women Lost and Found: The Impact of Feminism on History, in: Men's Studies Modified: The Impact of Feminism on the Academic Disciplines, hg. Dale Spender, Oxford usw. 1981, S. 55–72; Carroll Smith-Rosenberg, The New Woman and the New History, in: Feminist Studies III/1–2 (1975), 185–198, und unten, Anm. 38, 88, 89. Daß im Deutschen „weiblich" sowohl „female" wie „feminine" bedeutet, mag der deutschen Geschichte des Geschlechterverhältnisses zuzuschreiben sein. Daß die zweite Bedeutung im gängigen Sprachgebrauch – auch von Historikern – vorherrscht, wird von feministischen Wissenschaftlerinnen häufig kritisiert. Tatsächliche und komplexe weibliche Erfahrung zu rekonstruieren, auch zum Zweck historischen Begreifens, ist ein Grund, warum Historikerinnen sich auch als Frauen treffen: vgl. Anne M. Briscoe, Phenomenon of the 70's: The Women's Caucuses, in: SIGNS IV/1 (1978), 152–158; Frauengeschichte, S. 124–28.

26 Defining Females: The Nature of Women in Society, hg. Shirley Ardener, London 1978.

27 Jürgen Kocka, Sozialgeschichte, Göttingen 1977, S. 67–70.

28 Ebd. S. 70, 92. Wie weit die Forschung schon damals über den „kleinen Mann" hinaus war, zeigen Davis, 1976, und Carolyn C. Lougee, Modern European History: Review Essay, in: SIGNS II/3 (1977), 628–650.

29 Einige Beispiele: siehe in: Klassen, S. 36, 61, 183–85, 239; Harald Fokke, Uwe Reimer, Alltag unterm Hakenkreuz, Reinbek 1979; nach Dörte Winkler, Frauenarbeit im „Dritten Reich", Hamburg 1977, z. B. S. 78, hören Frauen nach der Familiengründung auf zu arbeiten.

30 Z. B. Hartmut Kaelble, Historische Mobilitätsforschung: Westeuropa und die USA im 19. und 20. Jahrhundert, Darmstadt 1978.

31 So bei Jürgen Kocka u. a., Familie und soziale Plazierung: Studien zum Verhältnis von Familie, sozialer Mobilität und Heiratsverhalten an westfälischen Beispielen im späten 18. und 19. Jahrhundert, Opladen 1980, bes. S. 336–337.

32 Komplexe Faktoren zur Bestimmung des Status von Frauen beschreibt Sheila Ryan Johansson, „Herstory" as History: A New Field or Another Fad? in: Liberating Women's History, S. 400–430.

33 Z. B. Philip Greven, Four Generations: Population, Land and Family in Colonial Andover, Ithaca 1979.

34 Mit unterschiedlichen Akzentuierungen finden sich diese Ansätze und Modelle in: Sozialgeschichte der Familie in der Neuzeit Europas, hg. Werner Conze, Stuttgart 1976; Familie zwischen Tradition und Moderne, hg. Neithard Bulst, u. a., Göttingen 1980; Kocka u. a., Familie. Zur Kritik vgl. Lerner, Majority, S. 151; Smith-Rosenberg, S. 189; Davis, S. 87 f.; Lewis, S. 56; Joan W. Scott, Louise A. Tilly, Women's Work and the Family in 19th Century Europe, in: Comparative Studies in Society and History XVII (1975), 36–64.

35 Z. B. Heidi I. Hartman, The Family as the Locus of Gender, Class, and Political Struggle: The Example of Housework, in: SIGNS VI/3 (1981), 366–394; Nancy Birdsall, Women and Population Studies, in: SIGNS I/3 (1976), 699–712; Rayna Rapp, Ellen Ross, Renate Bridenthal, Examining Family History, in: Feminist Studies V/1 (1979), 174–200; Joan W. Scott, Louise A. Tilly, Women, Work, and the Family, New York 1978; Rayna Rapp, Family and Class in Contemporary America, in: Science and Society XLII/3 (1978), 278–300.

36 Z. B. Hartman.

37 Z. B. Lerner (s. unten Anm. 40); vgl. Anm. 88.

38 Lerner, The Female Experience, Kap. I: The Female Life Cycle; Louise A. Tilly, The Social Sciences and the Study of Women, in: Comparative Studies in Society and History XX/1 (1978), S. 170 f.; Tamara Hareven, The Family as Process: The Historical Study of the Family Cycle, in: Journal of Social History VII/3 (1974), 322–329; Alice Rossi, Life-Span Theories and Women's Lives, in: SIGNS VI/1 (1980), 4–32.

39 Mary P. Ryan, Judith R. Walkowitz, Crossing Borders: Transnational Advances in the History of Women, in: Feminist Studies V/1 (1979), S. 5; Tilly, S. 168.

40 Z. B. Gerda Lerner, The Political Activities of Antislavery Women, in: dies., Majority, S. 112–128. Der Mangel an Überlieferung der „Schweigenden" sollte gerade bei Frauen nicht darauf zurückgeführt werden, daß sie „weniger eloquent" seien (Kocka, Sozialgeschichte, S. 70, 92). Von sozialhistorischem Interesse ist die anthropologische Diskussion, ob Frauen als „muted group" begriffen werden können: Defining Females, bes. S. 20–27.

41 Robert R. Kuczynski, The Measurement of Population Growth, New York 1935, bes. Kap. VI; Fauré, S. 506 f.; Gisela Bock, Racism and Sexism in Nazi Germany: Motherhood, Compulsory Sterilization, and the State, in: SIGNS VIII/3 (1983).

42 Maria Mies, Methodische Postulate zur Frauenforschung, in: Beiträge zur feministischen Theorie und Praxis 1 (1978), 41–63.

43 Z. B. Cornelia Julius, Von feinen und von kleinen Leuten: Alltagsgeschichte in Lebensberichten, 1918–1931, Weinheim-Basel 1981; Christa Wolf, Kindheitsmuster, Darmstadt-Neuwied 1979; Hannah

Arendt, Rahel Varnhagen: Lebensgeschichte einer deutschen Jüdin aus der Romantik, München 1959, [3]1981. Zur Bedeutung der Biographie für Frauengeschichte und zur Kritik traditioneller Biographik vgl. Blanche Wiesen Cook, Female Support Networks and Political Activism: L. Wald, C. Eastman, E. Goldman, New York 1979, bes. S. 13–19. „Oral history"-Projekte in: Frauengeschichte, S. 39–61; Sonderhefte „oral history" von: Frontiers: A Journal of Women Studies II/2 (1977), VI/3 (1981). Wichtig sind auch Ansätze, die Grenzen zwischen Historie und Poesie überschreiten: Karoline von Günderode, Der Schatten eines Traumes, hg. und eingel. von Christa Wolf, Darmstadt-Neuwied 1979; Träume als historische Quelle: Charlotte Beradt, Das Dritte Reich des Traums, eingel. von R. Koselleck, Frankfurt a. M. 1980.

44 Sheila Rowbotham, Im Dunkel der Geschichte, Frankfurt 1980 (Hidden from History, London 1973).

45 Hierzu und zum folgenden vgl. Kelly-Gadol, S. 812–814; Lerner, Majority, bes. S. 37–42.

46 Davis, S. 90. Vgl. Kelly-Gadol, S. 812–17; Lerner, Majority, S. 172, 177–180; dies., Teaching Women's History, S. 27–29; Mathieu, bes. S. 20–33.

47 Puhle, Historikerinnen, S. 388, hält Geschlecht für zweitrangig gegenüber „realitätsmächtigeren Kriterien der sozialen Statuszuweisung" wie etwa „frei vs. unfrei, ständische Bindungen, Klassenzugehörigkeit, ethnische, sprachlich-kulturelle, religiöse Faktoren usw." (ähnlich Kocka, in: Geschichtsdidaktik VII/1 (1982), S. 102). Tatsächlich gibt es für Deutschland keine wissenschaftlichen Untersuchungen, die ein solches globales Postulat belegen können. Einschlägige Forschungen in den USA zeigen jedenfalls, daß jene „realitätsmächtigeren Kriterien" höchst unterschiedliche Bedeutung für die Geschlechter haben (zu „religiösen Faktoren" vgl. etwa Ann Douglas, The Feminization of American Culture, New York 1977). – Nach Ivan Illich, Gender, New York 1982, gibt es „Geschlecht" nur in vergangenen Zeiten und fernen Ländern; in der industriellen Gesellschaft herrsche dagegen „Sex" bzw. „Unisex".

48 Vgl. z. B. Sandra Coyner, Women's Studies as an Academic Discipline, in: Theories of Women's Studies, hg. Gloria Bowles, Renate Duelli-Klein, Berkeley 1980, S. 34f.; Lerner, Majority, S. 170f.; Susan Carol Rogers, Woman's Place: A Critical Review of Anthropological Theory, in: Contemporary Studies of Society and History XX (1978), 123–162; Woman, Culture, and Society, hg. Louise Lamphere, Michelle Z. Rosaldo, Stanford 1974, S. 9f.; Defining Females, S. 16–20.

49 Z. B. Gayle Rubin, The Traffic in Women: Notes on the „Political Economy" of Sex, in: Toward an Anthropology of Women, hg. Rayna R. Reiter, New York-London 1975, S. 157–210; Michelle Z. Rosaldo,

The Use and Abuse of Anthropology, in: SIGNS V/3 (1980), 389–417; Rogers, bes. S. 129–137; Lerner, The Female Experience, S. XXI–XXXVI.

50 Sexual Meanings: The Cultural Construction of Gender and Sexuality, hg. Sherry B. Ortner, Harriet Whitehead, Cambridge, Mass., usw. 1981, S. 1. Vgl. Tilly, S. 170 f.; Defining Females, S. 34–43; Louise Lamphere, Anthropology, in: SIGNS II/3 (1977), S. 623; Rayna Rapp, Anthropology, in: SIGNS IV/3 (1979), S. 503.

51 Rosaldo, S. 409.

52 Vgl. dazu besonders Rogers, Rapp, Rosaldo, Lamphere, Rubin.

53 Vgl. Anm. 52 und Tilly, S. 168, 172 f.

54 Rosaldo, S. 390–395, 401–409; Rapp, S. 510. Für die USA vgl. die Literatur in Anm. 88 und 89.

55 Z. B. bei Nancy Jay, Gender and Dichotomy, in: Feminist Studies VII/1 (1981), 38–56.

56 Vgl. dazu Women, Culture and Society, S. 89–187; Niki Stiller, Eve's Orphans: Mothers and Daughters in Medieval English Literature, Westport, Conn., 1980. Einige solcher Ansätze sind übersetzt in: Listen der Ohnmacht. Zur Sozialgeschichte weiblicher Widerstandsformen, hg. Claudia Honegger, Bettina Heintz, Frankfurt 1981; Rogers, bes. S. 149–153, 156 f.

57 Kelly-Gadol, S. 811; dies., The Doubled Vision of Feminist Theory, in: Feminist Studies V/1 (1979), S. 216 f.; Smith-Rosenberg, S. 188; Davis, S. 92 f.; Lewis, S. 60; Lerner, Female Experience, S. XXIV f., und Majority, S. 154–157.

58 Vgl. Rogers, S. 156; Rapp, S. 505, und Sibylle Meyer, in diesem Band, Anm. 1. Im Gegensatz zu einem solchen Formwandel des Geschlechterverhältnisses postuliert Illich (Anm. 47) ein Verschwinden von „Geschlecht" in den Industriegesellschaften. Er begründet es mit einer „Geschlechtsneutralität" von Hausarbeit (vgl. ders., Schatten-Ökonomie, in: Journal für Geschichte 1982, H. 1, S. 12 f.). Nicht neue Quellen (etwa zur Hausarbeit von Männern) belegen dies, sondern sprachlich-definitorische Kunst: umbenannt in „Schattenarbeit", wird Hausarbeit den Aktivitäten subsumiert, „durch die der Konsument die gekauften Waren in einen Gebrauchswert verwandelt." Der Perspektivwechsel historischer Frauenforschung wird hier ex negativo deutlich: sie hat Hausarbeit nicht ökonomistisch (gemessen an einem modernisierten Bruttosozialprodukt) definiert, sondern aus der Erfahrung von Frauen, die sie tun: gerade nicht „der Konsument" war es, der „verwandelte". Vgl. dazu Susan Strasser, Never Done: A History of American Housework, New York 1982.

59 Zur Terminologie vgl. Kelly-Gadol, S. 820; Rubin, S. 167; Lerner, Majority, S. 129–44; Lewis, S. 67; Hartman, passim.

60 Helen Z. Lopata, Barrie Thorne, On the Term „Sex Roles", in: SIGNS III/3 (1978), 718–721. Zur Wandelbarkeit von Geschlecht: Rapp, S. 503; zur Austauschbarkeit von Geschlecht: Janice G. Raymond, Transsexualism: An Issue of Sex-Role Stereotyping, in: Genes and Gender, hg. Ruth Hubbard, Marian Lowe, Bd. II, New York 1979, S. 131–141.

61 Rubin, S. 167–169; Lewis, S. 68. Problematisch ist aus dieser Sicht der Titel von Michael Mitterauer, Reinhard Sieder, Vom Patriarchat zur Partnerschaft, München 1977, und die Verwendung des Begriffs „Sexismus" bei Kocka, in: Geschichtsdidaktik VII/1 (1982), S. 102 Anm. 3. Zwischen dem Patriarchat der antiken Welt und den Verhältnissen des 19./20. Jahrhunderts wird begrifflich nicht unterschieden bei Ernest Bornemann, Das Patriarchat: Ursprung und Zukunft unseres Gesellschaftssystems, Frankfurt. 1975, bes. Kap. VIII. Diese Begrifflichkeit hat auch Teile der feministisch inspirierten Forschung geprägt, wenn „Sexismus" und „Patriarchat" unterschiedslos gebraucht wird; vgl. dazu auch Marielouise Janssen-Jurreit, Sexismus: Über die Abtreibung der Frauenfrage, München 1976.

62 Im folgenden ist von „Natur" nur im Sinn von „Biologie" die Rede, da dieser Sinn heute vorherrscht: nicht etwa im Sinn vom „Wilden" oder vom „Transzendenten" (vgl. etwa Rogers, S. 129).

63 Z. B. Rogers, S. 132–137; Marian Lowe, Sociobiology and Sex Differences, in: SIGNS IV/1 (1978), 118–125; Helen H. Lambert, Biology and Equality, ebd. 97–117.

64 Vgl. dazu Kelly-Gadol, S. 814. Im Englischen ging es um „nature vs. nurture". Die Debatte fand fast nur in Deutschland, England und den USA statt, also in den Ländern mit der stärksten soziobiologischen Tradition. Daß in Frankreich und vor allem in Italien kaum unter dieser Fragestellung geforscht wurde, ist möglicherweise dem Fehlen dieser Tradition zuzuschreiben bzw. der Not(wendigkeit) ihrer Abwehr.

65 Dies scheint mir aus der Heftigkeit der in Anm. 7 genannten Kontroverse hervorzugehen; vgl. insbesondere Geschichtsdidaktik VII/1 (1981), S. 99–104, und Frauengeschichte, S. 123.

66 Vgl. etwa Madeleine Jeay, Albert le Grand entre Aristote et Freud: La femme est-elle un acte manqué? In: Le racisme. Mythes et sciences, hg. Maurice Olender, S. 129–139.

67 Rapp, S. 503. Beschreibung und Kritik der einschlägigen neueren Forschungen: Lowe; Lambert; Ruth Bleier, Bias in Biological and Human Sciences, in: SIGNS IV/1 (1978), 159–162; Donna Haraway, Animal Sociology and a Natural Economy of the Body Politic, ebd. 21–60; Susan W. Baker, Biological Influences on Human Sex and Gender, in: SIGNS VI/1 (1980), 80–96; Genes and Gender, hg. Ethel Tobach,

Betty Rosoff, Bd. I, New York 1978; Bd. II (s. o. Anm. 60); Women Look at Biology Looking at Women, hg. Ruth Hubbard, Mary Sue Henifin, Barbara Fried, Cambridge, Mass., 1979.

68 So wurde „biologisch" in den 30er und 40er Jahren korrekt eingedeutscht. Vgl. Allan Chase, The Legacy of Malthus: The Social Costs of the New Scientific Racism, New York 1977; Stephen J. Gould, The Mismeasure of Man, New York, 1981; Anna Davin, Imperialism and Motherhood, in: History Workshop 5 (1978), 10–65, und meinen Aufsatz in Anm. 41.

69 Hans-Ulrich Wehler, Vorbemerkung zum Themenheft: Frauen in der Geschichte des 19. und 20. Jahrhunderts, in: Geschichte und Gesellschaft VII/3–4 (1981), S. 325. Diese Auffassung findet sich auch bei Feministinnen: Alice Schwarzer, Der „kleine Unterschied" und seine großen Folgen, Frankfurt 1975; Shulamith Firestone, Frauenbefreiung und sexuelle Revolution, Frankfurt 1975 (amerikanische Erstausgabe 1970). Im Historischen Wörterbuch der Philosophie, hg. Joachim Ritter, Bd. III, Basel 1974, kommt „Geschlecht" nicht vor; unter „Geschlechtlichkeit (Sexualität)" werden Zellplasma, Gene, Hormone usw. aufgeführt (S. 443).

70 Rosaldo, S. 401; vgl. Women Look at Biology, S. 4.

71 Zu dieser tautologischen Logik: Rogers, S. 142.

72 Illich, Gender, Kap. 1.

73 Ein Beispiel hierfür ist Michael Mitterauer, Geschlechtsspezifische Arbeitsteilung in vorindustrieller Zeit, in: Beiträge zur historischen Sozialkunde 3 (1981), 77–87.

74 Lambert, S. 116; zum folgenden: S. 115 f.

75 Donna J. Haraway, In the Beginning was the Word: The Genesis of Biological Theory, in: SIGNS VI/3 (1981), S. 470.

76 Vgl. z. B. den Beitrag von Gudrun Schwarz in diesem Band.

77 Z. B. Ute Frevert, Ärzte und Frauen im späten 18. und frühen 19. Jahrhundert. Zur Sozialgeschichte eines Gewaltverhältnisses, in: Frauen in der Geschichte II, hg. Annette Kuhn, Düsseldorf 1982, 177–210.

78 Puhle, Historikerinnen, S. 387 f.

79 Z. B. Ekkehard Kloehn, Typisch weiblich? Typisch männlich? Geschlechterkrieg oder neues Verständnis von Mann und Frau, Reinbek 1979; Illich, Gender; Heinz Meyer, Frau-Sein: Genetische Disposition und gesellschaftliche Prägung, Opladen 1980.

80 Fauré, S. 511.

81 Sexual Meanings, S. 1, 10.

82 Tilly, S. 171 f.; Lewis, S. 62 f.; Lerner, Majority, S. XXI f.; Johanson, S. 402–405.

83 Populär wurde der Versuch von Klaus Theweleit, Männerphantasien, 2 Bde., Frankfurt 1977, 1978.

84 Hinweise bei Frevert (Anm. 11); Dorothy Thompson, Women and 19th Century Radical Politics: A Lost Dimension, in: The Rights and Wrongs of Women, hg. Juliet Mitchell, Ann Oakley, Harmondsworth 1976, S. 112–138 (übers. in: Listen der Ohnmacht, S. 160–187); Joanna Bornat, Home and Work: A New Context for Trade Union History, in: Oral History 5 (1977), 124–135.

85 Eine vergleichbare anthropologische Beobachtung gibt Kelly-Gadol, S. 819.

86 Lewis, S. 64–66; Stiller (Anm. 56); Yvonne Knibiehler, Catherine Fouquet, L'histoire des mères du moyen-âge à nos jours, Paris 1980; Marianne Hirsch, Mothers and Daughters, in: SIGNS VII/1 (1981), 200–222; Gianna Pomata, Madri illegittime tra '800 e '900: storie cliniche e storie di vita, in: Quaderni storici 44 (1980), S. 497–542; Christiane Klapisch-Zuber, Genitori naturali e genitori di latte nella Firenze del '400, ebd., S. 543–563; Estelle B. Freedman, Their Sister's Keepers. Women's Prison Reform in America, 1830–1930, Ann Arbor 1981.

87 So verfährt Richard J. Evans, The Feminist Movement in Germany, 1894–1933, Beverly Hills 1976; ders., Sozialdemokratie und Frauenemanzipation im deutschen Kaiserreich, Berlin 1979.

88 Blanche W. Cook (Anm. 43); Mary P. Ryan, The Power of Women's Networks, in: Feminist Studies V/1 (1979), 66–85 (übers. in: Listen der Ohmmacht, S. 393–415); Gerda Lerner (Anm. 40).

89 Vgl. Anm. 45 und 46 im Beitrag von Gudrun Schwarz zu diesem Band. Zum neueren Bild der Frau im 19. Jahrhundert: A Widening Sphere: Changing Roles of Victorian Women, hg. Martha Vicinus, Bloomington-London 1977; Mary P. Ryan, Womanhood in America, 2. rev. Auflage, New York 1980.

90 Davis, S. 91; Lerner, Majority, S. 158 f.; Ellen Dubois u. a., Politics and Culture in Women's History: A Symposium, in: Feminist Studies VI/1 (1980), 26–64.

91 Davis, S. 88 f.; Judith Walkowitz, Prostitution and Victorian Society, New York 1980; das Verhältnis von Norm und Realität wird behandelt in den Beiträgen zu Clio's Consciousness Raised: New Perspectives on the History of Women, hg. Mary Hartman, Lois W. Banner, New York 1974.

92 Richard A. Cloward, Frances Fox Piven, Hidden Protest: The Channeling of Female Innovation and Resistance, in: SIGNS IV/4 (1979), 651–669; Michel Foucault, Histoire de la sexualité, Paris 1976 (dt. Übers.: Frankfurt 1977).

93 So. o. Anm. 47.

94 Ausnahmen sind: Marion Kaplan, Die jüdische Frauenbewegung in Deutschland, 1904–1938, Hamburg 1981; Zigeunerin – Sintezza, in:

Courage VI/5 (1981), 16–33; Situation der Ausländerinnen, hg. Ute Welzel, München 1981.

95 Neuerdings auf der 3. Konferenz der National Women's Studies Association zum Thema „Women Respond to Racism" (1981). Vgl. Margaret A. Simons, Racism and Feminism: A Schism in Sisterhood, in: Feminist Studies V/2 (1979), 384–401; Bonnie Thorton Dill, The Dialectics of Black Womanhood, in: SIGNS IV/3 (1979), 543–555.

96 Joyce A. Ladner, Racism and Tradition: Black Womanhood in Historical Perspective, in: Liberating Women's History, S. 179–193; Black Women's Studies, hg. Gloria Hull u. a., Old Westbury 1981; Jacquelyn D. Hall, Revolt Against Chivalry: Jessie Daniel Ames and the Women's Campaign Against Lynching, New York 1979; Black Women in White America, hg. Gerda Lerner, New York 1972; Charles H. Stember, Sexual Racism, New York 1976.

97 Hartman, S. 385 f.

98 Frances Finnegan, Poverty and Prostitution: A Study of Victorian Prostitutes in York, London 1979.

99 Rapp, S. 504 f.; Rosaldo, S. 415; Sexual Meanings, S. 1–27.

II

Natur als Geschichte

Gudrun Schwarz

„Mannweiber" in Männertheorien

Im „Archiv für Psychiatrie und Nervenkrankheiten" veröffentlichte 1869 der Psychiater und Mitherausgeber dieser Zeitschrift, C. Westphal, einen Aufsatz, der für Aufregung in Fachkreisen sorgte. Er berichtete über eine Art von „Krankheitsfällen", deren „Haupterscheinung ein Symptom" war, „welches als solches bisher wenig oder gar nicht beschrieben" worden war und für welches Westphal folgende Benennung fand: „Die conträre Sexualempfindung. Symptom eines neuropathischen (psychopathischen) Zustandes".[1] Die in dieser Arbeit formulierten Ergebnisse wurden zur Grundlage der Forschung über lesbische Frauen und homosexuelle Männer in den folgenden 50 Jahren.

Sein „Material" fand Westphal in der Irren-Abteilung der Charité in Berlin, in welcher er „Professor und dirigierender Arzt" war. Hier war am 30. 4. 1864 Frl. N. eingeliefert worden. Als Grund ihrer Einweisung steht im ärztlichen Zeugnis:

„Die N. leidet angeblich seit ihrem *achten Jahre* an einer Wuth, Frauen zu lieben und mit ihnen ausser Scherzen und Küssen Onanie zu treiben."[2]

Der Psychiater Westphal benutzt diese Frau, um erstmals eine Lesbe[3] als „Fall" zu studieren und zu beschreiben. Kategorisierend legt er fest, was Frauenliebe und was das bestimmende Kriterium frauenliebender Frauen sei. Er führt aus:

„Es wird als zweifellos betrachtet werden, dass hier bei einem 35jährigen Mädchen das Phänomen der Verkehrung der Geschlechtsempfindung, das Gefühl, ein männliches Wesen darzustellen, unabhängig von irgend welcher absichtlichen oder Selbst-Täuschung von frühester Jugend auf bestand."[4]

Und weiter:

„Nach diesen Ausführungen dürfen wir es als zweifellos betrachten, dass sowohl beim Manne ... als auch beim Weibe, wie unser Fall, vielleicht zum ersten Male, in unwidersprechlicher Weise lehrt, eine conträre Sexualempfindung *angeboren* vorkommt, so dass der Mann sich als Weib, das Weib als Mann fühlt."[5]

Westphals Resümee seiner Beschäftigung mit dem Leben von Frl. N. liefert die Grundlage für seine Theorie der konträren Sexualempfindung. Die Beschreibung und Interpretation dieses einen Frauenschicksals ist fortan die Basis für alle weiteren Definitionsmodelle.

Angeregt durch die Ausführungen Westphals veröffentlichte 1875 der „functionirende Assistenz-Arzt" der Würzburger Psychiatrischen Klinik H. Gock – ebenfalls im „Archiv für Psychiatrie" – seinen Beitrag zur Erhellung des „eigenthümlichen Zustandes angeborener Verkehrung der Geschlechtsempfindung".[6]

„Am 24. Mai d. J. kam *Jette B*, 28 Jahre alt, israelitisches Dienstmädchen, aus freiem Antrieb in die Irrenabteilung des Juliusspitals. Sie gab an, sie fühle sich so krank und elend, dass sie ganz unglücklich sei und am liebsten sterben möchte. (Die Kranke hat auch, wie sich nachträglich herausstellte, wenige Tage vorher den Versuch gemacht, sich zu ertränken). Ueber den Grund befragt, warum sie sich denn so unglücklich fühle, giebt sie unumwunden und in besonnener Rede an, sie sei verliebt und zwar in ihre Freundin; sie habe diese Leidenschaft schon lange, habe auch schon dagegen gekämpft, da *sie dieselbe als krankhaft erkannt*, allein sie könne nicht widerstehen. Alle ihre Gedanken beschäftigen sich mit ihrer Freundin, und wenn sie diese nur einmal ordentlich herzen und küssen könne, wie sie es gern wollte, aber nicht wage ihrer Freundin gegenüber auszusprechen, so könne ihrem Unglück vielleicht noch abgeholfen werden. Schon öfter sei sie in eine wahre Wuth gekommen, wenn sie ihre Freundin nicht habe herzen können zu Zeiten, in denen sie einen besonderen Trieb dazu verspürte. Dann sei sie wieder ganz theilnahmslos geworden an Allem, was um sie vorging, habe nicht arbeiten können, und musste *oft starr vor sich hinsehen*, wobei sie aber immer an ihre Freundin gedacht habe. Sie habe jetzt nur den dringenden Wunsch, dass ihr im Spital geholfen werde, doch, setzt sie gleich hinzu, es sei nicht mehr zu helfen, sie habe ihren Liebesgedanken so sehr nachgehangen ‚dass sie ihr eigenes Ich vergessen.'"

Gock, für den bei der Untersuchung und Beschreibung des Lebens von Jette B. am entscheidendsten die „auffallenden Analogien mit Prof. Westphal's erstem Fall" sind, ordnet seinen „Fall" der

Westphal'schen Theorie über frauenliebende Frauen unter, obwohl seine Beschreibung des „interessanten Krankheitsbildes" von Jette B., wie auch schon Westphal's Beschreibung vom Leben Frl. N.'s im Gegensatz zur aufgestellten Theorie stehen. Beide Frauen, die als Beleg für die These dienen, daß die „Verkehrung der Geschlechtsempfindung" beim „Weibe" vorliegt, wenn selbiges „das Gefühl hat ein männliches Wesen darzustellen", werden durch die beobachtenden Ärzte durchaus nicht als Frauen mit solchen Intentionen geschildert.

Fassen wir die „wirklich schlagende Übereinstimmung"[7] zwischen den beiden Frauen zusammen, so ergibt sich folgender Sachverhalt. Von beiden Frauen wird berichtet, daß sie keinerlei Interesse für Männer haben. Jette B.: „will niemals Umgang mit Männern gehabt haben, da sie sich für dieselben nicht im mindesten interessirte. Ja zeitweise habe sie selbst einen wahren Abscheu vor den Männern empfunden, und nur diejenigen waren ausgenommen, welche in ihrem Aeusseren und in ihrem Benehmen etwas Weibisches an sich hatten."[8] Von Frl. N. berichtet Westphal: „Für Männer hat sich Patientin ihrer Aussage nach nie auch nur im Allergeringsten interessirt und liessen sie Gespräche darüber vollkommen kalt; sie erklärt mit grosser Entschiedenheit, sie würde ohne jede Erregung unter Männern wohnen und schlafen können."[9] Beide liebten ab frühester Jugend Frauen. Frl. N.'s erste Liebe erlebte sie im Alter von acht Jahren, „von ihrem *achten Jahre* an empfindet sie eine Neigung zu jungen Mädchen, nicht zu *allen,* sondern zu ganz *bestimmten,* die sie von der *ersten Begegnung* an fesselten".[10] Jette B. fühlt sich erstmals mit zwölfeinhalb Jahren von Mädchen angezogen und zwar von „ganz bestimmte(n)".[11] Sowohl Jette B. als auch Frl. N. erzählten ihren Ärzten, daß sie durch einen besonderen „Ausdruck der Augen" angezogen worden wären. Frl. N. erklärte: „es ist merkwürdig, es liegt im Auge – es ist eine Art Magnetismus, der mich anzieht".[12]

Beide Frauen waren zum Zeitpunkt der Aufnahme in die Anstalt in eine Frau verliebt, ohne Gegenliebe zu finden, was bei beiden zu großem Kummer führte. Die Ärzte geben an, daß durch diese nichterwiderte Liebe bei den Frauen das Gefühl entstanden sei, ihre Liebe zu Frauen sei „krankhaft". Aber sowohl von Westphal als auch von Gock wird bemängelt, daß die Frauen ihren „krankhaften Zustand" zwar erkannt hätten, Jette B. diesen „aber nicht im mindesten in seiner ganzen Bedeutung zu würdigen"[13] wußte, und Frl. N. „doch eine weiter gehende richtige Beurtheilung aller damit in Zusammenhang stehenden Ereignisse und Verhältnisse abging".[14] Dieses Urteil der Ärzte dürfte wohl damit zusammenhängen, daß beide Frauen eigene Vorstellungen von ihrer „Heilung" hatten. Jette B. meinte, „sie könne nur gesund werden, wenn sie ihre Freundin einmal recht herzen und küssen dürfe".[15] Frl. N. erklärte die Einweisung und Behandlung als unsinnig, da ihre Erregung eine „mehr als natürliche Folge des Betragens seitens des Mädchens"[16] gewesen sei. In der Tat hatte das geliebte Mädchen ihr aufgrund ihrer Annäherung und Anhimmelung eine heftige Szene gemacht. Daraufhin entstand die „heftige Erregung" Frl. N.'s, die zu ihrer Einlieferung in die Charité geführt hatte.

Frl. N. und Jette B. arbeiteten im Haushalt. Jette B. als Kindermädchen, Frl. N. leitete das „Hauswesen" der älteren Schwester, „welche ein Pensionat junger Mädchen gegründet hatte". Beide wünschten einen anderen Beruf ergreifen zu können, „weibliche Beschäftigungen waren mir eigentlich stets zuwider, ich möchte gern eine männliche Beschäftigung haben, so habe ich mich z.B. immer für Maschinenbauerei interessiert" erzählte Frl. N. ihrem Arzt.[17] Über Jette B. schreibt Gock: „sie war keiner irgendwie besseren weiblichen Handarbeit kundig und zeigte sich bei der Erlernung einer solchen äusserst ungelehrig."[18] Beider Schicksal war es, „Beleg" für Krafft-Ebings Theorie über „weibliebende Weiber" zu werden.

R. von Krafft-Ebing, Psychiater in Graz (später Wien) und einer der bekanntesten Vertreter seiner Zunft, befaßte sich 1877 erstmals mit der „Konträrsexualität". In seinem Aufsatz „Über gewisse Anomalien des Geschlechtstriebes und die klinisch-forensiche Verwertung derselben als eines wahrscheinlich functionellen Degenerationszeichens des centralen Nervensystems", ebenfalls im „Archiv für Psychiatrie" erschienen, faßt er die bisher gesammelten

Erkenntnisse über diese „rätselhafte Erscheinung" zusammen. Bei allem Stolz auf die von den Psychiatern angewandte „empirische Methode"[19] und die dadurch gewonnenen Erkenntnisse hält er insgesamt neun Beschreibungen männlicher Konträrsexualität und zwei Beschreibungen lesbischer Frauen für eine durchaus zuverlässige Basis seiner als allgemeingültig proklamierten Theorie. Frl. N.'s Schicksal, das schon Westphal zur Theoriebildung diente, und Jette B.'s Leben, das durch Gock Eingang in die Wissenschaft fand, benutzt nun auch Krafft-Ebing als Beweis seiner Theorie, der zufolge

„Geschlechtliche Zuneigung zum eigenen Geschlecht (vorhanden sei, wenn:)
1. *Mann zu Mann* (3.4.6.7.8.9.10.11.) und zwar in der geschlechtlichen Rolle des Weibes (3.11, Zastrow fühlte sich wenigstens in seinen wollüstigen Träumen als Weib), oder ohne bestimmte geschlechtliche Rolle (3.7.9.10).
2. *Weib zu Weib* (1.5.) wobei sich das Individuum als Mann fühlt."[20] (Die Zahlen im Zitat bezeichnen die einzelnen „Fälle"; 1. steht für Frl. N., 5. für Jette B.)

Beachten wir den abenteuerlichen Vorgang, in dem aus der Sezierung und Deformation zweier Frauenleben eine für alle frauenliebende Frauen geltende Theorie entwickelt wird, so drängt sich die Vermutung auf, daß die Theorie über diese Frauen früher in den Köpfen der Theoretiker als die entsprechende Frau in ihren Händen war.

1886 publizierte Krafft-Ebing sein berühmtestes Buch „Psychopathia sexualis", welches nicht nur vierzehn, den ursprünglichen Umfang allmählich auf das Doppelte steigernde Auflagen erlebte, sondern auch in mehrere Fremdsprachen übersetzt und weltweit bekannt wurde. Besondere Berücksichtigung findet in dieser Schrift die „Konträrsexualität". Zum einen erweitert Krafft-Ebing die bisherige Kasuistik geschlechtlicher Zuneigung „weibliebender Weiber" um zwei „eigene Beobachtungen", zum anderen zeigt er auf, was seines Erachtens typisch für frauenliebende Frauen ist.

„Das weibliebende Weib fühlt sich geschlechtlich als Mann; es gefällt sich in Kundgebungen von Muth, männlicher Gesinnung, denn diese Eigenschaften machen dem Weibe den Mann begehrenswerth. Der weibliche

Urning liebt es deshalb, Haar und Zuschnitt der Kleidung männlich zu tragen und seine höchste Lust wäre und ist es, gelegentlich in männlicher Kleidung zu erscheinen. Es hat nur Neigung für männliche Beschäftigung, Spiele und Vergnügen. Seine Ideale sind durch Geist und Thatkraft bedeutende weibliche Persönlichkeiten, sein Interesse im Theater und Cirkus erregen nur weibliche Künstler, gleichwie in Kunstsammlungen nur weibliche Statuen und Bilder seinen ästhetischen Sinn und seine Sinnlichkeit erwecken."[21]

Diese wissenschaftlich eingekleidete Aussage lohnt eine genauere Untersuchung. Krafft-Ebing formuliert hier eine Theorie, die nicht nur in sich widersprüchlich ist, sondern deren innerer Widerspruch darüberhinaus die bezeichnende Funktion erfüllt, Frauenliebe für nicht-existent zu erklären. Die Liebe der Frau zum eigenen Geschlecht soll einerseits einer tiefverwurzelten, „originären", „angeborenen" männlichen Identität entstammen, die zu männlichen Verhaltensweisen führe. Soche Frauen sollen andererseits gleichsam umständehalber gezwungen sein, sich wie Männer zu verhalten, um von „anderen" Frauen, deren „originäres" sexuelles Interesse sich auf den Mann richte, begehrt werden zu können. Krafft-Ebing unterstellt somit einerseits eine gleichgeschlechtliche Identität mit dem Mann als Ursache der Liebe zum eigenen Geschlecht, und läßt andererseits „männliches" Verhalten als bloße Reaktion auf das „Begehren" der „anderen Weiber" erscheinen, also nicht als Ursache, sondern als nötige Anpassung an äußere Umstände. Gemeinsam ist beiden Argumentationen, daß in ihrem Zentrum der Mann steht. Aus der Liebe von Frauen zu Frauen wird somit eine Farce und Komödie, deren Hauptrolle der Mann spielt. Die Liebe von Frauen zu Frauen, weil sie Frauen sind, wird damit prinzipiell ausgeschlossen. Sie wird nicht aus sich selbst, als ein Ausdruck von Beziehungen innerhalb des weiblichen Geschlechts begriffen, sondern – kraft männlicher Phantasie – auf die Vorherrschaft des männlichen Geschlechts zurückgeführt.

Die Behauptung von Westphal und Krafft-Ebing, die frauenliebende Frau erstrebe die sexuelle und emotionale Identität mit dem Mann, ist fortan Grundlage psychiatrischer und populärwissenschaftlicher Veröffentlichungen zu diesem Thema. Aus der Vielzahl dieser Werke will ich einige repräsentative Beispiele vorstellen.

W. Hammer, Arzt in Berlin, veröffentlichte in der Zeit zwischen 1900 und 1914 eine Reihe von Aufsätzen über frauenliebende Frauen, die zum Teil in populärwissenschaftlichen Zeitschriften verbreitet wurden und einen großen Bekanntheitsgrad erreichten.[22] Er fügt dem Krafft-Ebing'schen Kategoriensystem noch folgende „Haupterscheinungen" hinzu:

Die Uranierin, wie er frauenliebenden Frauen nennt, „ist in männlicher Gesellschaft nicht befangen"; ein „kräftig-derbes selbstbewußtes Auftreten unterscheidet sie von ihren Mitschwestern"; ihr „Gang ist oft bestimmt", die „Schritte sind weit"; der „Blick dem Manne gegenüber selbstbewußt"; ihre „Ausdrucksweise ist oft deutlich"; „Schamröte in Herrengesellschaft" ist ihnen fremd, „eher bemerkt man die Zornesröte"; sie fällt auf durch ihre „Begabung zu scharfer Beurteilung" und „rednerische(n) Befähigung"; sie zeigt eine „Denkschärfe und rücksichtslose Folgerichtigkeit in der Bildung ihrer Urteile und Schlüsse, wie sie in ähnlichem Grade bei der holden Weiblichkeit sonst selten entwickelt sein dürften". All diese Merkmale seien männlichen Charakters und befähigen daher – so Hammer –, den „geschulten Beobachter mit einiger Sicherheit, die Uranierin von Durchschnittsmädchen schon durch den äußeren Blick (zu) unterscheiden." Selbstverständlich führt er auch das „kurzgeschorene Haar" und die „Vorliebe für Männerkleidung" als signifikantes Merkmal an.

A. Forel, Psychiater in Zürich, schreibt in seinem 1907 veröffentlichten Buch „Die sexuelle Frage", welches in einer „gelehrten" und einer „Volksausgabe" in mehreren Auflagen erschien, in fast gleichlautenden Begriffen über die frauenliebenden Frauen:

„Die urningische Frau aber fühlt sich, wie gesagt, als Mann. Die Idee des sexuellen Umgangs mit Männern ist ihr ein Greul. Am liebsten geht sie in Männerkleidern und nimmt männliche Gewohnheiten an."[23]

I. Bloch, der sich selbst den „Vater der Sexualwissenschaft" nennt, prägt in seinem berühmt gewordenen Buch „Das Sexualleben in unserer Zeit" (1906) ein ähnliches Bild der frauenliebenden Frau. Er geht einen Schritt über die bisherigen Theorien hinaus, indem er die Abweichungen, welche an frauenliebenden Frauen festzustellen seien, als körperliche Abweichungen beschreibt:

„Das sind jene Fälle, wo bei Urningen der gleichgeschlechtliche Trieb schon aus frühester Kindheit, oft lange Zeit vor der Pubertät auftritt, wo auch im äußeren Habitus das Mädchen sich von den heterosexuellen Kameradinnen unterscheidet, Anklänge an den männlichen Körperbau vorhanden sind (schwache Entwicklung der Brüste, geringere Beckenbreite, Entwicklung eines Schnurrbarts, tiefe Stimme usw.) oder diese auch fehlen können ..."[24]

Der Spezialarzt für Gynäkologie B. Bauer, der 1925 als Fortsetzung seines 1924 erschienen Buches „Wie bist Du Weib", ein Buch mit dem aufschlußreichen Titel „Weib und Liebe" veröffentlichte, widmet sich im Kapitel „Irr- und Abwege der Liebe" den frauenliebenden Frauen. Er faßt frühere Motive zusammen und betont besonders die Aggressivität der frauenliebenden Frauen aufgrund ihrer männlichen Psyche.

„Wir finden auch hier den aktiven, angreifenden, also gleichsam männlichen Teil, der sich schon durch sein äußeres Gehaben und Gebaren als ‚Mannweib' zu erkennen gibt; in der Art der Liebesbetätigung selbst übernimmt er die Rolle des Mannes in dem Sinne, daß er auf dem Umweg über die Onanie und sonstige Liebesspiele den leidenschaftlichen Liebhaber mimt, der nicht allzu selten das geliebte Weib mit wildester Eifersucht quält; diese richtet sich allerdings nicht etwa gegen Männer, sondern ausnahmslos gegen Frauen."[25]

M. Hirschfeld, Arzt für nervöse und psychische Leiden in Berlin, Leiter des „Wissenschaftlich-Humanitären-Komitees"[26] und Herausgeber der „Jahrbücher für sexuelle Zwischenstufen"[27], orientierte sich ebenfalls an den in der Psychiatrie gefundenen Lehrsätzen, geht allerdings in einem Punkt über sie hinaus. Im Gegensatz zu seinen Berufskollegen benennt er auch „weiblich identifizierte weibliche Individuen" als „originär" homosexuell. Die Charakterisierung, die er den „männlich-weiblichen" und „weiblich-weiblichen" Lesben angedeihen läßt, entspricht voll und ganz den bereits bekannten Sätzen. In seinem Buch „Die Homosexualität des Mannes und des Weibes" (1914) schreibt er:

„Auch hier findet sich eine Abteilung von Frauen, die in Tracht, Haarschmuck, Haltung und Bewegung, und der Art zu sprechen, zu trinken und zu rauchen etwas ausgesprochen Viriles aufweisen; viele haben auch eine rauhe, tiefe Stimme, derbe männliche Gesichtszüge, schmale Hüften, wie überhaupt einen an das ‚stärkere' Geschlecht erinnernden Knochenbau. Ihren Namen geben sie unter sich häufig eine virile Form. Daneben aber existiert eine *nicht mindergroße* Gruppe homosexueller Frauen, die sich äußerlich von anderen Frauen ihrer gesellschaftlichen Sphäre kaum unterscheiden; sie tragen Toilette und Frisuren nach derselben Mode wie diese, perhorreszieren weder Koresetts, noch hohe Absätze und erscheinen in ihren Gefühls-, Geschmacks- und Gedankenäußerungen so durchaus weiblich, daß sie niemand für homosexuell halten würde. Und doch sind sie es in genau so fixierter Weise wie ihre virilen Schicksalsgenossinnen."[28]

Obwohl Hirschfeld diesen, wie er es ausdrückt, weiblich gearteten weiblichen Homosexuellen zugesteht, daß sie in „genauso fixierter Weise" homosexuell sind wie ihre „virilen Schicksalsgenossinnen", beschreibt er sie doch als zu unterscheidende Gruppen und unterstellt ihnen rivalisierendes Verhalten:

„In gleicher Weise wollen oft die weiblich gearteten homosexuellen Frauen von den ‚Mannweibern' nichts wissen, während diese wiederum gern über die homosexuellen ‚Weibchen' herziehen."[29]

Andererseits aber behauptet er, daß nur „männlich geartete Mannweiber" und „weiblich geartete Weibchen" eine Liebesbeziehung miteinander eingehen könnten:

„und das gleiche gilt für das Weib, je mehr Weibliches in ihr ist, je weniger sie von der Norm abweicht, um so mehr liebt sie Frauen, die Männliches an sich haben, kräftige geistesstarke Weiber, Künstlerinnen, Schriftstellerinnen, und je viriler sie selbst ist, um so mehr fühlt sie sich von jungen, echt weiblichen Mädchen angezogen."[30]

Alle genannten Autoren bemühen sich, neben dem von ihnen entworfenen Mannweib auch das Liebesobjekt des Mannweibes diagnostisch zu charakterisieren. Der Logik der Psychiater folgend, muß ein „Mannweib" ein „anderes Weib" begehren oder von einem „anderen Weib" begehrt werden. Die Liebe zweier „Mannweiber" oder zweier „anderer Weiber" zueinander wird prinzipiell ausgeschlossen. Da dieses „andere Weib" als notwendiges, komplementäres Gegenstück zur Figur des „Mannweibes" konstruiert wurde, muß auch für sie ein System von Verhaltensmöglichkeiten entwickelt werden.

Die Norm, in die das „Mannweib" und das „andere Weib" im Verhältnis zueinander eingesperrt werden, ist die Norm der heterosexuellen, standardisierten (ehelichen) Paarbeziehung. Das „Mannweib" soll danach trachten, sich das „andere Weib" als Hausfrau zu unterwerfen; entsprechend soll das „andere Weib" den Wunsch haben, sich zu unterwerfen. Wird das „Mannweib" als originär homosexuell bezeichnet, so klassifizieren die Psychiater das „andere Weib" als originär heterosexuelle, zur Frauenliebe verführte Frau.

Schon in seinem ersten Aufsatz über Conträrsexualität (1877) differenzierte Krafft-Ebing zwischen zwei Gruppen conträrsexuell Empfindender:

„Bei einem Versuch, Wesen und Bedeutung dieser räthselhaften Erscheinung zu ergründen, ergiebt sich die Nothwendigkeit, das vorhandene Material in zwei Gruppen zu ordnen.
a) Fälle, in welchen die conträre Sexualempfindung eine angeborene, dem Individuum habituelle Erscheinung ist und zugleich die einzige Möglichkeit geschlechtlicher Function.
b) Fälle, in welchen die conträre Sexualempfindung keineswegs angeboren ist, sondern sich nur als temporäre Anomalie bei einem zu anderweitigem und normalem geschlechtlichen Verkehr befähigten Individuum zeigt."[31]

Die Frauen, die er zur Kategorie der originären Conträrsexualität zählt, ordnet er der Kategorie „Perversion" zu, diejenigen, die er in die Gruppe der Nichtoriginären einordnet, bezeichnet er als der „Perversität" zugehörig. Perversion wird in der Folge als „Krankheit", Perversität als „Laster"[32] aufgefaßt.

Wurde die originär homosexuelle Frau als „männlich identifiziertes weibliches Individuum" bezeichnet, so wurde die nichtoriginäre homosexuelle Frau als „weiblich identifiziertes weibliches Individuum" charakterisiert: als originär heterosexuelle Frau, die zur Homosexualität verführt wurde. Bloch erfindet 1906 für die Gruppe der sogenannten nichtoriginär Homosexuellen den Begriff „Pseudo-Homosexuelle" und „Pseudo-Homosexualität", um damit – wie er ausführt – „ihre Wesensverschiedenheit von der echten Homosexualität zum richtigen Ausdruck zu bringen." In seinen weiteren Ausführungen erklärt er sodann, daß die Pseudo-Homosexualität eine vorwiegend „weibliche" Erscheinung sei.

„In Vergleichung mit der Zahl der Urninge ist die Zahl der weiblichen Homosexuellen, der ‚Urninden' oder ‚Lesbierinnen' oder ‚Tribaden', eine relativ kleine, während umgekehrt bei Frauen auch im späteren Alter die sogenannte Pseudo-Homosexualität weit häufiger vorkommt als bei Männern ... Wenn man z. B. einen Urningsball besucht, ist man sicher, daß 99% der dort versammelten männlichen Homosexuellen echte Homosexuelle sind, auf einem Urnindenball – auch solche gibt es in Berlin – ist sicher ein viel kleinerer Prozentsatz ‚echt', das Gros setzt sich aus weiblichen Pseudo-Homosexuellen zusammen."[33]

Die Unterscheidung zwischen überwiegend originärer Homosexualität bei den Männern und überwiegender Pseudo-Homosexualität bei den Frauen findet sich auch bei den anderen Autoren. Als Ursache dieses – wie sie es nennen – Phänomens benennen sie die Frauenfreundschaften mit ihrem Austausch von Zärtlichkeiten und Liebkosungen die bei Männern undenkbar seien. So schreibt Bloch beispielsweise:

„Für den heterosexuellen Mann ist es meist unmöglich, sich in homosexuelle Empfindungsweise hineinzuversetzen oder gar homosexueller Betätigung Geschmack abzugewinnen, der heterosexuellen Frau fällt dies ohne Zweifel viel leichter, ja Zärtlichkeiten und Liebkosungen spielen auch zwischen normalen heterosexuellen Frauen eine Rolle, die uns das Verständnis für das leichte Auftreten pseudohomosexueller Neigungen erleichtert."[34]

Solche Frauenfreundschaften, so berichtet beispielsweise auch Forel, erleichtern den „Mannweibern" das Verführen „anderer Frauen".

„Wenn nämlich ein urningisches Weib ein normales Mädchen verführen will, gelingt ihr dies gewöhnlich leicht dadurch, dass sie dieselben zu einer schwärmerischen Liebe aufreizt, die dem weiblichen Naturell auch Weibern gegenüber nicht sehr auffällig ist. Küsse, Umarmungen, Zusammenliegen im Bett, Liebkosungen usw. fallen bei Mädchen viel weniger auf, als bei Knaben und rufen auch beim normalen Weib, das von einem anderen zum Gegenstand solcher Zärtlichkeiten gemacht wird, in der Regel nicht den gleichen Ekel hervor."[35]

Der – wie die Autoren es nennen – „Mangel an Abneigung gegen intime körperliche Berührung mit der Geschlechtsgenossin"[36] wird also als die Hauptursache der sogenannten Pseudo-Homosexualität bei Frauen angesehen. Diese monströse und zugleich hilflose Umbenennung der Zuneigung von Frauen zu Frauen in einen „Mangel an Abneigung“ drängt den Verdacht auf, daß die wissenschaftliche Formulierung einen wesentlichen Zusammenhang nicht aufhellt, sondern verdeckt: „Mangel an Abneigung“ gegen Frauen als Mangel an Zuneigung zu Männern.

Die Klage, daß Frauen „schwärmerische, seelische Zuneigung“ und „körperliche Innigkeit“[37] für Freundinnen empfinden, zieht sich durch die Mehrzahl dieser Texte. So schreibt 1907 ein Dr. Philos wortreich über diese Erscheinung:

„... dass wir ja von Jugend auf an intime Liebesbeziehungen zwischen Weibern gewöhnt sind und ein Küssen, Umarmen, Austauschen von Kose- und Schmeichelnahmen von Weibern untereinander als Selbstverständlichkeit, manchmal wohl etwas lächerlich, niemals aber als für unser Keuschheits- und Schamgefühl, unsere Sittlichkeit verletzend empfinden ...
Der gewohnheitsmäßige Anblick weiblicher Zärtlichkeitsergüsse brachte es mit sich, dass effektiv weibliche Homosexuelle ganz öffentlich ihre Zuneigung zu der geliebten Geschlechtsgenossin zur Schautragen konnten, ohne dass der Umgebung etwas anderes, als etwa eine überspannte leidenschaftliche Freundschaft zu Bewußtsein gekommen wäre.“[38]

Darüberhinaus werden noch weitere Ursachen benannt, die die leichte Verführbarkeit der Frauen durch Frauen erklären sollen. Krafft-Ebing beispielsweise nennt „den homosexuellen Verkehr faute de mieux (Gefängnisinsassen, Töchter höherer Stände, die vor Verführung durch Männer gehütet sind oder vor Gravidität zurückschrecken)“ als häufigste Ursache für „gezüchtete konträre Sexualität“. Notwendige Voraussetzung dieses „Verkehrs in Ermangelung eines besseren“ ist für ihn selbstredend die Verführung durch andere Frauen: „Oft sind weibliche Dienstboten die Verführerinnen, gelegentlich auch konträrsexuelle Freundinnen und selbst Lehrerinnen in Pensionaten.“[39]

Die Einführung der Kategorie „Mannweib“ und „Pseudo-Homosexuelle“ ist ein Versuch, Frauen in typisierende Normen einzusperren. Sobald ein Teil der Frauen als „Mannweib“ klassifiziert wird, werden alle anderen zu potentiellen „Pseudo-Homosexuellen“, zwar originär heterosexuell, aber jederzeit verführbar zur Homosexualität, potentielle Opfer der „Mannweiber“. Umge-

kehrt wird die als „Mannweib“ klassifizierte Frau zur Verführerin, zur Gefahr für alle anderen Frauen. Die Tatsache, daß und wie die Autoren solche Verführung diagnostizieren, folgt der Logik männlichen Denkens über männliche Sexualität. Ist es doch aus der Sicht der Autoren die männliche Psyche (welche die männlichen Autoren ja bestens kennen oder zu kennen glauben), die das „Mannweib“ zwingt, immer wieder Frauen zu verführen. Dieselbe männliche Psyche verhindere zudem die Liebe der „Mannweiber“ untereinander, ebenso wie umgekehrt die weibliche Psyche die Liebe zweier Nicht-„Mannweiber“ zueinander unmöglich mache. Einige Autoren gehen gar so weit zu behaupten, „Mannweiber“ untereinander könnten einander nur Feind sein.[40]
Beschrieben die psychiatrischen Schriften das „Mannweib“ als Verführerin, so erscheint sie in pornographischen Schriften der gleichen Epoche als Vergewaltigerin von Frauen.[41] Auch dies entspricht durchaus männlicher Logik, die hier auf die „Mannweiber“ übertragen wird. Das „Mannweib“ verführt/vergewaltigt Nicht-„Mannweiber“ und macht sie zu „Pseudo-Homosexuellen“. „Mannweiber“ werden zu Nicht-Frauen gestempelt und als besondere Spezies – als Monster – aus dem weiblichen Geschlecht ausgegrenzt. Frauenliebende Frauen werden darüberhinaus in echte, die „Mannweiber“, und unechte, die „Pseudo-Homosexuellen“, auseinanderdividiert.

Die Kreation der Figur des „Mannweibes“ und die Erfindung der besonderen Kategorie der „Pseudo-Homosexuellen“ lassen sich so als Versuch lesen, Frauen durch Ein- und Ausgrenzung voneinander zu trennen. Innerhalb der Grenzen, die um Frauenliebe gezogen werden, läßt dieses Modell den Frauen nur noch wenig Raum jenseits von Heterosexualität. Dieser wissenschaftliche Zugriff modelliert zudem alle Freundschaften unter Frauen nach dem standardisierten Machtverhältnis männlich/weiblich, aktiv/passiv, aggressiv/unterwürfig, Verführer/Verführte, das sich seit dem 18. Jahrhundert durchgesetzt hat. In der psychiatrischen und medizinischen Wissenschaft manifestiert sich damit die Inhumanität heterosexueller Geschlechternormen, die seit dem späten 19. Jahrhundert immer unausweichlicher für Sexualität insgesamt Geltung beanspruchen.

Es liegt nahe nach der historischen Bedeutung dieser seit Mitte des 19. Jahrhunderts aufkommenden und bis zu den 1920er Jahren schon außerordentlich populär gewordenen Theorien zu fragen. Weder ist die Frauenforschung hierzulande schon weit genug gediehen, noch erlaubt es der verfügbare Raum, diese Frage zu beantworten. Mögliche Antworten müßten als Hintergrund sehr unterschiedliche historische Entwicklungen zwischen dem 18. und 20. Jahrhundert berücksichtigen: etwa den Wandel der vorausgegangenen Theorien der „Polarisierung" von Frauen- und Männerwelt[42] und die im 19. Jahrhundert aufkommenden „biologistisch"-naturwissenschaftlichen Definitionen der Geschlechter, den Wandel in der sozialen Bedeutung von „Sexualität",[43] Zusammenhänge mit der sich durchsetzenden Norm und Realität von Frauen als Hausarbeiterinnen[44] und mit dem gleichzeitigen Anwachsen der Frauenbewegung, deren Vertreterinnen vielfach als „männlich" oder „lesbisch" diffamiert wurden und vielfach tatsächlich in „männliche" Sphären eindrangen oder „lesbisch" waren.[45]

Was aber bringt es Frauen heute, und was trägt es bei zur historischen Frauen- und Lesbenforschung, wenn solche von Männern verfaßten Texte mit ihren Widersprüchen und ihrer zwanghaften Kategorienbildung untersucht werden? Wo bleibt dabei die Geschichte der Frauen selbst? Ich meine, daß die Untersuchung dieser – historisch sehr einflußreichen – Texte und damit der Entstehungsgeschichte derartiger Theorien über Lesben und Frauen allgemein dazu beiträgt, festgeronnene Vorstellungen über Lesben und Frauen heute und bei uns, also auch bei Lesben und Frauen, aufzulösen: die von mir untersuchten Texte präsentieren Motive, Urteile, Klischees, die bis heute gang und gäbe sind.

Historische Forschungen über frauenliebende Frauen, die sich als lesbisch verstanden oder die wir aus mancherlei Gründen „lesbisch" nennen mögen, obwohl sie sich selbst nicht so genannt haben,[46] stehen für Europa in den Anfängen, Freundschaft und Liebe zwischen Frauen hat allem Anschein nach historisch wandelbare Formen, und es kann – um den historischen Kontext der hier untersuchten Männertheorien in Bezug auf das Leben und die Erfahrungen von Frauen zu präzisieren – nicht darum gehen, einfach zu zeigen, daß Lesben „in Wirklichkeit" ganz anders waren, als sie von den männlichen Wissenschaftlern diagnostiziert wurden: dies wäre nur eine neue Weise, Frauengeschichte in Abhängigkeit von Männergeschichte zu schreiben.

Das „Mannweib" wurde seit dem letzten Drittel des 19. Jahrhunderts von Männern als zentrale Kategorie lesbischer Existenz theoretisiert, und – da diese Kategorie zur Erfassung der Realität offenbar nicht ausreichte – in ihrem Gefolge die „Pseudo-Homosexuelle" erfunden. Die Kreation entsteht in eben dem Zeitraum, der sowohl eine Wandlung der Verhältnisse zwischen den beiden Geschlechtern wie auch in Form der Frauenbewegung einen Widerstand des weiblichen Geschlechts gegen diese neue Form des Geschlechterverhältnisses hervorbrachte. Weibliche Verweigerung gegenüber den neuen Normen wurde vielfach, insbesondere von Männern, als „Männlichkeit" begriffen, und als solche angegriffen. Johanna Elberskirchen, Schriftstellerin und Frauenrechtlerin, veröffentlichte 1904 einen geharnischten Protest gegen Theorien und Theoretiker, die frauenliebende Frauen in dieses Schema einsperren wollen:

„Man sagt, die Liebe der Frau zur Frau ist ein Zug zum Männlichen – die Emanzipation ebenfalls. Die Frau strebt, sie greift nach ‚spezifisch männlichen' Allüren und ‚spezifisch männlichen' Berufen ... Was ist das Wesen der Homosexualität, der Liebe zum eigenen Geschlecht? Natürlich die Ausschließung des konträren Geschlechts, des männlichen bzw. des weiblichen. Wie kann nun die Liebe der Frau zur Frau einen Zug zum Männlichen haben? Das Männliche wird doch ausgeschlossen. Man könnte doch eher das Gegenteil behaupten und sagen in der Liebe der Frau zur Frau manifestiert sich ein Zug zum Weiblichen!
Und tatsächlich ist es so. Der oder die Homosexuelle liebt das eigene Geschlecht. Es sind immer die Zwei, nicht nur der Eine des Bundes, die im anderen das eigene Geschlecht lieben und mehr oder weniger dem konträren Geschlecht abgewandt sind. Wenn also zwei Frauen einander lieben, so ist diese interessante Tatsache noch lange nicht dadurch erklärt, daß man sagt, die eine repräsentiert quasi den Mann, sie empfindet männlich, die andere die Frau repräsentierend, weiblich, also – normal! Empfände die eine weiblich nicht abnorm – ihr Instinkt müßte sie doch zum Manne treiben, zum normalen Mann! *Beide* empfinden eben nicht normal, sondern beide empfinden abnorm und zwar beide weiblich bzw. männlich. *Beide* treibt der *Instinkt zur Frau, zum eigenen Geschlecht.* Beide lieben im andern das eigene

Geschlecht – das weibliche. Nicht das männliche. Sonst wäre doch ein homosexuelles Verhältnis überhaupt nicht möglich. Folglich: Es handelt sich hier um einen Zug zum Weiblichen – vom Weiblichen zum Weiblichen."

Abschließend schreibt sie noch:

„Im übrigen: Sind wir Frauen der Emanzipation homosexual – nun dann lasse man uns doch! Dann sind wir es mit gutem Recht. Wen geht's an. Doch nur die, die es sind. Die sich mit ihrer Abnormalität abzufinden haben, wie die anderen mit ihrer Normalität."[47]

Anmerkungen

1 Westphal, C., Die conträre Sexualempfindung. Symptom eines neuropathischen (psychopathischen) Zustandes, in: Archiv für Psychiatrie und Nervenkrankheiten 2, 1869, S.73–108. Westphal's Aufsatz war die erste psychiatrische Abhandlung über die weibliche Homosexualität. Vgl. dazu: Der unterdrückte Sexus. Historische Texte und Kommentare zur Homosexualität, hg. v. J.S. Hohamm, Lollar/Lahn 1977.

2 Westphal, S.73.

3 Die „ordentliche" Bezeichnung für Frauen, die Frauen lieben, lautet heute (wieder) Lesbierin nach der Dichterin Sappho, die um 600 v.u.Z. auf der Insel Lesbos lebte und Frauen liebte. Seit Sapphos Zeiten bis Mitte des 19. Jahrhunderts wurden Frauen, die Frauen lieben, als Lesbierinnen bezeichnet. Sie „huldigten der lesbischen oder sapphischen Liebe", wie der Brockhaus es ausdrückt. Eine andere – allerdings in Deutschland weniger gebräuchliche – Bezeichnung für frauenliebende Frauen, war der aus dem römischen stammende Begriff: Tribadie, Tribade. Durch die seit Mitte des 19. Jahrhunderts am neuen Bild der frauenliebenden Frauen arbeitenden Psychiater wurden den Bezeichnungen Lesbierin und Tribade ein anderer Inhalt gegeben. Fortan werden nicht mehr *alle* frauenliebende Frauen als Lesbierin oder Tribade bezeichnet. Für einige Autoren soll der Begriff Lesbierin nur noch für „bisexuelle" Frauen Geltung haben, andere dagegen wollen ihn nur auf die sogenannte Pseudo-Homosexuelle anwenden und andere wiederum meinen, daß nur die originär homosexuelle Frau als Lesbierin benannt werden soll. Der Begriff Tribade und der 1868 von K.H. Ulrichs gebildete Name: Uranierin, fanden nur für das sogenannte Mannweib Verwendung. Die lesbischen Frauen selbst kümmerten sich herzlich wenig um diesen Benennungsstreit. Sie gaben sich – jedenfalls in ihren Veröffentlichungen – keinen dieser Namen. Sie nannten sich

schlicht Freundinnen und Frauen, die Frauen lieben. Die ca. 1970 in Berlin neuerstandene organisierte Lesbenbewegung distanzierte sich sowohl vom Begriff „homosexuelle Frau“, als auch von der Bezeichnung „Lesbierin“. Sie nannten, und nennen sich noch heute Lesben.

4 Westphal, S. 91.

5 Ebd., S. 94.

6 Gock, H., Beitrag zur Kenntnis der conträren Sexualempfindung, in: Archiv für Psychiatrie und Nervenkrankheiten 5, 1875, S. 564–575, Zitat S. 564, nachfolgende Zitate S. 565.

7 Ebd., S. 571.

8 Ebd., S. 566.

9 Westphal, S. 76.

10 Ebd., S. 75.

11 Gock, S. 566.

12 Westphal, S. 75.

13 Gock, S. 572.

14 Westphal, S. 80.

15 Gock, S. 572.

16 Westphal, S. 81.

17 Ebd., S. 74, S. 80.

18 Gock, S. 572.

19 Vgl. Krafft-Ebing, R. v., Psychopathia Sexualis, 7. Aufl., Stuttgart 1903, S. 42.

20 Krafft-Ebing, R. v., Über gewisse Anomalien des Geschlechtstriebes und die klinisch-forensische Verwertung derselben als eines wahrscheinlich functionellen Degenerationszeichens des centralen Nervensystems, in: Archiv für Psychiatrie und Nervenkrankheiten 7, 1877, S. 305–312, Zitat S. 307.

21 Ders., Psychopathia Sexualis. Eine klinisch forensische Studie, 2. Aufl., Stuttgart 1887, S. 65 f. Uranismus, Urning, Uranierin, Urninde: Begriffskatalog, der 1868 von K. H. Ulrichs entwickelt wurde. Uranierin, Urninde werden als Bezeichnung für die sogenannte originäre (oder angeborene) frauenliebende Frau benutzt.

22 U. a. veröffentlichte er seine Aufsätze in den von Hans Oswald um die Jahrhundertwende herausgegebenen populärwissenschaftlichen Studien „Großstadt-Dokumente“, die sich vorwiegend mit „Sexualproblemen“ befaßten, vgl. Hammer, W., Die Tribadie Berlins. Zehn Fälle weibweiblicher Geschlechtsliebe aktenmäßig dargestellt nebst zehn Abhandlungen über die gleichgeschlechtliche Frauenliebe, in: Großstadt-Dokumente, Berlin und Leipzig, o. J. (1902), Zitate nach der 3. Aufl. 1906, S. 30 f.

23 Forel, A., Die sexuelle Frage. Eine naturwissenschaftliche, psychologi-

sche, hygienische und soziologische Studie für Gebildete. München 1907, S. 268 Die gekürzte Volksausgabe erschien 1913.

24 Bloch, I., Das Sexualleben in unserer Zeit in seinen Beziehungen zur modernen Kultur, (1908) 12. Aufl. Berlin 1919, S. 555.

25 Bauer, B., Weib und Liebe. Studie über das Liebesleben des Weibes, Wien, Leipzig 1925, S. 458.

26 Das Wissenschaftlich-Humanitäre-Komitee wurde 1897 von M. Hirschfeld gegründet. Es war die erste Organisation homosexueller Menschen in Deutschland und bestand bis 1933. Ihr Hauptziel war die Abschaffung der Bestrafung homosexueller Akte zwischen Männern (§ 175) und die Aufklärung der Öffentlichkeit über Homosexualität.

27 Die Jahrbücher waren 1899–1923 Organ des Wissenschaftlich-Humanitären-Komitees.

28 Hirschfeld, M., Die Homosexualität des Mannes und des Weibes. (1914) 2. Aufl., Berlin 1920, S. 271.

29 Ebd., S. 272.

30 Ebd., S. 276; M. Hirschfeld ist als „Kämpfer für die Rechte homosexueller Menschen" noch heute bekannt. Er kann ebenso als „Verächter von Frauen" in die Geschichte eingehen, behauptet er doch u. a. keine Frau könne vergewaltigt werden, wenn sie es nicht selbst wolle. Hirschfeld war Gutachter in Vergewaltigungsprozessen! Vgl. Hirschfeld, M., Geschlechtskunde. Aufgrund dreißigjähriger Forschung und Erfahrung, Bd. 2, Folgen und Folgerungen, Stuttgart 1928.

31 Krafft-Ebing, Über gewisse Anomalien, S. 306.

32 Vgl. Laker, C., Über eine besondere Form von verkehrter Richtung („Perversion") des weiblichen Geschlechtstriebes, in: Archiv für Gynaekologie 34, 1889, S. 293–3-0, S. 293.

33 Bloch, S. 555. Tribadie, Tribade (gr.) Ausdruck für frauenliebende Frauen, bekannt seit dem römischen Reich. Wird ab ca. 1870 für sogenannte originär homosexuelle Frauen gebraucht.

34 Ebd., S. 554.

35 Forel, S. 268.

36 Eberhard, I. F. W., Die Frauenemanzipation und ihre erotische Grundlage, Wien, Leipzig 1924, S. 510.

37 Ebd.

38 Dr. Philos, Die lesbische Liebe. Ein Beitrag zur Sittengeschichte unserer Zeit, in: Zur Psychologie unserer Zeit, Berlin-Leipzig 1907, Heft 9, S. 8.

39 Krafft-Ebing, R. v., Neue Studien auf dem Gebiet der Homosexualität, in: Jahrbuch für sexuelle Zwischenstufen 3, 1901, S. 24 f.

40 Eberhard, S. 511.

41 Aus der Vielzahl pornographischer Schriften, die immer eine Passage enthalten, in welcher eine „Lesbierin" eine Frau vergewaltigt, seien hier

genannt: Ewers, H.H., Vampyre, Berlin 1903; Rodenstein, F., Lingamfeste, Berlin 1908; Pithon, A., Das Quartier der Sappho, Leipzig o.J. (ca. 1890). Im Gegensatz zu den ab ca. 1890 erschienenen Büchern beschreibt beispielsweise der Roman „Anandria, Bekenntnisse der Mademoiselle Sappho“ (Paris 1770, deutsche Ausgabe in der Übersetzung von H. Conrad, Berlin 1907) weder nach heterosexuellem Muster funktionierende Paarbeziehungen noch Vergewaltigungszenen.

42 Vgl. Hausen, K., Die Polarisierung der „Geschlechtscharaktere“, in: Sozialgeschichte der Familie in der Neuzeit Europas, hg. v. W. Conze, Stuttgart 1976, S. 363–393 und Duden, B., Das schöne Eigentum. Zur Herausbildung des bürgerlichen Frauenbildes an der Wende vom 18. zum 19. Jahrhundert. In: Kursbuch 47, Berlin 1977, S. 125–142.

43 Vgl. Foucault, M., Sexualität und Wahrheit, Frankfurt/M. 1979.

44 Vgl. Bock, G., Duden, B., Arbeit aus Liebe – Liebe aus Arbeit. Zur Entstehung der Hausarbeit im Kapitalismus, in: Frauen und Wissenschaft, Berlin 1977, S. 118–199.

45 Vgl. hierzu: Fadermann, L., Surpassing the Love of Men. Romantic Friendship and Love between Women from the Renaissance to the Present, New York 1981; Smith-Rosenberg, C., The Female World of Love and Ritual. Relations between Women in the 19th Century of America, in: Signs 1, 1975, S. 1–29 (deutsch in: Listen der Ohnmacht. Zur Sozialgeschichte weiblicher Widerstandsformen, hg. v. Honegger, C., Heintz, B., Frankfurt 1981, S. 365–392); siehe auch die autobiographischen Werke von Wolff, Ch., On the Way to Myself, London 1969; An older Love, London 1976; Hindsight, London 1980; und ihre Studien: Love between Women, London 1971; Bisexuality, London 1977.

46 Die frauenliebenden Frauen nannten sich selbst im 19. Jahrhundert Freundinnen oder Frauen, die Frauen lieben. Vgl. auch: Cook, B.W., Women and Support Networks, New York 1979; dies., „Women alone Stire my Imagination“. Lesbianism and the Cultural Tradition, in: Signs 5, 1979, S. 718–739; Rupp, L.J., „Imagine my Surprise“. Women's Relationships in Historical Perspective, in: Frontiers, A Journal of Women Studies, 5/3, 1980, S. 61–70; Weibliche Homosexualität um 1900 in zeitgenössischen Texten, hg. v. I. Kokula, München 1981 (Anthologie).

47 Elberskirchen, J., Was hat der Mann aus Weib, Kind und sich gemacht? Revolution und Erlösung des Weibes. Eine Abrechnung mit dem Mann. Ein Wegweiser in die Zukunft, Leipzig 1904, S. 3, S. 9.

Anna A. Bergmann

Frauen, Männer, Sexualität und Geburtenkontrolle. Zur Gebärstreikdebatte der SPD im Jahre 1913

„Ein Gespenst geht um in Europa: das Gespenst des Gebärstreiks. Alle Mächte des alten Europa haben sich zu einer heiligen Hetzjagd gegen das Gespenst verbündet, der Papst und der Kaiser, Herr von Bethmann Hollweg und Poincaré, französische Imperialisten und deutsche Fortschrittler."

Diese Worte formulierte 1913 der Sozialdemokrat Ludwig Quessel in seinen theoretischen Überlegungen über „Die Ökonomie des Gebärstreiks".[1] Und in der Tat: Der Geburtenrückgang – um die Jahrhundertwende in den Industrienationen als neues Phänomen registriert – war Anlaß für eine politische Kampfansage gegen diese neuartige Bevölkerungsentwicklung, und zwar von links und rechts gleichermaßen. Nicht erst heute wird also von Parteien und Bevölkerungswissenschaftlern im Geburtenrückgang eine besorgniserregende Tendenz gesehen, wird das Gebärverhalten von Frauen zum Gegenstand von Diskussionen und staatlicher Gesellschaftspolitik gemacht.

Expansionistische Kriegsziele und rassenhygienische Absichten gaben den Impuls für die lebhafte Diskussion über den Geburtenrückgang. Aber in der wissenschaftlichen und politischen Auseinandersetzung, in der es vornehmlich um die Ursachen dieses Phänomens ging, konzentrierte sich der Blick zu einem großen Teil auf das Verhalten von Frauen. Speziell Mediziner betonten die Bedeutung der weiblichen Sexualität und der Frauenemanzipation für den Geburtenrückgang. Sie führten das veränderte Gebärverhalten auf die Trennung von Sexualität und „Fortpflanzung" zurück und sprachen von einem „Intellektualisierungsprozeß". Artikulierte sich in solchen Äußerungen, die damals an der Tagesordnung waren, die Angst vor dem Verlust männlicher Macht über die Sexualität und den Körper von Frauen? Und umgekehrt: Hatten

Frauen in dieser Phase damit begonnen, ihre Interessen auch gegen den Willen von Männern, gegen gesellschaftliche Normen und Gesetze wahrzunehmen?

Im folgenden soll es nicht um die Frage gehen, ob der relative Rückgang der Geburten die Entwicklung des Deutschen Reiches berührte oder gar gefährdete. Zu einer Zeit, in der von einem aussterbenden Volk nicht die Rede sein konnte, scheint mir von einer größeren Bedeutung die Frage zu sein, weshalb die männliche Öffentlichkeit, allen voran Politiker und Wissenschaftler, so überaus massiv auf den Geburtenrückgang reagierten.

In der demographischen Forschung ist bis heute umstritten, welches der zahlreichen theoretischen Konzepte der Erklärung des Geburtenrückgangs am nächsten kommt. Die Tatsache aber, daß der Geburtenrückgang kein naturwüchsiger Prozeß, sondern ein Ausdruck von Interessen und Bedürfnissen derjenigen Menschen ist, die diese Erscheinung selbst hervorbringen, daß er ein Resultat von diversen Aktivitäten ist, die bis heute und erst recht in der damaligen Zeit zu einem Teil in der Illegalität erfolgten, bleibt in diesem Forschungszweig meist unberücksichtigt. Wenn einzig die Frage im Mittelpunkt steht, wie diese Erscheinung zukünftig zu verhindern sei, geht das bevölkerungspolitische Interesse an den menschlichen Bedürfnissen, die sich im Geburtenrückgang äußern, vorbei. Mir ist z.B. kein Bevölkerungswissenschaftler bekannt, der in Ländern mit Geburtenrückgang für die Freigabe der Abtreibung plädiert hätte.

Wird dagegen der Geburtenrückgang als eine Erscheinung, hinter der menschliche Interessen stehen, ernstgenommen, könnte er als eine massenhafte Verweigerung gegenüber dem gesellschaftlich auferlegten Zwang, Kinder zu gebären, begriffen werden. Und weiter könnte diese Form der Gebärverweigerung als Widerstand gegen gesellschaftlich gesetzte Normen den Ansatz zur Neuorientierung der eigenen Lebensweise enthalten, was auch positiv – und nicht nur als „Rückgang“ – zu bewerten wäre. Aus dieser Sicht möchte ich im folgenden die Bedingungen beschreiben, unter denen damals Frauen und Männer aus der Arbeiterschaft eine Geburtenkontrolle praktizierten.

Um die politische Wirkung und Bedeutung der Geburtenkontrolle in der Arbeiterschaft ging es in der „Gebärstreikdebatte“,[2] einer Diskussion der SPD im Jahre 1913 in Berlin, die ich anschließend skizzieren werde. Diese öffentliche Auseinandersetzung über die kollektive Deutung der Geburtenkontrolle, die vor dem Ersten Weltkrieg von Jahr zu Jahr für immer mehr Schlagzeilen sorgte, verhinderte, daß die in den einzelnen Ehen entschiedene und praktizierte Geburtenkontrolle eine Privatangelegenheit blieb; erst recht, als die Diskussion unter dem Begriff „Gebärstreik“ die von Arbeiterfrauen unter schwersten Bedingungen durchgesetzte Geburtenverweigerung in ein neues Licht rückte und die individuelle Selbsthilfe politisch wendete. Am Beispiel dieser Debatte möchte ich nachzeichnen, wie auch die deutsche Arbeiterbewegung weder zu einem Kompromiß noch zu einem Umdenkungsprozeß in ihrer Position zum Geburtenrückgang bereit war und stattdessen mit dem „Allgemeininteresse“ der SPD sich gegen die Geburtenkontrolle und letztlich zu Lasten der Frauen entschied. Doch bevor ich mich der Gebärstreikdebatte zuwende, werde ich die Möglichkeiten für die Geburtenkontrolle im Kaiserreich erläutern.

Die Abtreibungspraxis und die Anwendung von Verhütungsmitteln galten als Hauptursachen für die sinkende eheliche Geburtenziffer, obwohl versucht worden war, mit gesetzlichen Einschränkungen einen Riegel vor die freiwillige Geburtenkontrolle in der Ehe zu schieben.[3] Eine Reihe von Verhütungsmitteln waren bekannt und wurde benutzt, aber ihre freie Anwendung war durch den seit 1900 gültigen „Unzuchtparagraphen“ (§ 184, Ziffer 3, RStGB) erheblich erschwert. Mit diesem Gesetz war zwar nicht die Herstellung, aber der Handel und die öffentliche Reklame für Verhütungsmittel mit der Strafandrohung bis zu einem Jahr Gefängnis verboten. Legal und damit auch gut erhältlich waren einzig und allein Präservative. Dies hatte für Frauen den Nachteil, daß sie nur mit Initiative des Mannes problemlos verhüten konnten. Da im übrigen Verhütungsmittel keiner staatlichen Überwachung unterlagen und eine große Nachfrage bestand, konnten alle möglichen Produkte auf dem Markt erscheinen, auch solche, die keine Wirksamkeit, aber den Absatz garantierten. Die gesetzliche und moralische Tabuisierung schwangerschaftsverhütender Mittel öffnete dem Mißbrauch der Hersteller Tür und Tor. Verhütungsmittel wurden unter der Hand verkauft oder in Inseraten als „Chirurgische Bedarfsartikel", „antiseptischer Frauenschutz" und oft unter der Rubrik „Für die Reinlichkeitserhaltung der Frau" angepriesen.

Die Industrie begann, neue Verhütungsmittel für Frauen zu entwickeln: Pessare, Stifte, Irrigatoren, die sogenannte Mutterspritze sowie diverse Crémes, die unter dem Etikett „konzeptionsverhütend" verkauft wurden. Pessare konnten nur von Ärzten eingesetzt werden, was zwischen 20 bis 30 Mark kostete.[4] In Relation zu den damaligen Einkommensverhältnissen war das eine beträchtliche Summe. Außerdem mußten Ärzte erst einmal gefunden werden, die der Empfängnisverhütung positiv gegenüberstanden. Am meisten wurden Irrigatoren und die Mutterspritze für Ausspülungen benutzt, weil sie vom Arzt gegen Unterleibserkrankungen auf Krankenschein verschrieben wurden und damit kostenlos waren. In die Irrigatoren wurden Lysolspülungen oder Seifenlösungen gefüllt. Die Mutterspritze rief das Ausbluten der Gebärmutter hervor. Ihr Gebrauch war oftmals von Vergiftungen, Entzündungen und Gewebszerstörungen begleitet. Eine Zeugin dieser Zeit berichtete in einem Interview:

„Die ersten Mutterspritzen wurden in der Arbeiterfamilie greifbar zwischen 1906 und 1910. Die wurden langsam bekannt und wurden unter dem Ladentisch verkauft. Faßseife – das war das Billigste. Das hatte jede Frau in der Küche, weil sie ihre Wäsche damit gewaschen hat. Die Konzentration der Seife hatte zum Effekt: Abtötung der Frucht – der Abort durch Verätzen. Der Durchschnitt der Arbeiterfrauen wurde in der Regel 36 bis 38 Jahre alt. Sie waren verletzt oder unterleibskrank. So nannte man das damals: unterleibskrank durch viele Aborte."[5]

Angesichts der lebensgefährlichen Wirkung der Mutterspritze war es Zynismus, sie unter den Bezeichnungen „Lady's friend and doctor", „Frauenglück", „Niagara" oder „Incognito-Dusche" anzubieten.

Solche selbstzerstörerischen und brutalen Methoden waren keineswegs selten, sondern gehörten zum damaligen Frauenalltag.

Frauen sprangen vom Schrank, verletzten sich und nahmen alle denkbaren Risiken auf sich, um sich nicht schicksalhaft zahlreichen Geburten auszuliefern. In Interviews erzählten Frauen, wie sie versuchten zu „kippen“:

„Ich bin mit dem Mutterrohr zu tief hineingeraten.“
„Habe mit dem Quirl ein bißchen herumgestochert, bis Blut kam . . .“
„Ich habe meinem Mann beim Packen fürs Geschäft geholfen, bis (!) es soweit war.“[6]

Wollten Frauen illegal einen Abbruch der Schwangerschaft vornehmen lassen, waren sie auf die Hilfe von Hebammen angewiesen, dem Kurpfuscher ausgeliefert oder mußten Höchstpreise für eine sachgemäße Durchführung beim Arzt bezahlen. Waren diese Möglichkeiten für sie ausgeschlossen, versuchten Frauen, mit Strick- und Haarnadeln die Fruchtblase selbst zu durchstechen.

Die Abtreibung wurde in der medizinischen Literatur unter der Kategorie der Mittel mit „einhergehender Verletzung des Körpergewebes“ rubriziert und „als krimineller Abort“[7] bezeichnet. Mit den seit 1872 für das ganze Deutsche Reich im Strafgesetzbuch verankerten §§ 218–220 wurde einer Frau Zuchthausstrafe bis zu fünf Jahren angedroht, wenn sie eine Abtreibung bei sich provozierte oder auch nur den Versuch dazu unternahm. Wer Mittel zu diesem Zweck zur Verfügung stellte oder Hilfe leistete, konnte mit Zuchthaus bis zu zehn Jahren bestraft werden.

Mit der verschärften Bekämpfung des Geburtenrückgangs häuften sich polizeiliche Bespitzelungen, Nachbarn wurden dazu animiert, Verdächtiges zu melden, und Ärzte sollten dafür gewonnen werden, Informationen über die ihnen bekanntgewordenen kriminellen Abtreibungen an höhere Instanzen weiterzugeben.[8] Die Verurteilungen nach den §§ 218–220 nahmen von Jahr zu Jahr zu. Von 411 im Jahre 1900 stiegen sie auf 976 bis zum Jahre 1910, und 1914 waren es schon 1755.[9] Selbst die Androhung der Strafe bei versuchter Abtreibung war nicht nur als Abschreckungsmittel gedacht, sondern kam tatsächlich zur Anwendung. Bekannt wurde das Beispiel der Verurteilung einer Frau zu Gefängnis, die in dem Glauben, schwanger zu sein, „recht viel Glühwein trank“, obwohl

– wie sich im Nachhinein herausstellte – die angenommene Schwangerschaft ein Trugschluß war.[10]

Die Verurteilungen wegen Abtreibung stiegen an, aber auch die jährlich geschätzte Dunkelziffer heimlicher Abtreibungen. Sie wurde 1912 auf mindestens 100000 geschätzt.[11] Ärzte versuchten, über die Beobachtung des Verhältnisses der Fehl- und Totgeburten zu den Normalgeburten die jährliche Dunkelziffer herauszufinden. Die am häufigsten genannte Zahl für die Zeit vor dem I. Weltkrieg lag zwischen 10 bis 20 Abtreibungen auf 100 Normalgeburten.[12] Mediziner und Juristen überlegten, was im Falle einer totalen Strafverfolgung passieren würde: Die Gefängnisse wären überfüllt, wollte man alle Straftäterinnen einsperren, da

„... mindestens die Hälfte aller Frauen des in geordneten Verhältnissen lebenden Arbeiterstandes und des kleinen Beamtentums einmal oder mehrfach Kinder abgetrieben haben. Im Mittelstand müßten sogar drei Viertel aller Frauen ins Gefängnis geworfen werden, wollte man jede wegen des gedachten Verbrechens bestrafen ...“[13]

Wenn auch eine strafrechtliche Verurteilung in diesem Umfang nicht zum Zuge kam, so wurden doch Frauen durch die Kriminalisierung der Abtreibung brutalen Bedingunen ausgeliefert, die den Charakter einer öffentlichen Bestrafung ihrer Wünsche und Bedürfnisse trugen. Die massenhafte Auflehnung gegen das Verbot der Abtreibung wurde als internationale Erscheinung wahrgenommen:

„Die merkwürdige Gleichgiltigkeit des weiblichen Gewissens gegenüber der Abtreibung der Leibesfrucht wird in allen Ländern beobachtet ... Die meisten Frauen, darunter hochgebildete und sehr feinfühlige, die gegen ihren Wunsch schwanger geworden sind, denken ohne die geringsten Gewissensbisse an die Hervorrufung künstlicher Fehlgeburt, und wissen oft nicht einmal, wie die Kirche, die Gesetze und die Medizin diesem Verfahren gegenüber stehen.“[14]

Frauen wußten nur zu gut, welcher Kriminalisierung sie durch Staat und Medizin ausgesetzt waren. Schließlich waren sie es, die die Auswirkungen dieser staatlichen Reglementierungen durch die §§ 218 und 184 am eigenen Leibe oft unter Lebensgefahr zu spüren bekamen. Aber über die Zahl derjenigen Frauen, die dadurch zu

Tode kamen, schwiegen Kriminalstatistiken und Ärzte. Erst in den 20er Jahren wurden die Todesfälle auf 10000 jährlich geschätzt.[15] Keine offizielle Empörung fand die Tatsache, daß diese staatlichen Reglementierungen Ärzten, Kurpfuschern und der Industrie neue Profitquellen eröffneten.

Ganz anders sahen die Bedingungen aus, unter denen Männer eine Zeugung verhüten konnten. Weder Moral und Gesetz noch komplizierte und körperzerstörende Apparaturen machten Männern die Verhütung schwer. Das Gummipräservativ oder auch die Schweins- und Fischblase waren billig, wirkten komplikationsfrei und durften verkauft und angeboten werden, dienten sie doch dem gesundheitspolitischen Zweck, die Weiterverbreitung von Geschlechtskrankheiten einzudämmen.

Dennoch ergaben von Ärzten durchgeführte Untersuchungen und Befragungen, daß der coitus interruptus die am meisten angewandte Verhütungspraktik von verheirateten Männern war. Dazu wurde sowohl von befragten Männern als auch von Wissenschaftlern festgestellt, daß der coitus interruptus eine besondere Form der sexuellen Abstinenz sei, zumindest aber die sexuelle Lust des Mannes erheblich einschränke und „das normale Sexualziel nicht erreicht“[16] werde.

Warum Männer in den ehelich-sexuellen Beziehungen damals nicht das Kondom gegenüber der für sie einschränkenden Sexualpraktik des coitis interruptus vorzogen, läßt sich nicht beantworten. Einige Hinweise ergeben sich aber aus Befragungen über Verhütungstechniken und -methoden, die von Medizinern vorgenommen wurden. Die von dem Arzt Max Marcuse durchgeführten Interviews von 100 verheirateten Arbeiterinnen aus dem Berliner Norden (1912) und 300 Soldaten im Lazarett (1917) enthalten zu diesem Thema eindrucksvolle Aussagen.[17] In diesen Interviews wurde der Wille zur Geburtenkontrolle bzw. zum ehelichen „Präventivverkehr“ besonders entschieden von Frauen formuliert. Nicht selten waren sie es, die vom Mann den coitus interruptus forderten:

„Von jetzt ab nur noch coitus interruptus, da die Frau auf keinen Fall mehr Kinder haben will.“

„Frau läßt es nicht anders zu, will keine Kinder mehr ..."[18]

Die Dominanz der Frauen wird in anderen Interviews noch deutlicher. Wenn Frauen schädliche Mittel ablehnten und ihre Männer nicht bereit waren, zu verhüten, blieb ihnen noch das Mittel der sexuellen Verweigerung. Daß Frauen sich auch auf diese Art durchsetzten, dokumentieren die folgenden Äußerungen:

„Wegen der Sache gibt es immer Krieg mit meinem Mann. Er braucht die Kinder ja nicht zu kriegen."
„Eine Frau, die ein Pessar trug, äußerte: ‚Wenn das einmal nicht drin ist, kann sich der Mann auf den Kopf stellen, ich lasse ihn nicht zu mir.'"
„Ich lasse meinen Mann überhaupt nicht mehr zu mir. Er will mich deswegen schon rausschmeißen, aber das ist mir ganz egal."
„Seit 5 Jahren geht Patient auf Wunsch seiner Frau, die ‚in Ruhe gelassen sein will', nur zu fremden Weibern."
„... wenn ich zu meiner Frau gehe, hackt's immer."[19]

Die sexuellen Verweigerungen von Frauen können als eine Antwort auf die ihnen auferlegten Beschränkungen in der Geburtenkontrolle verstanden werden, und damit verbunden einer Auflehnung gegenüber rechtlich fixierten sexuellen Verpflichtungen in der Ehe. Beide Momente sind kaum auseinanderzuhalten. Wollten Frauen ihr Schicksal als Gebärerinnen und Mütter selbst in die Hand nehmen, so war ihre Sexualität von den schädlichen Verhütungsmitteln und zugleich von einer patriarchalischen Familiengesetzgebung überschattet, in der das Entscheidungsrecht „in allen das gemeinschaftliche Leben betreffenden Angelegenheiten" (§ 1354 des Bürgerlichen Gesetzbuches von 1896) beim Mann lag, die Frau die Folgepflicht hatte und in der vor allem auch die Beischlafpflicht verankert war (§ 1353 und § 1568 BGB).[20] Strafparagraphen und die Familiengesetzgebung schufen eine Realität für Frauen, die sich auf ihr Leben auch so auswirken konnte:

„Ist nur 1½ Jahre verheiratet gewesen, dann geschieden worden. Mann (Potator) allein schuldig: grobe Mißhandlung. Während der ganzen Ehe nur ca. 6mal koit., weil der Mann ‚eine andere gehabt hat'."
„Kommt mit dem Mann nur zusammen, wenn er Gewalt anwendet. Die Sache ist ihr zu ‚ekelhaft'. Koitus ist in den 3 Jahren ‚höchstens 6–8 Mal'."[21]

Trotz aller Repressionen, mit denen Frauen konfrontiert waren, liegt die Vermutung nahe, daß die Initiative für die Geburtenkontrolle und damit für eine Änderung des sexuellen Verhaltens in der Ehe zu einem großen Teil von ihnen ausging. Das mußte aber keineswegs bedeuten, daß Männer grundsätzlich gegenteilige Interessen verfolgten. Immerhin waren sie es, die in erster Linie den Lebensunterhalt der Familie finanziell absichern sollten; und für den eigenen Lebensstandard, die „geordneten" Verhältnisse und das männliche Wohlbefinden zu Hause dürfte es zweifellos von Vorteil gewesen sein, für weniger Kinder sorgen zu müssen. In den Interviews erläutern Männer selbst ihr Interesse an einer Kinderbeschränkung:

„Für einen Arbeiter ist ein Kind genug . . ."
„Kinder nicht erwünscht, weil ‚wir beide noch so jung sind, daß wir erst noch das Leben genießen wollen.'"
„‚Mehr als zwei Kinder kann man nicht heutzutage anständig erziehen.'"[22]

Aber solche Einstellungen mußten nicht zwangsläufig heißen, daß Männer – auch wenn sie emotional beteiligt waren – ihre Sexualität an diesem Interesse orientierten. Da Frauen mit der Schwangerschaft, dem Gebären, dem Stillen und dem Aufziehen von Kindern vielschichtiger und direkter konfrontiert waren, konnten Männer leicht den bequemeren Weg des Sichheraushaltens wählen und davon ausgehen, daß die Frau schon etwas unternehmen würde. Die häufig von Männern formulierte Unwissenheit über die Gründe und selbst das Faktum einer Abtreibung, die die Ehefrau vorgenommen hatte, war ein häufiges Phänomen und dürfte auch auf eine passive und indifferente Haltung der Männer gegenüber der Praxis der Empfängnisverhütung verweisen:

„Das ist Weibersache."
„Ich habe nie etwas gemacht; ob meine Frau sich ‚vorgesehen' hat, weiß ich nicht. Sie hat öfter so geredet, weil sie doch unterleibskrank ist.' Ob Kinder noch kommen, ist Patient gleichgültig. ‚Ich kriege sie ja nicht.'"
„Ursache der Aborte unbekannt: ‚Das müssen Herr Doktor meine Frau fragen, die wird's am Ende wissen.' In Zukunft will sich Patient, um keine Kinder mehr zu bekommen, im wesentlichen auf seine Frau verlassen: ‚Die weiß jetzt damit Bescheid.'"

„Die Frau ‚schützt sich wohl selbst' – wie, weiß Patient nicht. Kinder sollten nicht kommen, weil die Frau ihr Geschäft immer weiter betrieben hat und es auch weiter betreiben wird.“[23]

Solche Einstellungen waren für Männer problemlos und entließen sie aus der Verantwortung. Diese Haltung löste bei den forschenden Medizinern Empörung aus, wurde aber als verbreitete Tendenz festgestellt.

Es ist allerdings auch zu vermuten, daß aus den vorliegenden Quellen die Fälle ausgeblendet sind, in denen es die Männer waren, die sich kein weiteres Kind wünschten und die ihre Ehefrau zur Abtreibung zwangen. Da die Einstellung der interviewenden Ärzte zur freiwilligen Geburtenkontrolle und Abtreibung negativ war, kann davon ausgegangen werden, daß die Offenheit der Männer davon beeinflußt war.

Sofern die von Männern häufig ausgedrückte Gleichgültigkeit stimmte, war diese Haltung für Frauen von Vorteil, da sie im Rahmen der individuellen Selbsthilfe die Geburtenkontrolle weitgehend an den eigenen Bedürfnissen orientieren konnten, ohne von den Ansprüchen des Mannes abhängig zu sein. Bestand aber ein Interessenkonflikt, so entwickelten Frauen auch heimliche Listen, wie sie z. B. von M. Marcuse beschrieben wurden:

„Demgegenüber lehrt wieder die Erfahrung des Arztes, daß Frauen verhältnismäßig sehr oft *ohne Wissen des Mannes* Prävention üben – das Umgekehrte ist aus technischen und physiologischen Gründen nicht leicht möglich – und jahrelang vor ihm Komödie spielen, indem sie gemeinsam mit ihm das Ausbleiben einer Befruchtung beklagen, gelegentlich sogar ihn an sein Verschulden daran glauben machen oder doch glauben lassen.“[24]

Männer gaben schließlich auch zu Protokoll, daß sie sich Kinder wünschten, damit aber auf Ablehnung bei der Frau stießen:

„Seitens des Mannes keine Schutzmaßnahmen. Frau macht immer Ausspülungen, angeblich nur der Reinlichkeit wegen, aber wie Patient glaubt, zu Präventivzwecken, da sie keine Kinder mehr will. Er selbst möchte gern noch ein Mädchen haben. (Die beiden Kinder sind Jungen).“
„Von seiner Seite keine Schutzmaßnahmen. Frau seit der Geburt des Kin-

des immer Spülungen. Er hätte noch gern mehr Kinder gehabt, aber die Frau wollte keine mehr. Patient führt die Aborte auf Abtreibung zurück."[25]

Die Beispiele sprechen für ein außerordentlich hohes Konfliktpotential in den ehelichen Beziehungen, wenn es um die Geburtenbeschränkung und damit verbunden die Veränderung des ehelichen Sexualverkehrs ging. Als Ärzte die Geburtenkontrolle zu ihrem Untersuchungsgegenstand machten, neigten sie dazu, in erster Linie Frauen für die Entwicklung des Geburtenrückgangs verantwortlich zu machen, weil sie beobachteten, daß Frauen sich sexuell verweigerten, den coitus interruptus durchsetzten und in eigener Regie abortive Selbsthilfemaßnahmen ergriffen.[26] Sie entdeckten bei Frauen eine Autonomie des Handelns, die trotz aller gesetzlichen Reglementierungen und Versuche der ärztlichen Überwachung nicht zu verhindern war. Diese Beobachtung verarbeiteten Ärzte und die weitere männliche Öffentlichkeit in ihrer Auseinandersetzung mit dem Geburtenrückgang als Provokation: Männer in einer passiven Rolle zu entdecken, die sich sowohl auf das Sexualverhalten als auch auf die innerfamiliäre Entscheidung über die Kinderzahl erstreckte, wurde wie ein Verstoß gegen die „natürliche Ordnung" aufgenommen.

Diese Wahrnehmung löste offensichtlich Panik aus in einer patriarchalischen Gesellschaft, in der in allen gesellschaftlichen Sphären durch Gesetze und Normen gesichert schien, daß Männer das Sexualverhalten der Frauen bestimmten, politisch alle Hebel in der Hand hielten und über Bildungsprivilegien verfügten. Im Grunde lieferte der Geburtenrückgang den lebendigen Beweis für einen dennoch möglichen und realen Frauenwiderstand, der hinter dem Rücken von Männern oder im offenen Geschlechterkampf durchgesetzt wurde, gegen Gesetz und Moral verstieß und im Ehebett nicht weniger als in der ärztlichen Praxis und in den Gerichtshöfen ausgetragen wurde.

Als Frauen begannen, eine Trennung zwischen ihrer Sexualität und der Mutterschaft vorzunehmen, sprachen Wissenschaftler von der „Gebärunlust" als einer gesellschaftlichen Gefahr. Die Frauen aber richteten sich sowohl gegen eine aufgezwungene Sexualität als auch gegen die männliche Projektion, Frauen seien per se mit „Muttertrieb" und Kinderwunsch behaftet. Als der Widerspruch zwischen dieser Mystifizierung von Frauen und deren tatsächlichem Verhalten offenbar wurde, erfolgte eine Reaktion auf breiter Ebene; der Geburtenrückgang wurde von Männern als eine „unsittliche" und „krankhafte" Massenerscheinung bzw. als „Gespenst" debattiert.

Zwischen 1910 und 1914 wurde der Geburtenrückgang in einer Fülle von medizinischen Publikationen als ein alarmierendes Zeichen für den Sittenverfall und als eine staats- und volksgefährdende Entwicklung abgehandelt. Diese Einschätzung machte auch nicht vor Parteien und verantwortlichen Politikern im Reichstag halt. Bereits 1910 gab es den Versuch, den Handel und Verkauf von Verhütungsmitteln durch Gesetzesverschärfungen weiter zu unterbinden.[27] Eine große Bedeutung für die damalige regierungsoffizielle Meinung über den Geburtenrückgang gewann die Publikation Jean Bornträgers: „Der Geburtenrückgang in Deutschland, seine Bewertung und Bekämpfung"[28], die 1912 in einer Schriftenreihe des Preußischen Innenministeriums erschienen war. Darin unterbreitete Bornträger einen Katalog politischer Maßnahmen, die geeignet schienen, den Geburtenrückgang aufzuhalten und die Geburtenziffer zu erhöhen. Bornträger machte hauptsächlich zwei Strömungen für den Geburtenrückgang verantwortlich: die Frauenbewegung und die Sozialdemokratie.[29] Als es 1913 und 1914 im Reichstag und im Preußischen Abgeordnetenhaus erneut zu Debatten über die Bekämpfung des Geburtenrückgangs kam, wurde die SPD von den übrigen Parteien für diese Entwicklung verantwortlich gemacht.[30] Entschieden wies die Sozialdemokratie diesen Vorwurf mit dem Argument zurück, daß auch sie dem Geburtenrückgang in keiner Weise positiv gegenüberstehe. Sie könne aber keiner Verschärfung des § 184 zustimmen, sondern halte sozialpolitische Maßnahmen für geeigneter, um den Geburtenrückgang aufzuhalten.

Obwohl also die Sozialdemokratie gegen den Geburtenrückgang argumentierte, wurde sie für diese Entwicklung verantwortlich gemacht, weil in Arbeiter- und Arbeiterinnenwohnbezirken die Geburtenrate stark rückläufig war. Damit bezog sich die Kritik der bürgerlichen Parteien mehr auf das Gebärverhalten der Anhängerinnen der SPD als auf den Standpunkt der Partei selbst. Untermauert wurden die Vorwürfe gegen die Sozialdemokratie mit dem Hinweis auf die Kampagne der sozialdemokratischen Ärzte Julius Moses und Alfred Bernstein, die seit 1910 im „Berliner Hausarztverein" mit öffentlichen Vorträgen über Verhütungsmethoden und -mittel aufklärten.

In ihren Veranstaltungen riefen Moses und Bernstein zum „Gebärstreik" auf, um den Staat zu Verbesserungen im Bereich der Gesundheits- und Familienpolitik zu zwingen. Sie sprachen provokativ von „Gebärstreik", um zu verdeutlichen, daß der Staat und seine Wirtschaftsordnung von dem Gebärverhalten der Frauen abhängig sei. Wenn Frauen für einige Zeit die Gebärverweigerung durchhielten, seien „die herrschenden Klassen am Ende ihres Lateins",[31] schrieb Moses, und Bernstein sagte in einer Rede:

„Der Geburtenrückgang, wie er jetzt eingeleitet ist, der trifft den Kapitalismus an seinem Lebensmark. Wenn wir Ausbeutungsobjekte nicht rekrutieren, wenn wir das Heer nicht vermehren, dann ist der Kapitalismus am Ende."[32]

Weil die Gebärstreikforderung sehr schnell an Popularität gewann, hielt es die SPD-Führung für erforderlich, sich öffentlich vom Standpunkt der Ärzte zu distanzieren. Zu diesem Zweck erschienen am 31. Juli und am 7. August 1913[33] zwei ausführliche Artikel in der sozialdemokratischen Parteizeitung „Vorwärts", in denen die Gebärstreikparole mit dem politischen Programm der Partei als unvereinbar disqualifiziert wurde. Die Beliebtheit dieser Forderung bei sozialdemokratischen Frauen erhielt folgende Wertung:

„Gerade unter den Genossinnen findet man ... Verteidiger für die Notwendigkeit des Gebärstreiks. Sie schildern lebhaft die Nöte einer Mutter mit acht Kindern, deren Berufs- und Hausarbeiten keine Zeit zum Besuch von Versammlungen ... übrig lassen. Diese Beweisführung, die von Tausenden von Proletariermüttern mit dem ganzen Gefühl eigener bitterer Erfahrungen wiederholt wird, ist, so bestechend sie auch erscheinen mag, nichtsdestoweniger *falsch.* Nicht die geringe Kinderzahl ist der Weg zur sozialistischen Erkenntnis und Politik; ..."[34]

Genau drei Wochen nach dem Erscheinen dieses Artikels, am 22. August 1913, sah sich die SPD mit der von dem Berliner Verbandsvorstand einberufenen Versammlung mit dem einzigen Tagesordnungspunkt: „Gegen den Geäbrstreik" zum ersten Mal in der Geschichte der Arbeiterbewegung mit einem großen Massenandrang von Frauen konfrontiert. In der Berliner Tagespresse wurde die Überfüllung des Versammlungsraums in der „Neuen Welt", in der sich rund 4 000 Menschen einfanden, kommentiert:

„Schon lange vor Beginn der Versammlung war der große Saal bis auf den letzten Platz besetzt; besonders zahlreich hatten sich die Frauen eingefunden. Die Tische wurden entfernt, aber trotzdem konnten die Massen der Versammlungsbesucher nicht untergebracht werden und Hunderte mußten umkehren, nachdem der Saal wegen Überfüllung von der Polizei *gesperrt* worden war."[35]

Als Sprachrohr für die parteioffizielle Position traten Clara Zetkin und Luise Zietz in ihrer Funktion als Führerinnen der proletarischen Frauenbewegung und Rosa Luxemburg als Rednerinnen auf.

Das große Interesse von Frauen, das die SPD bei anderen politischen Veranstaltungen bisher vermißt hatte, wurde in diesem Fall nicht gerade begrüßt. Rosa Luxemburg wertete es als ein Indiz für die Rückständigkeit der Massen. Sie interpretierte die Anziehungskraft der Gebärstreikforderung damit, daß diese „Losung ... an die *Oberflächlichkeit, Dummheit und Denkfaulheit* in den Massen"[36] appelliere. Clara Zetkin begründete die Absage an die Geburtenkontrolle durch die Partei damit, daß eines der wichtigsten Potentiale der Arbeiterklasse die große Masse sei:

„Die Arbeiterklasse dürfe nicht vergessen, daß für ihren Befreiungskampf die große *Masse* von ausschlaggebender Bedeutung sei. Ein Blick in die Geschichte zeige, daß die aufstrebenden Klassen *nicht durch ihre Qualität,* sondern *durch ihre Masse* gesiegt hätten. Es sei der Kinderreichtum ein gesunder Reichtum gewesen."[37]

Den Gebärstreik verurteilte Zetkin, weil er die Zahl der „Soldaten für die Revolution" verringere, und statt „Feigheit und Kleinmut" forderte sie die „Klassenaktion".[38]

Diese Argumentation überzeugte die Versammelten nicht. Die beabsichtigte Resolution „Gegen den Gebärstreik" konnte nicht verabschiedet werden. Mit dieser Veranstaltung hatte die SPD eher das Gegenteil von dem, was sie bezweckt hatte, erreicht. Der Konflikt zwischen der Partei und den Frauen war an die Oberfläche getreten. Am 28. August wurde eine Fortsetzungsveranstaltung wieder unter dem Titel „Gegen den Gebärstreik" anberaumt. Luise Zietz versuchte zu vermitteln, indem sie die Geburtenkontrolle als private Entscheidung tolerierte, aber als Diskussionspunkt in der Partei ablehnte. Auch hier mißlang der Versuch, einen Konsens im Sinne der Partei herbeizuführen. Minna Güldner trat als Fürsprecherin von sozialdemokratischen Frauen aus dem Berliner Norden auf und erklärte, daß die Genossinnen mit der Position Zetkins zum Gebärstreik nicht einverstanden seien. In offener Opposition gegen die Partei erklärte eine andere Rednerin:

„Genossin Zetkin hat nicht so recht in die Verhältnisse der Armen hineingesehen. Ich rate: streiken sie weiter. (Zustimmung)".[39]

Es folgten zum Thema Geburtenrückgang in sozialdemokratischen Zeitschriften eine Reihe von Artikeln,[40] in denen verstärkt auf die Ursachen des Geburtenrückgangs in der Arbeiterschaft eingegangen wurde. Der Begriff „Gebärstreik" wurde von nun ab vermieden. Wie auch schon auf den Gebärstreikversammlungen mehrfach der Geburtenrückgang in der Arbeiterschaft auf die schlechten Arbeits- und Lebensbedingungen von Frauen zurückgeführt wurde, so reduzierten die Autoren jetzt die Ursachen des Geburtenrückgangs auf die durch kapitalistische Arbeitsbedingungen verursachte Sterilität bei Arbeiterfrauen. Hiermit wurde suggeriert, daß der Geburtenrückgang eine kapitalistische Bevölkerungsentwicklung sei, die sich fern von jeder menschlichen Entscheidung gesetzmäßig vollziehe.

Eine weitaus größere Resonanz fanden Alfred Bernstein und Julius Moses, als sie sich auf der Gebärstreikdebatte zu Wort meldeten. Anders als die SPD-Führung hielten sie den Gebärstreik für ein geeignetes Mittel um die Ziele des Klassenkampfes zu erreichen. Bernstein sagte dazu laut „Berliner Tageblatt":

„Wir wollen die Arbeiter kampffähig machen. Es wird doch niemand behaupten, daß eine Arbeiterfrau mit 10, 12 und mehr Kindern in der Lage ist, den Kindern eine gute Erziehung zu geben und sich selber an dem Klassenkampf zu beteiligen. Eine Arbeiterfamilie mit 2 und 3 Kindern kann einen ganz anderen Haushalt führen und ist auch in der Lage, sich am Klassenkampf zu beteiligen.“[41]

Anstelle des Kinder„reichtums“ bei hoher Kindersterblichkeit traten die Ärzte für das sogenannte „2–3-Kindersystem“ ein. Das kulturelle Niveau könne auf diese Weise verbessert werden, was letztlich einen klügeren Klassenkampf garantiere. A. Bernstein hob hervor:

„Friedrich der Große hat gewissermaßen mit einer Handvoll Soldaten ganz Europa bezwungen. Es kommt eben nicht auf die Quantität, sondern auf die *Qualität* der Menschen an.“[42]

Beide Ärzte abstrahierten in diesen Begründungen jedoch von den Interessen der Frauen, die im Gebärstreik zum Ausdruck kamen. Ihre Inhalts- und Zielbestimmung nivellierte den essentiellen Unterschied zwischen dem Gebärstreik und dem sozialistischen Kampf, leugnete patriarchalische Unterdrückung und stellte die Geburtenkontrolle in den Dienst männlicher Emanzipationsbestrebungen. Nur auf der Grundlage eines so verstandenen Gebärstreiks kommt der flache, ja lächerliche Kommentar in der neueren Geschichte der proletarischen Frauenbewegung von Richard Evans zustande, der den spezifischen Beitrag der Frauen am Klassenkampf folgendermaßen zu würdigen weiß:

„Die Idee des Gebärstreiks ermöglichte es den Frauen der Arbeiterklasse nämlich, auf eine ausgesprochen dramatische und durchaus spezifische Weise zum Kampf für eine demokratische Revolution in Deutschland beizutragen.“[43]

In der Tat lieferten die Ärzte keine eindeutige Interpretation des Gebärstreiks. Indem sie in ihrer Argumentation immer wieder auf die Alltagssituation von Frauen hinwiesen, auf „die Last des Gebärens“, machten sie sich zum Fürsprecher der Frauen, aber sie erfüllten diese Funktion doch nur, indem sie das Motiv des Gebärstreiks für die Ziele der Partei instrumentalisierten. Trotzdem kann aber die Funktion der Ärzte für das Öffentlichmachen der Probleme von Arbeiterinnen und für das Stattfinden der Gebärstreikdebatte nicht hoch genug bewertet werden.

Wie begrenzt die Möglichkeiten für Frauen selbst waren, mit ihren Interessen an die Öffentlichkeit zu treten, verdeutlicht das Schicksal Alma Wartenbergs, eine sozialdemokratische „Schlosserfrau" aus Hamburg. Sie war die einzige Frau, die in der Öffentlichkeit den Gebärstreik propagierte und damit bekannt wurde. Etwa seit 1911 führte sie ähnliche Frauenveranstaltungen durch wie Moses und Bernstein, allerdings gab sie eine andere Begründung für die Geburtenverweigerung:

„Wenn der Staat auch noch soviel Gesetze gegen den Rückgang der Geburten schaffe, so müsse die Frau doch Herrin über ihren eigenen Körper bleiben. Das Recht, sich gegen Geburten zu schützen, stehe ihr selbst gegen den Willen ihres Ehemannes zu!"[44]

Den Akzent in ihrer Argumentation legte sie auf das Selbstbestimmungsrecht der Frau, ohne die Geburtenkontrolle an „höhere" Ziele zu binden. Ihr Engagement für das „Recht" auf Geburtenkontrolle auch gegen den Willen des Ehemannes brachte sie nicht nur mit der SPD, sondern auch mit der Justiz in Konflikt. Die Partei distanzierte sich von ihr, und wegen eines Lichtbildervortrages über Verhütungsmethoden wurde sie nach § 184 zu einer mehrmonatigen Gefängnisstrafe verurteilt.[45] Auch gegen Moses war ein Ermittlungsverfahren eingeleitet, aber wegen unzureichender Beweismittel wieder eingestellt worden.[46] Dagegen wurde A. Wartenberg demonstrativ, stellvertretend für proletarische Frauen, öffentlich beschimpft, bestraft und kriminalisiert und hatte so ihre überregionale Bekanntheit vor allem der Justiz und den öffentlichen Reaktionen von Männern zu verdanken. Charakteristisch für die Dämonisierung Alma Wartenbergs sind die Sätze des Zentrums-Abgeordneten v. Steinaecker im Preußischen Landtag:

„Können Sie es mir übelnehmen, wenn ich erkläre, daß diese Frau eigentlich gefährlicher ist als ein wildes Tier, das auf die menschliche Gesellschaft losgelassen wird, und daß die Frau daran schuld ist, wenn die gesunde Sinnlichkeit, die sittlichen Grundlagen ihrer Genossinnen durchaus verdorben werden?"[47]

Das aktive Engagement von Frauen in der Gebärstreikdebatte läßt sich nur indirekt dokumentieren. Hierfür sind einmal der Massenandrang zu den Veranstaltungen, der „stürmische demonstrative Beifall", unter dem Moses und Bernstein auftraten, die „heißen Redeschlachten" und die Stimmung im Saal der „Neuen Welt" ein Symptom, zum anderen aber auch die empfindlichen Reaktionen der Sozialdemokratie.

Die von der Sozialdemokratie in Reden und Aufsätzen vorgebrachten Argumentationen gegen einen Gebärstreik und gegen Geburtenkontrolle zeigen allerdings nicht nur die Distanz der Partei-Führung zu den Arbeiterfrauen, sondern in der inhaltlichen Auseinandersetzung auch deutliche Unterschiede zwischen Männern und Frauen. Während die Männer sich darauf konzentrierten, den Gebärstreik aus sozialistischer Perspektive ad absurdum zu führen,[48] sprachen die Frauen immer auch die Interessen und Motive der Frauen an.[49] So verwies z.B. Luise Eichhoff, eine scharfe Gegnerin des Gebärstreiks, darauf, daß „die Frau anfängt, sich auf sich selbst zu besinnen, als sie nicht nur höhere Magd des Mannes und Gebärapparat sein will ..."[50] Von vielen sozialdemokratischen Frauen wurde die Geburtenkontrolle als Privatsache respektiert, der politische Charakter dieses Bereichs aber verneint. In Clara Zetkins Zeitschrift „Die Gleichheit", dem Organ der proletarischen Frauenbewegung, wurde betont, daß diese Frage in die ärztliche Praxis und in das eheliche Schlafzimmer, nicht aber in die Partei gehöre. Dieser Appell war offensichtlich von dem Motiv getragen, Konflikten zwischen Männern und Frauen in der Partei aus dem Wege zu gehen. Mit der Forderung nach traditioneller Trennung von „echten" politischen und privaten Fragen wurde das Thema tabuisiert. Die heftigen Reaktionen aber, die auf die Verwendung des Begriffs „Gebärstreik" erfolgten, waren nicht allein auf einen innerparteilichen Konflikt zurückzuführen. Der Gebärstreik war zu einem Reizwort geworden, das sowohl in der Tagespresse als auch in der Debatte starke Emotionen hervorrief, weil es allzu deutlich Assoziationen an einen Geschlechterkampf weckte. So verursachte W. Pieck auf der Versammlung mit seiner Vorstellung vom Gebärstreik große Unruhe:

„Die Ratschläge des Dr. Bernstein und des Dr. Moses sind nicht zu empfehlen. Die Herren mögen von ihrem ärztlichen Standpunkt aus recht haben, aber wenn sie konsequent sein wollten, dann müßten sie überhaupt für eine Beschränkung des Verkehrs eintreten. (Stürmische Unterbrechung, großer Lärm) . . ., dann würde es sich empfehlen, einmal dafür zu wirken, daß fünf Monate lang jeder Verkehr unterbleibt."[51]

In Süddeutschland propagierte Joseph Sontheimer den Gebärstreik als einen Sexualstreik von Frauen:

„Es gibt nur ein Mittel, den Staat aufzuräumen, dieses ist, daß die Frauen den Beischlaf vermeiden, den Gebärstreik ankündigen; . . ."[52]

Die Gleichsetzung des Gebärstreiks mit der sexuellen Verweigerung von Frauen lag für Männer also nicht sehr fern. Diese Deutung wird auch mit dem folgenden Gedicht über die Gebärstreikdebatte bestätigt, das 1913 in der Münchner Illustrierten „Jugend"[53] erschien:

Der Gebärstreik

Unsre Zeit ist sonderbar
Und sie treibt barocke Blüten;
Manches Ei sieht man bebrüten,
Welches dann nicht schmackhaft war.

Oftmals wird der Blick gelenkt
Auf ein ganz Verständnisloses –
Etwa jenen Doktor Moses,
Der den Ehestreik verhängt.

Meint er's wirklich gut und nett?
Oder sollt' er ihrer spotten,
Dieser Doktor, der boykotten
Wiege will und Ehebett?

Als Prophet, so steht er da
Stolz auf seinem Rednerstuhle
Und verspult die alte Spule
Weiland der Lysistrata!

Und ihr Fall hätt' doch gelehrt,
Daß in dieser einen Frage
Alle Disziplin versage,
Weil sie allzuviel begehrt!

Weil Gott Eros stärker ist
Als der schönste Doktor Moses,
Der den Streik des Frauenschoßes
Proklamiert als Utopist!

Er blamiert sich dorch und dorch –
Sieghaft über den Parteien
Schwebt trotz allem Veto-Schreien
Nach wie vor der liebe Storch!

In der Analogie zur Lysistrata wird der von Moses als eine Variante eines Klassenkampfinstruments verstandene Gebärstreik in einen von Frauen offensiv geführten Geschlechterkampf vorgestellt. Steht doch dieses Beispiel aus der griechischen Komödie für die Rebellion von Frauen, die mit ihrem „Sexual-Gebär-Streik" die patriarchalische Herrschaft in zweierlei Hinsicht angriffen: einerseits mit der Verweigerung, Leben für den Krieg zu gebären, und andererseits mit der Verweigerung sexueller Verfügbarkeit. In dem vorliegenden Gedicht wird zwar die Möglichkeit dieser weiblichen Waffe zugestanden, ihre praktische Umsetzung aber als eine fixe Idee ausgegeben. Die Macht der Sexualität scheint so sicher, daß sich der Gebärstreik schließlich als Utopie herausstellt und zu keiner Bedrohung männlicher Sexualvorstellung wird. Der Mann geht in diesem Kampf als Sieger hervor – sein Triumph wird durch das Resultat der Kindeszeugung ausgedrückt, im Gedicht symbolisiert und mystifiziert im „lieben Storch". Der „fruchtbare" „Frauenschoß" wird als zwingende Konsequenz einer sexuellen Beziehung präsentiert. Die Verquickung von Sexualität und Zeugung wird ganz unübersehbar formuliert.

Abscheu und Ablehnung gegenüber jeder Art der Geburtenkontrolle äußerten noch mehr sozialdemokratische Männer. Karl Kautsky berichtete über seine Gespräche unter Männern:

„Zu meinem Erstaunen wiesen meine Parteigenossen jede derartige Geburtenregelung schroff zurück. Viele, unter ihnen vor allem Liebknecht, bekämpften sie als unsittlich und widerlich."[54]

Unter der Überschrift „Ist eine willkürliche Beschränkung der Kinderzahl notwendig, um einer Übervölkerung vorzubeugen?"

war in der sozialdemokratischen Zeitschrift „Die Volksgesundheit" zu lesen:

„Die Anwendung von Mitteln zur Verhütung der Schwangerschaft kann leicht das ästhetische Gefühl eines Ehegatten verletzen, ihm den Geschlechtsakt verleiden und ihn auf den Weg des außerehelichen Geschlechtsverkehrs führen."[55]

Auch Ludwig Quessel hegte Skepsis gegenüber dem „Präventivverkehr". Er sah in der massenhaften Anwendung von Verhütungsmitteln einen „Intellektualisierungsprozeß", dem er nicht „ohne innere Unruhe entgegensehen"[56] konnte.
Es gab auch Versuche, den Gebärstreik in ein männliches Kampfmittel umzuwandeln. Wenn ausdrücklich vom „proletarischen Gebärstreikler" gesprochen wurde oder ganze Artikel sich damit befaßten, welche Motive „beim Arbeiter"[57] für oder gegen einen Gebärstreik eine Rolle spielen könnten, so wurde hierdurch die weibliche Gebärfähigkeit unsichtbar gemacht und der Mann zum eigentlichen Subjekt des Gebärstreiks.

Die dargestellten Äußerungen von Männern illustrieren, daß der Geburtenrückgang und der Gebärstreik mehr in Frage stellte als die Perspektive des Klassenkampfes. Die Reaktionen deuten darauf hin, daß die Gebärstreikforderung als Bedrohung männlicher Macht und Werte aufgenommen wurde. Denn durch diese Diskussion wurde potentielle weibliche Macht als ein Kampfmittel von Frauen aus der Privatsphäre in die Öffentlichkeit getragen, die Aktivität von Frauen herausgestellt und der Geschlechterkampf sichtbar. Eine Erklärung für die männliche Verunsicherung bietet Phyllis Chesler, die den Zusammenhang zwischen der Gebärunfähigkeit von Männern und deren Streben nach Macht über die Frau und ihren Körper so erklärt:

„Da Männer nicht schwanger werden können und den Wunsch nach einer Schwangerschaft vollkommen verdrängt haben, wird es für sie wichtig sicherzustellen, daß aus ihrem Orgasmus eine Schwangerschaft hervorgegangen ist, ein besonders ‚sichtbarer Beweis' der Potenz, Aktivität und Existenz ihres Penis. Die Angst von Männern vor ihrem eigenen Tod wird dadurch beschwichtigt, daß sie einen Mutterleibsmann besitzen und schwängern, um Kinder zu besitzen, die sie als Hervorbringungen ihres eigenen Samens, als Beweisstücke ihrer Orgasmen ansehen können."[58]

In der Betrachtung von Mythologien, Religionen und Kunstwerken entdeckt P. Chesler eine Vielfalt von Hinweisen, die auf einen männlichen „Uterusneid" deuten. Darin findet sie Bilder, in denen Männer sich selbst als Gebärende phantasieren:

„Gott Vater brachte Adam zur Welt, und aus dem Menschen Adam entstand Eva; Gott Vater war es, der Christus schuf."
„Zeus brachte Athene zur Welt, indem sie seinem Haupte entsprang. Er sagte das Wort, und sie erschien – aus den gefährlichen unteren Regionen seines Körpers nach oben verschoben – in der erhabenen Sphäre des männlichen Auges, Ohrs und Gehirns."[59]

Die Gebärstreikdebatte ist ein Beispiel dafür, wie sich Männer öffentlich mit dem Thema Geburtenkontrolle und Sexualität auseinanderzusetzen vermochten. Auch wenn eigene Kinderwünsche nicht zur Sprache kamen, ist die Gebärstreikdiskussion doch unter anderem oder gerade eine Verarbeitung männlicher Erfahrungswerte mit der Geburtenkontrolle. Man versuchte aber, diese Tatsache zu verdecken, und mündete in einem Scheingefecht über die politische Tragweite einer „aussterbenden Arbeiterklasse". Der Verlauf dieser Diskussion stellte damit die Unfähigkeit der Arbeiterbewegung unter Beweis, sich mit diesem Thema öffentlich und politisch zu befassen. Den Gebärstreik auf ein Kampfmittel für den Sozialismus zu reduzieren heißt, den stattgefundenen Frauenwiderstand nach dem festgeschriebenen männlichen Politikverständnis und seinen Kriterien zu messen. Der Versuch, eine politische Strategie und Taktik des Gebärstreiks zu entwickeln, verschleierte den Widerstand von Frauen, der dem Geburtenrückgang zugrunde lag und entfremdete ihn. Indem mystifizierend, in parteipolitische Kategorien gefaßt, auf die gesellschaftliche Bedeutung der Geburtenkontrolle eingegangen wurde, war man bestrebt, die eigene Betroffenheit in den Raum der Privatheit zu verschieben. Drohte die Trennung zwischen Politischem und Privatem aus der Balance zu fallen, zeigten Männer ein beinahe traumatisches Verhältnis zum Gebärstreik. Diese Reaktion war nicht allein typisch für Sozialdemokraten, sondern entsprach – unabhängig von politischer Couleur – der allgemeinen, öffentlichen Reaktion von Männern. Versuche von Frauen, als Subjekte über ihr Leben zu entscheiden, wurden öffentlich bestraft und sanktioniert. Gesellschaftliche Sanktionen gegen diese Bestrebungen von Frauen hatten einen aggressiven und brutalen Charakter, der sich in der Gesetzgebung, der Herstellung sadistischer Verhütungsmittel und in der gesellschaftlich zugewiesenen Macht- und Kontrollfunktion der Ärzte über den Körper von Frauen manifestierte.

Aus der besonderen Unterdrückung und Tabuisierung von weiblichem Widerstandsverhalten ergibt sich die Schwierigkeit, diese Geschichte von Frauen zu rekonstruieren, da Quellen, die einen Zugang zur Realität von Frauen vermitteln können, rar sind und da die meisten Quellen von Männern verfaßt wurden, nur einen sehr begrenzten Ausschnitt über den Alltag von Frauen bieten. Kämpfe von Frauen, insbesondere von proletarischen Frauen, die sich gegen gesellschaftlich gesetzte Normen auflehnten, lassen sich entweder in Kriminalstatistiken dokumentieren oder finden sich in Statistiken über Müttersterblichkeit, Säuglingssterblichkeit, Fehlgeburten und im Gebärverhalten. Das heißt nicht, daß männliche Geschichtsschreibung diese Kämpfe gänzlich ignorierte, aber der Widerstand von Frauen als solcher wird nicht benannt.

Es würde aber dem Widerstand von Frauen nicht gerecht werden, wenn wir ihn als eine triumphale Machtdemonstration einordnen. Not, Elend und Unterdrückung prägten den Rahmen, in dem Frauen Selbsthilfe ergriffen. Gesetze, Sanktionen, Moral und ärztliche Aktivitäten schufen eine gesellschaftliche Realität, in der Frauen tatsächlich zu Opfern ihrer Gebärfähigkeit gemacht wurden.

Anmerkungen

1 Ludwig Quessel, Die Ökonomie des Gebärstreiks, in: Sozialistische Monatshefte 19, 1913, S. 1319.

2 Zur Geschichte der Gebärstreikdebatte vgl. Ulrich Linse, Arbeiterschaft

und Geburtenentwicklung im Deutschen Kaiserreich von 1871, in: Archiv für Sozialgeschichte 12, 1972, S. 205–271; Kurt Nemitz, Julius Moses und die Gebärstreik-Debatte 1913, in: Jahrbuch des Instituts für Deutsche Geschichte 2, 1973, S. 321–335; außerdem die kommentierte Dokumentation von Karl Heinz Roth, Kontroversen um Geburtenkontrolle am Vorabend des Ersten Weltkriegs. Eine Dokumentation zur Berliner „Gebärstreikdebatte" von 1913, in: Autonomie. Materialien gegen die Fabrikgesellschaft 9, 1978, Nr. 12, S. 78–103.
Von Linse und Nemitz wird die Gebärstreikdebatte als ein Stück vernachlässigter Parteigeschichte aufgearbeitet. Während Nemitz hauptsächlich das Engagement von Julius Moses würdigt, erörtert Linse die historische Bedeutung der Gebärstreikdebatte im Zusammenhang mit der Geburtenentwicklung im Kaiserreich. Beide Autoren vertreten die These, die SPD hätte mangels theoretischer Reflexion keine eindeutige Position in der Bevölkerungsfrage und in der Gebärstreikdebatte anzubieten gehabt. Mit dieser Interpretation sehen Linse und Nemitz m. E. darüber hinweg, daß die SPD eindeutige und theoretische begründete Stellungnahmen zur Geburtenkontrolle abgab, und unterlassen es, die Inhalte der sozialdemokratischen Position zu kritisieren. In beiden Aufsätzen wird zudem der naheliegende Zusammenhang zwischen der Geschichte des Gebärstreiks und der Geschichte von Frauen als handelnden Subjekten wenn überhaupt, dann nur marginal angesprochen. Die Annahme eines identischen Interessenverbandes „der Arbeiterfamilie" und „der Arbeiterschaft" hält beide Autoren davon ab, unterschiedliche Interessen der Geschlechter und Konfliktpotentiale in den Geschlechterbeziehungen zu thematisieren. Linse hat offenbar allein nach Motiven und Interessen gesucht, die sozialdemokratische Männer zur Geburtenkontrolle veranlaßten, wenngleich in seinen Formulierungen durchgehend unklar bleibt, ob er nur von Männern oder von Männern und Frauen redet. Seine Darstellungsweise suggeriert, daß Interessen von Frauen immer schon in denen von Männern mit repräsentiert seien. Ich will im vorliegenden Aufsatz versuchen, die Geschichte der Gebärstreikdebatte mehr unter dem Gesichtspunkt der Geschlechterbeziehungen und weniger als Geschichte der Arbeiterbewegung nachzuvollziehen.
Ich danke Herrn Kurt Nemitz, daß er mir Material aus dem Nachlaß von Julius Moses zugänglich gemacht hat.
3 Vgl. für das Folgende: Alfred Grotjahn, Geburten-Rückgang und Geburten-Regelung. Im Lichte der individuellen und der sozialen Hygiene, 2. Aufl. Berlin 1921; Max Hirsch, Fruchtabtreibung und Präventivverkehr im Zusammenhang mit dem Geburtenrückgang. Eine medizinische, juristische und sozialpolitische Betrachtung, Würzburg 1914; Marcuse, Präventivverkehr (siehe Anm. 17).

4 Vgl. Grotjahn, S. 79 ff.
5 Aus einem Interview, das ich im Juni 1981 mit einer 81-jährigen Sozialdemokratin durchgeführt habe, die seit 1919 in Berlin als Fürsorgerin im Wedding arbeitete.
6 Marcuse, Präventivverkehr, S. 189, 191, 197.
7 Vgl. Grotjahn, S. 51 ff.
8 Vgl. den Ministerial-Erlaß an die Ärzte-Kammern Preußens betr. Fruchtabtreibung und Geburtenrückgang, abgedruckt in: Sexual-Probleme. Zeitschrift für Sexualwissenschaft und Sexualpolitik 9, 1913, S. 705 f.
9 Vgl. Manfred Stürzbecher, Die Bekämpfung des Geburtenrückganges und der Säuglingssterblichkeit im Spiegel der Reichstagsdebatten 1900–1930. Ein Beitrag zur Geschichte der Bevölkerungspolitik, Phil. Diss. FU Berlin 1954, Tabelle XVI.
10 Das Beispiel führte der SPD-Abgeordnete Zietsch in der Reichstagsdebatte vom 30.11. 1910 an, vgl. Stenographische Berichte über die Verhandlungen des Deutschen Reichstages, Bd. 262, S. 3289.
11 Vgl. Kurt Meyer, Das unbestrafte Verbrechen. Eine Untersuchung über die sog. Dunkelziffer in der Deutschen Kriminalstatistik, in: Kriminalistische Abhandlungen 47, 1941, S. 22.
12 Vgl. ebd., S. 21.
13 Oskar Kresse, Der Geburtenrückgang in Deutschland, Berlin o. J. (1912), S. 13, zitiert nach: Linse, S. 225.
14 Grotjahn, S. 56.
15 Vgl. Josephine Höber, Zweck, Erfahrungen und Ziele der Eheberatung, in: Die Frau 36, 1928/29, S. 143.
16 Vgl. Max Marcuse, Die sexuologische Bedeutung der Zeugungs- und Empfängnisverhütung in der Ehe, Stuttgart 1919, S. 23.
17 Publiziert sind diese Interviews in Max Marcuse, Zur Frage der Verbreitung und Methodik der willkürlichen Geburtenbeschränkung in Berliner Proletarierkreisen, in: Sexual-Probleme 9, 1913, S. 752–780; und ders., Der eheliche Präventivverkehr. Seine Verbreitung, Verursachung und Methodik. Dargestellt und beleuchtet an 300 Ehen, Stuttgart 1917. Ich konzentriere mich im folgenden auf Marcuses Interviews, die in ihren Ergebnissen für die unteren Schichten kaum von anderen Befragungen abweichen, vgl. Otto Polano, Beitrag zur Frage der Geburtenbeschränkung, in: Zeitschrift für Geburtshilfe und Gynäkologie 79, 1917, S. 567–578.
Marcuse interviewte die Frauen in seiner Arzt-Praxis. Sein Vorhaben, auch verheiratete Männer zu befragen, verzögerte sich zunächst, da die Männer erst im Lazarett dazu bereit waren, Auskünfte über ihr Sexualleben zu geben. In allen Untersuchungen stellte sich heraus, daß etwa ⅔ der Befragten empfängnisverhütende Mittel/Methoden anwendeten.

Von 100 Frauen gaben 29 insgesamt 54 Abtreibungen an, vgl. Marcuse, Zeugungs- und Empfängnisverhütung, S. 10 ff.

18 Marcuse, Präventivverkehr, S. 161, 45.

19 Ebd., S. 183. 189, 197, 88, 75.

20 Vgl. Julius Heller, Die ärztlich wichtigen Rechtsbeziehungen des ehelichen Geschlechtsverkehrs. (Monographien zur Frauenkunde und Konstitutionsforschung Nr. 7) Leipzig 1924, S. 27.

21 Marcuse, Präventivverkehr, S. 181, 193.

22 Ebd., S. 49, 48, 51.

23 Ebd., S. 80, 18, 61, 75.

24 Ebd., S. 161.

25 Ebd., S. 37, 41.

26 Vgl. ebd., S. 160 ff; Bornträger (Anm. 28), S. 784 f.

27 Siehe Stenographische Berichte über die Verhandlungen des Deutschen Reichstages 12. Leg. Per., 2. Sess., Sitzung vom 30. 11. 1910 Bd. 262, S. 3278–3308.
Anlaß der Debatte war eine Gesetzesvorlage zur Beseitigung der Mißstände im Heilgewerbe. § 6 dieser Vorlage sollte das Kurpfuschertum sowie den Verkehr mit Gegenständen und Mitteln, die der Beseitigung einer Schwangerschaft und der Empfängnisverhütung dienten, eindämmen. Delbrück sagte zur Begründung der Gesetzesvorlage, daß „in der letzten Zeit die Bevölkerungsziffer im Deutschen Reich dauernd gestiegen ist, doch die Geburtenziffer konstant geblieben ist; und es muß angenommen werden, daß die Ursache davon zu einem erheblichen Teil in dem Bestreben zu suchen ist, die Befruchtung künstlich oder willkürlich zu verhindern. Aus diesem Grunde schien es zweckmäßig, Mittel und Apparate, die diesem Zwecke dienen, vom Publikum nach Möglichkeit fernzuhalten." Ebd. S. 3279.

28 Jean Bornträger, Der Geburtenrückgang in Deutschland, seine Bewertung und Bekämpfung, in: Veröffentlichungen auf dem Gebiete der Medizinalverwaltung 1912, S. 631–794.

29 Vgl. ebd., S. 778, 653.

30 Vgl. Sten. Ber. Verh. d. Reichstages, 13. Leg. Per., 1. Sess., Sitzungen vom 27. u. 29. 11. 1913 Bd. 291, S. 6026–6037, 6078–6093, und Sten. Ber. Verh. des Preußischen Abgeordnetenhauses, 2. Kammer, 22. Leg. Per., 2. Sess., 2. Bd., S. 2781 ff., Sitzung vom 23. 2. 1914.

31 Julius Moses, Der Gebärstreik (Falsche Apostel!), S. 6; das unveröffentlichte Manuskript befindet sich im Nachlaß Dr. Julius Moses.

32 So wurde Alfred Bernstein zitiert im „Vorwärts" vom 31. 8. 1913, 3. Beilage.

33 Vorwärts vom 31. Juli 1913, Vorwärts vom 7. August 1913, 3. Beilage.

34 Vorwärts vom 31. Juli 1913.

35 Berliner Volkszeitung vom 23. August 1913 Abend-Ausgabe.

36 Vorwärts vom 24. August 1913.
37 Ebd.
38 Ebd.
39 Zitat nach: Vorwärts vom 31. August 1913, 3. Beilage; zu Vorstehendem vgl. Linse, S. 250.
40 So Karl Kautsky, Der Gebärstreik in: Vorwärts vom 14. September 1913; Heinrich Vogel, Eine Ursache des Geburtenrückgangs, Teile I–IV, in: Die Gleichheit 24, 1913, S. 372f., 406f., 24, 1913, S. 22f., 50–52. Diese Artikelserie erschien am 20.8., 17.9., 15.10., 12.11. 1913.
41 Berliner Tageblatt vom 23. August 1913, Abendausgabe.
42 Frankfurter Zeitung vom 30. August 1913 Abend-Ausgabe.
43 Richard J. Evans, Sozialdemokratie und Frauenemanzipation im deutschen Kaiserreich, Berlin/Bonn 1979, S. 250.
44 Diese Worte Alma Wartenbergs, die sie in einem Vortrag vor Frauen in Schraplau in der Provinz Sachsen am 28.10. 1912 gesagt haben soll, wurden oft zitiert, nachdem der Kreisarzt Dr. Rauch sie veröffentlicht hatte in seinem Artikel: Sozialdemokratie und Geburtenrückgang, in: Zeitschrift für Medizinalbeamte. Zentralblatt für das gesamte Gesundheitswesen 26, 1913, S. 108, vgl. auch die Debatte (Anm. 47), S. 2782.
45 Vgl. Linse, S. 236; vgl. auch Berliner Volkzeitung vom 16.10. 1913.
46 Vgl. Nemitz, S. 323.
47 Sten. Ber. Verh. des Preußischen Abgeordnetenhauses, 2. Kammer, 22. Leg.Per., 2. Sess., Bd. 2, S. 2782f., Sitzung vom 23.2. 1914.
48 Vgl. Karl Kautsky, Der Gebärstreik, in: Die Neue Zeit 31, 1913, S. 904–909; Ernst Meyer, Zur Frage des Geburtenrückganges, in: ebd., S. 382–389; Eduard Bernstein, Geburtenrückgang, Nationalität und Kultur, in: Sozialistische Monatshefte 19, 1913, S. 1492–1499; Ludwig Quessel. Die Ökonomie des Gebärstreiks, in: ebd., S. 1319–1325; ders., Die Philosophie des Gebärstreiks, in: ebd., S. 1609–1616.
49 Vgl. Mathilde Wurm, Der Geburtenrückgang in Berlin, in: Die Gleichheit 23, 1913, S. 338–340; Minna Güldner, Clara Zetkin, Der Geburtenrückgang in Berlin, in: ebd., S. 374f.; Therese Schlesinger, Mathilde Wurm, Der Geburtenrückgang in Berlin, in: ebd., 24, 1913, S. 6–8; Luise Eichhoff, Frida Wulff, Zur Frage des Geburtenrückgangs, in: ebd., S. 36–38; Wally Zeppler, Geburtenbeschränkung, in: Sozialistische Monatshefte 19, 1913, S. 1644–1646; Oda Olberg, Zur Stellung der Partei zum Gebärstreik, in: Die Neue Zeit 32, 1913, S. 47–55.
50 Die Gleichheit vom 29. Oktober 1913, S. 36.
51 Frankfurter Zeitung vom 30. August 1913.
52 Vortrag Sontheimers, zitiert nach Linse, S. 253.
53 Dieses bei Nemitz gekürzt zitierte Gedicht stammt aus der Zeitschrift: „Jugend“ mit dem Untertitel „Münchener Illustrierte Wochenschrift

für Kunst und Leben", Nr. 37, 1913, S. 1101, deren Auflagenhöhe mit 88 000 angegeben wird.

54 Karl Kautsky, Erinnerungen, Quellen und Untersuchungen zur Geschichte der deutschen und österreichischen Arbeiterbewegung, Bd. 3, Amsterdam 1960, S. 390.

55 Die Volksgesundheit. Zeitschrift des Verbandes der Vereine für Volksgesundheit 24, 1914, 5, S. 67.

56 Quessel, Philosophie des Gebärstreiks, S. 1614.

57 Vgl. ebd., S. 1614, 1609; E. Bernstein, Geburtenrückgang, S. 1394 f.; Die Volksgesundheit 23, 1913, 10, S. 156.

58 Phyllis Chesler, Über Männer, Hamburg 1982, S. 248, Anm. 1.

59 Ebd., S. 61, 64.

Weitere Literatur:

Ansely J. Coale, Susan C. Watkins (Hg.), The Decline of Fertility in Europe, Princeton 1985; Barbara Duden, „Keine Nachsicht gegen das schöne Geschlecht", in: Susanne v. Paczensky (Hg.), Wir sind keine Mörderinnen, Reinbek bei Hamburg 1980, S. 109–126; Atina Grossmann, The New Woman, the New Family and the Rationalization of Sexuality: The Sex Reform Movement in Germany 1928 to 1933, Phil. Diss. Rutgers University 1984; Karin Lehner, Reformbestrebungen der Sozialdemokratie zum § 144 in Österreich in der 1. Republik, in: Die ungeschriebene Geschichte – Historische Frauenforschung. Dokumentation des 5. Historikerinnentreffens in Wien, 16. bis 19. April 1984, hrsg. v. Beatrix Bechtel u. a., Wien o. J., S. 298–309. Francis Ronsin, La grève des ventres – propagande néomalthusienne et baisse de la natalité francaise (XIXe–XXe siècles), Paris 1980; Annamarie Ryter, Abtreibung in Basel zu Beginn des Jahrhunderts, in: Dokumentation des 5. Historikerinnentreffens in Wien, S. 289–297; Edward Shorter, Der weibliche Körper als Schicksal. Zur Sozialgeschichte der Frau, München – Zürich 1984; Reinhard Spree, Der Geburtenrückgang in Deutschland vor 1939 – Verlauf und schichtspezifische Ausprägungen, in: Demographische Informationen 1984, S. 49–61; Lisbeth N. Trallori, Vom Lieben und vom Töten. Zur Geschichte patriarchaler Fortpflanzungskontrolle, Wien 1983; Cornelia Usborne, ‚Pregnancy is the Woman's Active Service'. Pronatalism in Germany during the First World War, in: Richard Wall, Jay Winter (Hg.), The Upheaval of War: Familiy, Work and Welfare in Europe 1914–1918, Cambridge 1986; dies., Abtreibung: Mord, Therapie oder weibliches Selbstbestimmungsrecht? Der § 218 im medizinischen Diskurs der Weimarer Republik, in: Johanna Geyer-Kordesch, Annette Kuhn (Hg.), Medizin – Frauenkörper – Sexualität. Auf dem Wege zu einer neuen Sexualmoral, Düsseldorf 1986; dies., The Christian Churches and the Regulation of Sexuality in Weimar Germany, in: Jim Obelkevich u. a. (Hg.), Disciplines of faith: Studies in Religion, Politics and Patriarchy, London 1987.

III

Arbeit ohne Feierabend

Regina Schulte

Bauernmägde in Bayern am Ende des 19. Jahrhunderts

„Geld haben und einen heiraten, das wäre freilich das Beste und Schönste. Und als richtiges Frauenzimmer wußte sie alsobald, wer derselbige sein könnte. Eine Viertelstunde außerhalb Kolbach stand an einer Waldecke das kleine Haus, in dem tausend bare Mark eine Hilfe gewesen wären. Und es gehörte der alten Holzweberin, die zwei Kühe hatte und einen Sohn. Und den Winter verdingte er sich als Holzknecht und im Sommer taglöhnerte er, wenn daheim die Arbeit getan war, die nicht viel hieß bei den etlichen Tagwerken Acker und Wiesen. In der letzten Ernte hatte er beim Schormayer ausgeholfen, und sie waren oft beisammen gesessen in der Mittagszeit auf einem Feldrain oder im Schatten einer Haselstaude. Er war ein lustiger Mensch, der keck zu reden wußte mit jedem Mädel; und auch der Zenzi hatte er diesmal was gesagt, das ihr jetzt einfiel. Vorhin, auf ihrem Weg zum Bauern, hatte sie ihn von weitem gesehen und er hatte die Axt niedergestellt und herüber geschaut. Wenn es der gewiß hätte, daß sie tausend Mark kriegen könnte, ließe er vielleicht mit sich reden.“[1]

Um das Geld zu erwerben, welches sie für die ersehnte Heirat auf das Anwesen des von ihnen auserwählten Kleinhäuslers brauchten, gingen die Töchter der kleinen Leute auf dem Lande normalerweise in den Gesindedienst. ‚Dienstmagd sein‘ charakterisierte nicht nur ein Lohnverhältnis, sondern die Lebensweise eines großen Teiles der Mädchen und jungen Frauen aus der ländlich-bäuerlichen Unterschicht am Ende des 19. Jahrhunderts.

Die Bedeutung der Gesindearbeit für die Lebensperspektive der Unterschichtsfrauen in agrarischen Gebieten soll im folgenden am bayerischen Beispiel aufgezeigt werden.

Im Jahre 1882 arbeiteten 3,5% der gesamten Bevölkerung des Deutschen Reiches in bäuerlichen Diensten. In Bayern betrug der Anteil des Gesindes an der Gesamtbevölkerung fast 7%, es stellte mehr als ein Drittel aller landwirtschaftlichen Arbeitskräfte.[2] Knechte und Mägde waren weniger eine soziale Schicht, als eine

Altersgruppe der Söhne und Töchter von Taglöhnern und Kleinbauern. Das Dienstbotenleben war ein Übergangsstadium. Nach den Angaben der Statistik waren 1882 nur 10,8% der Mägde und Knechte älter als 40 Jahre. Das Durchschnittsalter der bayerischen Mägde lag bei 25 Jahren. Hinzu kommt, daß 90% des Gesindes ledig war.[3] Wenn Knechte und Mägde frühestens im Alter zwischen 25 und 30 Jahren heirateten, bedeutete dies das definitive Ende der Gesindearbeit, da diese mehr oder weniger an den Ledigenstatus gebunden war. Die bäuerliche Ökonomie, die in Bayern vor allem durch mittelgroße Besitztümer bestimmt war, konnte keine verheirateten Personen oder gar Familien in den Haushalt aufnehmen. Die Anwesen waren zu klein, um auch noch die Arbeitskraft der Kinder von Gesindeangehörigen in ihre Wirtschaft zu integrieren. Da Dienstboten letztendlich nur gebraucht wurden, wenn die Bauernfamilie nicht über genügend eigene Arbeitskräfte verfügte,[4] war der ungebundene Status lediger Knechte und Mägde von Vorteil, denn er brachte weniger Verpflichtungen mit sich. Ledige Dienstleute brauchten nur eine Schlafstelle und waren nach einem Jahr wieder kündbar.

Die Gesindezeit deckte also im allgemeinen nur die 10–15 Jahre währende Phase der dörflichen Jugendzeit ab. Dennoch war diese Phase zwischen Kindheit und Heirat von zentraler Bedeutung für den gesamten Lebenszusammenhang der Frauen aus der ländlichen Unterschicht. Die Jahre, in denen die jungen Frauen als Magd arbeiteten, entschieden letztendlich über deren dauerhafte Verankerung in der gesamten bäuerlich-dörflichen Welt.

Kindheit. Die Mägde waren Kinder von Söldnern, Häuslern und Kleinbauern.[5] Die Eltern besaßen meistens nicht mehr als 10 ha Land; dessen Erträge konnten in den einzelnen bayerischen Regionen sehr unterschiedlich sein, mußten aber ausreichen, um eine oder zwei Kühe und etliche Ziegen zu füttern und einige Hühner zu halten. Hinzu kam ein kleiner Garten, der das in Bayern übliche Gemüse und Obst lieferte und neben dem Vieh bis zu einem gewissen Grade den Eigenbedarf der Familie deckte. Für einen kleinen Haushalt reichten diese Besitzungen aus, um ihn mit den notwendigsten Lebensmitteln zu versorgen. Darüber hinaus waren die Gütler und Kleinhäusler auf Nebenverdienste angewiesen. Einige von ihnen waren kleine Handwerker, die die auf den Höfen und im Dorf anfallenden Arbeiten übernahmen: Schuster, Schreiner, Spengler, Maurer usw. Andere arbeiteten als Taglöhner für die größeren Bauern im Sommer bei der Heu- und Getreideernte, im Herbst beim Dreschen und im Winter im Holz. Auch in der Moorkolonisation und in Steinbrüchen wurde der Arbeitskräftebedarf aus den Taglöhner- und Häuslerfamilien gedeckt. Waren die Kinder groß genug, um das Haus zu hüten und auf kleinere Geschwister aufzupassen, gingen auch die Frauen zeitweise in den Taglohn.[6]

Die Mägde, welche aus diesen dörflich-kleinbäuerlichen Haushalten kamen, waren meistens schon als kleine Kinder in die Arbeit hineingewachsen. Sie hatten die kleineren Geschwister versorgt, leichtere Arbeiten im Haushalt übernommen, das Vieh gehütet, Kartoffeln und Beeren gesammelt und waren mit zunehmendem Alter und wachsenden Kräften auch in schwerere Stall- und Feldarbeiten eingespannt worden.[7] Nach dem Ende der Schulzeit mußten diese Kinder das Elternhaus verlassen und eine eigene Fortkommensmöglichkeit suchen. Die Häusler waren nicht in der Lage, mehrere Kinder länger als notwendig zu ernähren, und als Arbeitskräfte wurden sie auf den kleinen Anwesen nicht gebraucht. Ähnlich war die Situation für die Kinder von kleinen Bauern dann, wenn bereits genügend Familienmitglieder für die häuslichen und landwirtschaftlichen Arbeiten auf dem Hof waren.[8]

Wenn die Mädchen mit 13 oder 14 Jahren ihre erste Dienststelle auf einem Hof antraten, hatten sie bereits die von ihnen erwarteten Arbeiten und bis zu einem gewissen Grade auch die Verantwortlichkeit für ihre Arbeit erlernt. Das Elternhaus dürfte für viele Mägde das Bild der Existenz geblieben sein, die ihnen für ein späteres eigenständiges Leben als verheiratete Frauen vorschwebte.[9] Vielleicht wanderte auch das eine oder andere Mädchen in Industriegebiete oder in die Stadt in den Dienst und verließ endgültig das Dorf.[10] Aber noch um die Wende zum 20. Jahrhundert blieb in Bayern die Mehrzahl der dörflichen Jugendlichen in der landwirtschaftlichen Arbeit und richtete den Blick auf eine eigene bäuerliche Existenz. Sie gingen in den Dienst, um sich ein vom Elternhaus unabhängiges Leben zu sichern, aber auch um in den folgenden Jahren die materielle Basis für eine spätere Heirat zu erarbeiten.

Wanderschaft und ‚Dazugehören'. Der Diensteintritt des Gesindes richtete sich nach dem Jahresrhythmus der bäuerlichen Arbeit. Die Gesindeordnung bestimmte entsprechend zwei Termine, an welchen Mägde und Knechte für ein Jahr in den Dienst bei einem Bauern eintreten konnten: im Frühjahr vor der Aussaat an Lichtmeß (2. Februar), dem Tag, an welchem die großen Wanderungen des Gesindes von einem Hof fort auf einen neuen, zu einem anderen Bauern in Bewegung gerieten, und an Michaeli (29. September), nach Beendigung der Erntearbeiten.[11] Mit der Gesindezeit begann für die Mägde eine Zeit der Wanderschaft, der Vagabondage zwischen Höfen und Haushalten, von Dorf zu Dorf, da viele von ihnen jährlich, die meisten aber jedes zweite oder dritte Jahr den Haushalt wechselten. Der Dienst brachte so die Erfahrung verschiedener Arbeitsplätze, Hofgrößen und Familienkonstellationen innerhalb einer bestimmten Region, in welcher das Elternhaus an einem freien Sonntag noch mit einem Fußmarsch von ein bis zwei Stunden erreicht werden konnte.[12]

Von dem Moment an, wo die Mädchen von zu Hause fortgegangen waren und sich als Magd verdingt hatten, war ihr Status als Mitglied eines Haushaltes nicht mehr primär über die verwandtschaftliche Beziehung definiert, sondern über ihren Platz in der Arbeitsorganisation des Bauernhofes, auf welchem sie dienten. ‚Wie Familienmitglieder' zur Bauernfamilie zugehören, hieß nichts anderes, als nach den Regeln des alten patriarchalischen Gesinderechts der Autorität des Arbeitgebers, des bäuerlichen Familienoberhauptes unterstellt und ihm Gehorsam schuldig zu sein.[13] Mit dem Bauern, der Bäuerin unter einem Dach zu leben und zu schlafen, die Arbeit, die Wochentage und die Feiertage zu teilen und schließlich, wie dies auf mittleren Höfen auch am Ende des Jahrhunderts noch der Fall war, an einem Tisch und aus einer Schüssel zu essen, hieß auch, dem Herrschafts- und Machtgefüge dieses Haushalts einverleibt zu sein, und zwar Tag und Nacht.[14] Die Mägde galten ebenso wie die Knechte als Kinder der Familien, auf deren Höfen sie dienten; sie unterschieden sich aber von den leiblichen Kindern der Bauern in ihren Rechten und ihrer Teilhabe am Hof in elementarer Weise: durch ihre Lohnbeziehung und dadurch, daß sie nichts erbten und nicht am Besitz beteiligt waren.

Die unablässigen, jahrhundertealten Klagen der Bauern über das nachlassende Interesse, die mangelnde Identifikation des Gesindes mit seiner Arbeit, wie sie auch am Ende des 19. Jahrhunderts auftauchten,[15] stehen in diesem Zusammenhang. Wahrscheinlich verringerte sich auch zu dieser Zeit das Interesse nicht wesentlich. Es war nur bei Dienstboten nie in eben jener spezifischen Weise vorhanden gewesen, wie der Bauer es von seinen eigenen Kindern erwarten konnte. Die Mägde verrichteten zwar dieselben Arbeiten wie die Bauerntöchter, die Aussteuer aber, die diese zu erwarten hatten, stand meistens in keinem Verhältnis zu derjenigen, die eine Magd sich im Laufe der Jahre zusammenarbeiten würde.[16]

Die Zugehörigkeit zu einem bäuerlichen Haushalt bestimmte für eine Magd auch die Zugehörigkeit zur Dorfgemeinschaft; sie war Teil ihrer sozialen Identität. Als die Magd des Maier- oder Stadlerbauern wurde sie zum Dorfmitglied. Außerhalb eines Arbeitsverhältnisses ins Dorf aufgenommen zu werden, setzte Heirat und die Gründung eines eigenen Haushaltes voraus, letztendlich auch eigenen Besitz, ein Haus, ein Stück Land. Nur auf dieser Basis, die den Gesindedienst ausschloß, war es möglich, Heimatrechte zu erwerben. Bezirksamtsakten zeigen, welche Anstrengungen ein Dorf unternehmen konnte, um eine arbeitslose, nicht mehr zu einem Haushalt gehörende, möglicherweise auch kranke Dienstmagd loszuwerden. Typisch war der Fall der Anna K., die bei einem Dreschmaschinenunfall schwer verletzt worden war, und bei der man auch noch befürchtete, daß sie schwanger sei. Sie lebte vorübergehend bei der Pflegemutter ihres ersten unehelichen Kindes. Der Bürgermeister des Dorfes stellte beim Bezirksamt Ebersberg einen Ausweisungsantrag:

„Die in Schalldorf wohnende, ledige Anna K... aus der Oberpfalz, hier nicht beheimatet, hält sich gegen den Willen der unterfertigten Gemeindeverwaltung in der hiesigen Gemeinde auf und verursacht, da sie in der Gemeinde Aßling einen Unfall erlitten hat und zur Zeit erwerbsunfähig ist, eine Menge umständlicher Arbeiten, für welche die hiesige Gemeinde sich nicht zuständig erachtet. Außerdem besteht bei ihrem Zustand die Gefahr, daß sie der gemeindlichen Krankenkasse zur Last fällt, weil sie verdienstlos ist, und alimentationspflichtige Verwandte in hiesiger Gemeinde nicht hat. Deshalb wird beschlossen, dieselbe aus hiesiger Gemeinde auszuweisen und einen von heute beginnenden Termin von 3 Tagen zum Verlassen des Gemeindebezirks festzusetzen."[17]

Wie andere Ausweisungsanträge zeigen, betrachtete man arbeitslose, ledige Mägde und vor allem solche, die aus dem Dienst gelaufen waren, zudem als eine sittliche Gefahr.[18] Ohne Familie und Haushalt, so befürchtete man, belasteten sie nicht nur die knappen ökonomischen Ressourcen der Gemeinde, sondern auch die im Dorf geltenden sexuellen Regeln. Ein uneheliches Kind, dessen Vater aus dem Dorf stammte, würde der Armenkasse oder einer Familie des Dorfes zur Last fallen.

Eine arbeitslose Dienstmagd lebte also nicht unter gesicherten Formen der sozialen Kontrolle und Verantwortlichkeit, wie sie ein Dorf bis zu einem gewissen Grade bot, sie fiel in die Kategorie des Fremdseins. Die Gesindezeit und die Wanderschaft von einem Haushalt zum nächsten bedeuteten ein Leben auf der Grenze zwischen Dazugehören und Fremdsein. Wurden die Regeln des Dienstein- und -austrittes nicht eingehalten, gerieten die Dienstmägde sehr schnell in die Zone der Fremden, der Außenseiterin und Asozialen. Straflisten von Dienstmägden verzeichnen Strafen wegen Bettel, Vagabondage, Diebstahl, und sie zeigen, in welche Bedrängnisse Mägde kamen, wenn sie sich in den Randzonen zwischen Höfen, Dörfern und Haushalten bewegten.[19]

Die Arbeit. Die Bauern klagten, „daß die Mägde nicht länger als 2–3 Jahre auf dem gleichen Hof aushalten wollen",[20] aber der häufige Stellenwechsel enthielt nicht nur Momente der Vagabondage. Er ermöglichte überhaupt erst den Aufstieg innerhalb der Gesindehierarchien, der abhängig war von Alter, körperlicher Kraft und Erfahrung einer Magd.

„Zunächst mit 13–14 Jahren werden die Mädchen als Haus- und Kindermädchen zur persönlichen Hilfeleistung für die Bäuerin eingestellt. Mit den wachsenden Kräften schreiten sie vor zur Unterdirn, die anfängt, in der Landwirtschaft zu lernen; dann zur Mitterdirn, die bereits unter Aufsicht melkt und füttert und schließlich zur Oberdirn, welche der Stallarbeit verantwortlich vorstehen kann. Die eine oder die andere Ausbildungsstufe kann übersprungen werden, je nach Größe des Hofes, auf welchem Dienst gesucht wird, nach dem Alter beim Dienstantritt und nach der Ausbildung, welche das Mädchen aus dem eigenen Heim mitbringen kann."[21]

Die Bezeichnungen der Gesindestufen wechselten in den verschiedenen bayerischen Regionen: kleine Magd – mittlere Magd – große Magd oder 1. Magd – 2. Magd; manchmal konnte die Karriere einer Magd auch als Gänsedirn beginnen.[22]

Der einer Magd in der Gesindehierarchie zugewiesene Platz beschreibt gleichzeitig die Arbeitsbereiche und Funktionen, die ihr innerhalb der bäuerlichen Ökonomie zufielen, die Arbeiten innerhalb des Hauses, im Stall und vor allem zur Erntezeit auch auf den Feldern. Eine Magd erlernte im Idealfall im Laufe ihrer Gesindezeit alle Frauenarbeiten, welche auf einem Bauernhof anfielen. Als Kucheldirn half sie unter der Aufsicht der Bäuerin, der Wirtschafterin oder der Köchin bei der Reinhaltung von Küche und Haus, bei der Zubereitung des Essens, beim Einmachen von Gemüse und Fleisch und beim Trocknen der Früchte des bäuerlichen Gartens im Herbst. Sie lernte das Schleudern des Honigs und die einzelnen Handreichungen beim Schlachten eines Tieres. Stallmägde und Viehdirnen arbeiteten in Bayern vor allem im Kuhstall. Sie fütterten das Vieh und tränkten die Kälber, misteten die Ställe aus und übernahmen später das Melken. Aber auch Schweine, Gänse und Hühner lagen in der Verantwortung der Frauen. Stallmägde verbrachten oft den ganzen Tag im Stall; der Tag begann im Winter um 6 und im Sommer oft schon um 3 Uhr morgens noch vor dem Frühstück mit dem Melken und endete erst um 7 oder 8 Uhr abends mit der letzten Fütterung.[23] Die meisten dieser Arbeiten mußten auch am Sonntag verrichtet werden. Kalbte eine Kuh, so konnte dieses zudem noch Nachtwache und Nachtarbeit im Stall bedeuten. Die ständige Anwesenheit unter dem Vieh ermöglichte eine sehr genaue Kenntnis der einzelnen Tiere, ihrer Verhaltensweisen, ihrer Erkrankungen und ihrer Geschichte. Dieses Erfahrungswissen war die Voraussetzung, um mit Erfolg die Pflege eines erkrankten Tieres oder das Aufpäppeln eines zu schwächlichen Kalbes zu übernehmen. Welche Bedeutung einer Stallmagd für den Bestand des Viehs zugemessen wurde, zeigte sich an den zusätzlichen Geldgaben, die ihr nach dem Verkauf eines Tieres zustanden,[24] und welche Alleinverantwortung für das Vieh einer erfahrenen Magd zugemutet werden konnte, zeigte sich am Leben der Sennerinnen in Oberbayern, die oft einen ganzen Sommer allein oder unterstützt von einem Hütebuben auf einer Alm zubrachten, um die Kühe zu hüten, Milch zu gewinnen und zu Butter und Käse zu verarbeiten.[25]

Die schwerste Arbeit auf einem Hof war die an Jahreszyklen gebundene Feldarbeit. Da sie, besonders zur Erntezeit, vom täglichen Wetter abhängig war, mußten zeitweise alle auf einem Hof verfügbaren Arbeitskräfte hinaus auf Wiesen und Felder, auch diejenigen Frauen, die wie z. B. die Köchin vor allem innerhalb des Hauses arbeiteten.[26] Der Tag begann im Sommer mit dem ersten Sonnenstrahl und endete spät abends. Auch das Mähen mit der Sense und das Aufgabeln von Heu und Getreide war Frauenarbeit,[27] trotz des hohen Kraftaufwandes, den diese Arbeiten erforderten, vor allem, wenn sie wie die meisten Erntearbeiten bei trokkenem Wetter und oft bei brütender Hitze verrichtet werden mußten. Die Mägde wurden schließlich im Herbst noch einmal beim Dreschen eingesetzt. Da diese Arbeit nicht nur auf dem eigenen Hof anfiel, sondern auch der Nachbar Hilfe brauchte, wenn die Dreschmaschine auf seinen Hof kam, war eine Magd nicht selten für zwei Wochen dem Staub, dem Lärm und der Gefährlichkeit dieser Maschinen ausgesetzt.[28]

Berichte über die Landwirtschaft sind voller Klagen über Mägde, die vor dem Beginn der Erntezeit aus dem Dienst liefen, weil ihnen die Arbeit zu schwer sei.[29] Wie groß die Zahl dieser Fälle in Wirklichkeit war, ist schwer festzustellen. Jedoch dringt – u. a. in den Ängsten der Bauern vor der Schwangerschaft einer Magd[30] – immer wieder die Bedrängnis durch, in welche ein Hof geriet, wenn zur Erntezeit plötzlich Arbeitskräfte ausfielen, und Ersatz nur schwer zu bekommen war. Allerdings würde eine Magd, die mitten in der Ernte aus dem Dienst lief, nur schwer einen neuen

Arbeitsplatz finden. Sie hatte ihren Ruf als zuverlässige und brauchbare Magd verspielt, ein Kredit, der nicht nur bei den Bauern zählte, sondern auch ihrem zukünftigen Hochzeiter wichtig sein würde. Es ist von daher nicht anzunehmen, daß die Zahl der entlaufenen Mägde sehr hoch war. Die Häufigkeit der Klagen steht vermutlich im Zusammenhang der Bedeutung, welche solche Fälle für die Bauern und für die Mägde selbst gewannen.

Da die Hierarchisierung und die strikte Trennung einzelner Arbeitsbereiche nur auf solchen Höfen der Fall war, die einen großen Gesindestab brauchten, die mittleren und kleineren Bauern aber nicht in der Lage waren, für die verschiedenen Arbeiten mehrere Mägde einzustellen, verrichtete eine Magd sehr oft sowohl die in der Küche anfallenden Arbeiten wie auch einen Teil der Stallarbeit. Sie war für den Garten zuständig und paßte möglicherweise auch noch auf die Kinder auf. War nur eine einzige Magd auf dem Hof, mußte sie in der Lage sein, die Bäuerin zu vertreten, wenn diese im Wochenbett lag oder krank war, oder wenn sie einfach für einen Tag zu Einkäufen oder Verwandtenbesuchen in die Stadt oder ein anderes Dorf gefahren war. Diese Anforderungen zeigen, daß eine ‚gute Magd' irgendwann in der Lage sein mußte, jegliche haus- und landwirtschaftlichen Arbeiten selbständig und zuverlässig zu verrichten.

Die bäuerliche Ökonomie kannte keine starre geschlechtspezifische Arbeitsteilung zwischen Mägden und Knechten, diese hätte den Bedürfnissen der bäuerlichen Produktionsweise widersprochen. Knechte und Mägde verrichteten dieselben Arbeiten, oder ihre Arbeitsgänge ergänzten sich, besonders in der Ernte. Sie gingen am Morgen zusammen aufs Feld und beendeten ihre Arbeit gleichzeitig. Im Stall war die Fütterung und das Melken Aufgabe der Mägde, die Futterbeschaffung war die Sache der Knechte.[31] Der wirklich ausschließlich weibliche Arbeitsbereich waren das Haus und die Küche, was bedeutete, daß Mägde in der Regel längere tägliche Arbeitszeiten hatten als Knechte, da sie am Abend nach der Beendigung der Stall- und Feldarbeit noch diejenigen Arbeiten zu verrichten hatten, die durch das Abendessen anfielen oder die während eines mit Erntearbeiten ausgefüllten Tages liegengeblieben waren. Flick- und Näharbeiten wurden vor allem im Winter erledigt. Und schließlich verbrachten bis zum Ende des Jahrhunderts die Mägde mit der Bäuerin und ihren Töchtern die Winterabende am Spinnrad, um den Flachs für das Garn zu spinnen, aus welchem die Ballen von Tuch gewebt werden sollten, welche die Schränke der Bäuerin, die Aussteuertruhen der Töchter und die Kästen der Mägde füllen würden, die diese ihrem Hochzeiter mit ins Haus bringen wollten.[32]

Der Lohn. Mit den Prestige- und Altersstufen unter den Mägden korrespondierten auch die einzelnen Lohnabstufungen. Dies wird besonders deutlich im Bargeldanteil des Lohnes, der jährlich an Lichtmeß ausgezahlt wurde. So erhielten in Oberbayern im Jahre 1890 Wirtschafterinnen und Haushälterinnen 240 Mk Jahreslohn, Ökonomieköchinnen 150–180 Mk und Mägde für Haus und Stall, Küchen- und Kleinmägde 120–180 Mk.[33] In einzelnen, vor allem stadtnahen Gebieten kam allerdings zum Ende des Jahrhunderts zunehmend die wöchentliche Lohnauszahlung auf.[34] Der Lohn wurde noch durch Geldgeschenke aufgestockt: einmal anläßlich des Verkaufs von Vieh und landwirtschaftlicher Produkte wie Hopfen als besondere Anerkennung von Arbeitsleistungen, zum anderen als Festgaben zu Weihnachten, Ostern und Pfingsten und zu Kirchweih- und Jahrmarktstagen. Diese Geschenke beliefen sich insgesamt jährlich auf 12–15 Mk. Eine Stallmagd konnte allerdings durch die Trinkgelder beim Viehverkauf noch einmal auf eine Extrasumme von bis zu 15 Mk kommen.

Auch der Anteil des Lohnes, der aus Naturalien bestand, wurde in Form von Geschenken gegeben, vor allem zu Weihnachten. Diese ‚Reichnisse' enthielten Flachs und gesponnenes Garn, bis zu 20 Ellen Leinwand und Tuch, häufig einen Wachsstock, Arbeits- oder Werktagskleider, Schürzen, Schuhe und manchmal auch Tücher und ein Sonntagskleid. Je mehr aber die Eigenproduktion von Garn, Leinen und Tuch auf den Höfen zurückging, die Spinnräder und Webstühle aus der täglichen Winterarbeit verschwanden und Kleidung und Stoffe in der Stadt eingekauft wurden, desto häufiger wurden die Reichnisse in Geld ausgezahlt. Wie die wöchentliche Lohnauszahlung trifft dies vor allem auf stadtnahe Gebiete zu.[35]

Den Jahreslohn trugen die Mägde in der Regel auf die Sparkasse.[36] Die zusätzlichen Gelder an Kirchweih- und Festtagen und die Sonderzulagen für spezielle Arbeiten ermöglichten ihnen die Befriedigung von Extrabedürfnissen, ohne daß sie den Lohn antasten mußten, der der Grundstock einer zukünftigen Mitgift war und von welchem häufig auch die Pflegegelder für uneheliche Kinder bezahlt werden mußten. Auch die ‚Reichnisse' drückten diese doppelte Perspektive aus: sie deckten den jährlichen kurzfristigen Kleidungsbedarf der Mägde und waren ein Beitrag zu ihrer Aussteuer, wie z.B. Flachs und Leinwand. Insgesamt stand sowohl beim Sparverhalten der Mägde, wie auch bei der Natur der Reichnisse, die ihnen gegeben wurden, eine spätere Heirat im Blickfeld.

Die Mitgift. Die Existenz der Bauernmägde war ausgerichtet auf die spätere Heirat. Die Ehe bot einer Frau letztendlich die einzige Möglichkeit, für sich und ihre Kinder ökonomische Sicherheit, Status, Prestige und einen Platz in der Dorfgemeinschaft zu sichern. Während der Gesindezeit legten sich die Mägde die Mitgift zu, die sie brauchten, um eine attraktive ‚Hochzeiterin' zu sein. Auch bei den ärmeren Leuten, zu denen die Mägde gehörten, schaute einer aufs Geld, wenn er sich eine Frau suchte, und auf die Mitgift, die ihm ins Haus kommen würde.

Diese setzte sich aus mehreren unterschiedlichen Elementen zusammen. Das erste war Geld. Um ein kleines Anwesen zu kaufen oder zu übernehmen, eine wichtige Voraussetzung für die Existenz einer Familie innerhalb dieser dörflich-bäuerlichen Welt, und um dieses Anwesen mit dem notwendigsten Haus- und Ackergerät auszurüsten und etwas Vieh zu kaufen, war am Anfang ein kleines Grundkapital notwendig, zu welchem die Frau einen Anteil beisteuern mußte. Hatte sie von ihren Eltern keine Erbschaft zu erwarten, und von ihren Brüdern, die nach bayerischem Erbrecht normalerweise das Häusleranwesen der Eltern übernahmen, höchstens einen geringen Auszahlungsbetrag, kam es darauf an, Geld zu sparen.

Die Reichnisse, welche den Mägden am Ende des Dienstjahres und zu Weihnachten gegeben wurden, der Flachs, die Ellen Leinwand und Tuch, die sich im Laufe der Jahre zu einer beträchtlichen Zahl aufhäufen konnten, waren der Grundstock der Aussteuer, des zweiten Elements der Mitgift. Mit dem gesparten Lohn hatte die Magd gezeigt, daß sie es verstand, das Geld zusammenzuhalten, eine wichtige Tugend für einen kleinbäuerlichen Haushalt, wie sie ihn übernehmen würde. Die Verarbeitung und der Umfang ihrer Aussteuer waren der Ausdruck ihrer spezifisch weiblichen handwerklichen Fähigkeiten; in der Aussteuer präsentierte sie bis zu einem gewissen Grade ihren zukünftigen Haushalt. Da dieser auch die Zeichen jener Haushalte tragen würde, in welchen sie als Magd gedient und gelernt hatte, mußten auch die Bäuerinnen daran interessiert sein, ‚ihre' Mägde mit einer schmucken Aussteuer ausgestattet zu sehen, wenn diese heirateten.[37] Die Augen der Frauen würden ‚das Sach' zu beurteilen wissen, vor allem die der Schwiegermutter.

Ein weiteres wesentliches Element der Mitgift einer Magd waren die häuslichen und landwirtschaftlichen Kenntnisse und Fähigkeiten, die sie sich im Laufe ihrer Dienstzeit erworben hatte und welche sie brauchen würde, um ein eigenes Häusleranwesen mit Garten, einem Flecken Land und einem kleinen Viehstand bewirtschaften zu können. Als verheiratete Frauen würden sie auch einen Teil der landwirtschaftlichen Arbeiten allein bewältigen müssen, da die Männer im Taglohn Zuverdienst suchen mußten oder nebenbei als Handwerker arbeiteten. Zeugenaussagen in Kriminalakten, die von Knechten und Taglöhnern, also von potentiellen Freiern, über Mägde aufgezeichnet wurden, zeigen, daß deren Arbeitsfähigkeit und -bereitschaft von seiten der zukünftigen ‚Hochzeiter' wahrgenommen und eingeschätzt wurde. Die gemeinsame Arbeit in den Ställen und auf den Feldern machte es möglich, daß eine Magd und ein Knecht ziemlich genau wußten, ob der andere in der Lage war, richtig zu wirtschaften und ‚das Sach' zusammenzuhalten.[38]

Ein wichtiger Teil der Mitgift einer Dienstmagd war nicht zuletzt das Netz von sozialen Bindungen und Beziehungen, die sie aus ihrer Familie und Verwandtschaft mitbrachte oder die sie im Laufe ihrer Dienstjahre auf den Höfen und in den Dörfern aufgenommen hatte. Die Zusammenarbeit mit anderen Knechten und Mägden hatte möglicherweise schon zukünftige Solidaritäts- und

Nachbarschaftsbezüge gestiftet. Das Gesinde war auch der Träger der zukünftigen Unterschichtengenerationen und -familien in den Dörfern und bildete eine entscheidende Gruppe innerhalb der heiratsfähigen Dorfjugend. Die Dienstboten verfügten über soziales Wissen, hatten Kenntnisse über Bauern und Höfe innerhalb einer bestimmten Region und über die Familien der Unterschichten, aus denen sie selbst kamen. Für den Ruf ihrer zukünftigen Familie im Dorf und für die Solidarität, die sie zu erwarten hatten, war schließlich auch noch wichtig, wie die Mägde sich im System des Geredes und Tratsches unter den Frauen etabliert hatten, die später ihre Nachbarinnen und vielleicht auch Helferinnen werden sollten. Sie hatten somit, wenn sie heirateten, auch schon Teil an jener informellen Macht, mit welcher die Frauen ihren Einfluß auf das Leben des Dorfes geltend machen konnten.[39]

Uneheliche Mütter. Der folgende Brief der Agathe S. verweist auf eine andere Seite im Leben der Dienstmägde: auf ihre Liebesbeziehungen und die Sorge für die unehelichen Kinder, die aus diesen Beziehungen hervorgingen.

„Sprittelsberg den 19. August 1894

Lieber Josef!
Abermals ergreife ich die Feder, um dir einen kleinen ... Brieflein zu schreiben, es fehlt mir sehr schwer mags es sicherlich glauben, aber ich muß, du weißt es selber, daß meine Eltern nicht übriges haben und den Bub nicht umsonst aufziehen können und bis der Bub 11 Jahre alt ist derer Zeit können meine Eltern auch nicht mehr leben, so lang können sie nicht warten diesen Verstand mußt du selber haben, ich meine es nur ihm Guten mit dir, gewiß nicht bös, wenn ich es alleinig machen könnte, ich würde dich gewiß nicht klagen, aber leider geht es nicht, o lieber Josef, wie hab ich mein Glück so verschärzt, und mit Füßen sehr treten, es ist gut, daß ich von zu Hause fortgekomen bin, daß ich es ein wenig aus dem Kopf bring, ich wär ganz wansinig geworden vor lauter Schtutiren, aber jetzt hab ich keine Zeit mehr vor lauter arbeit, der Mülerandreas vor dir es schon gesagt haben, daß ich wieder zu mein alten Bauer gekomen bin nach Sprittelsberg und sollte auch wieder bleiben auf Lichtmeß, aber ich weiß es nicht gewiß. auch muß ich dir mittheilen wen du mich ganz wegbezahlst, dan schenkt der Vater dir die Hälfte, den bei uns ist es kein zusamen komen nicht mehr vorhanden, das weiß ich so gewiß als ich schreibe. der Vater will nicht alles er hebt dem Bub schon auch noch was auf, den so lang der Vater und Mutter lebt ist schon gesorgt für ihm, sie sorgen ihm ich darf hingehen wo ich

will dir lassen sie doch nicht mehr her. Sie freuhen mich doch wen ich am Sonntag zu ihnen kome, auch meine Brüder lieben es recht sehr, den Anton hat der Josef für ein Firmpat genomen ich muß jetzt beschließen ein Schreiben und mit vielen Grüßen verbleibe ich deine unvergessliche Agathe S. . . ich bitte dich nochmals herzlich“[40]

Die Situation der ledigen Dienstmagd Agathe S. war nicht ungewöhnlich. Viele Mägde hatten uneheliche Kinder. Unehelichkeit galt in der Unterschicht nicht als Schande, auch bei den Bauern nicht, wenn der Vater der richtige Heiratskandidat war. In Oberbayern lag die Unehelichenrate noch am Ende des Jahrhunderts um 15%, sie variierte in den verschiedenen bayerischen Regionen.[41] Mägde und Knechte hatten oft schon eines oder mehrere Kinder, wenn sie schließlich heirateten. Oft lebten die Kinder bei den Großeltern, wie die beiden Kinder der Agathe S. Das Geld für ihren Unterhalt zahlte die Mutter von ihrem Lohn, und der Vater steuerte Alimente bei, wie der obengenannte Josef, der schließlich jährlich 80 Mk – also ein Drittel bis die Hälfte des Jahreslohnes eines Knechtes – für den Buben aufbrachte. Ähnlich waren die Bedingungen, wenn die Kinder an Pflegeeltern gegeben wurden, was immer dann der Fall war, wenn die Großeltern gestorben, zu alt und nicht bereit waren, die unehelichen Kinder ihrer Töchter in den Haushalt aufzunehmen. Auf den Höfen war für diese Kinder kein Platz; die Magd galt hier nur als Arbeitskraft, ihre Perspektive als Mutter war aus dem Gesindedienst ausgeschlossen, auf die Zeit der Ehe verschoben. Mägde, die nicht heirateten, würden auch kaum die Möglichkeit bekommen, irgendwann mit ihren Kindern, die sie bei der Hebamme oder ihren Eltern zur Welt gebracht hatten, unter einem Dach, in einem Haushalt zusammenzuleben. Sie gaben die Kinder sofort nach der Geburt zu den Pflegeeltern als Kostkinder und besuchten sie dann an freien Sonntagnachmittagen. Unter diesen Bedingungen wuchsen oft auch die Geschwister getrennt auf. Heiratete die Mutter dann schließlich, konnte es vorkommen, daß ihre Kinder bereits selbst wieder in den Dienst bei einem Bauern eingetreten waren, die Familie auch in diesem Falle nicht mehr zusammenleben würde.[42]

Die Briefschreiberin Agathe S. war in einer besonders schwierigen Situation. Wie aus einer Gerichtsakte hervorgeht,[43] war der Knecht Josef, den sie, wie viele Mägde ihre späteren Männer, kennengelernt hatte, als sie zusammen auf einem Hof arbeiteten, nicht bereit, sie zu heiraten und versuchte sich auch vor Alimentenzahlungen zu drücken. In ihrer nächsten Dienststelle begann sie ein neues Liebesverhältnis mit dem ebenfalls dort arbeitenden Knecht Michael B. Sie wurde erneut schwanger, und Michael B. war nicht einmal bereit, die Vaterschaft anzuerkennen. Ebenso wie Josef D. war auch er ein Bauernsohn mit etwas Vermögen im Hintergrund, während Agathe S. Taglöhners- und Holzarbeiterstochter war. Sie kam also aus einer niedrigeren Schicht als die Väter ihrer Kinder und war für ihre Liebhaber von vornherein als Hochzeiterin nicht in Frage gekommen. In den Aussagen der Knechte gilt Agathe S. als „liderlich", und es sieht so aus, als hätte sie diesen Ruf auch bei den Frauen und Männern aus ihrer eigenen Schicht gehabt. Mit zwei unehelichen Kindern von verschiedenen Männern, die nach dem sozialen Wissen im Dorf nicht ihre Freier sein würden, hatte sie auch unter ihren eigenen Leuten ihre Ehrbarkeit eingebüßt. Mußte zudem eine Magd für das Kind von einem anderen Mann Kostgeld zahlen, so war das aus der Sicht eines potentiellen Freiers ein Verlust in der Mitgift dieser Magd.

Letztlich aber war die Ehrbarkeit einer unehelichen Mutter an ihren materiellen und familiären Status innerhalb der Dorfgemeinschaft gebunden. So galt eine andere[44] als rechtschaffene und ehrbare Person, obwohl der Vater ihrer ersten zwei Kinder das Verhältnis mir ihr beendet hatte, und der Vater ihres dritten Kindes ein Fremder war, mit dem sie kurz zusammen gedient hatte, der dann aber wieder verschwunden war. Sie war in der Lage, ihre Kinder ohne große Probleme durchzubringen, da sie neben ihrem Lohn noch ein kleines Anwesen erben sollte und Vermögen besaß. Mit diesem materiellen Hintergrund war sie wahrscheinlich auch als Hochzeiterin immer noch gefragt. Das Geld, welches sie mit in die Ehe bringen würde, und der Ruf, den ihre Familie besaß, bedeuteten insgesamt immer noch mehr als der gesamte zusammengesparte Lohn einer vermögenslosen Magd, die von irgendwoher aus einer anderen Gegend gekommen war.

Das Leben der Bauernmägde war also nicht ‚nur Übergangsphase‘, sondern beinhaltete gleichzeitig die Herstellung der Heiratsfähigkeit unter den Bedingungen, wie sie die dörfliche Gesellschaft für ihre Unterschichten am Ende des Jahrhunderts bereithielt. Die Gesindezeit war nicht nur durch den unmittelbaren Zwang zum Überleben und durch die Arbeitssituation auf den Höfen bestimmt, sondern ebenso bereits durch die Anforderungen, die ihre zukünftige Lebensperspektive an sie stellen würde: als Ehefrauen, Mütter und Bäuerinnen oder Häuslerinnen auf kleinen Anwesen, wo sie einen Großteil der häuslichen und landwirtschaftlichen Arbeiten allein würden verrichten müssen.

Anmerkungen

1 Ludwig Thoma, Der Wittiber, in: Jubiläumsausgabe in sechs Bänden, München 1978, 4. Bd., S. 7–171, hier S. 105.
2 Wilhelm Kähler, Gesindewesen und Gesinderecht in Deutschland, Jena 1896, S. 100.
3 Ebd., S. 63; vgl. auch Walter Hartinger, Bayerisches Dienstbotenleben auf dem Land vom 16. bis 18. Jahrhundert, in: Zeitschrift für bayerische Landesgeschichte 38, 1975, S. 598–638, hier S. 627; Michael Mitterauer, Zur Familienstruktur in ländlichen Gebieten Österreichs im 17. Jahrhundert, in: Beiträge zur Bevölkerungs- und Sozialgeschichte Österreichs, hrsg. v. Heimold Helczmanovszki, Wien 1973, S. 167–222, hier S. 204.
4 Vgl. Rosa Kempf, Arbeits- und Lebensverhältnisse der Frauen in der Landwirtschaft Bayerns. Schriften des ständigen Ausschusses zur Förderung der Arbeiterinnen-Interessen, Heft 9, Jena 1918, S. 8 ff. Zum Anteil der Familienangehörigen unter den landwirtschaftlichen Arbeitskräften siehe auch: Kähler, S. 100.
5 Kempf, S. 74 f.
6 Zur Situation der ländlichen Unterschichten vgl. Axel Schnorbus, Die ländlichen Unterschichten in der bayerischen Gesellschaft am Ausgang des 19. Jahrhunderts, in: Zeitschrift für bayerische Landesgeschichte 30, 1967, S. 824–852; Kempf, S. 55–73; und exemplarische Einzeldarstellungen in: Untersuchung der wirtschaftlichen Verhältnisse in 24 Gemeinden des Königreiches Bayern, München 1895, S. 94, 116, 138, 200, 232, 260, 419 f.
7 Ebd., S. 59, 169, 200, 231, 260.

8 Ebd., S. 46, 81, 115; Kempf, S. 56.
9 Ebd., S. 78.
10 Vgl. Untersuchung, S. 60, 259, 351, 420, 488; vgl. Kempf, S. 38 für das Jahr 1907.
11 Vgl. Hartinger, S. 606.
12 So stellt sich das Leben der Dienstmägde in Kriminalakten dar, vgl. z. B. Staatsarchiv München, Staatsanwaltschaftsakte: StAM, St Anw 1177.
13 Kähler, S. 221.
14 Vgl. z. B. Franz Schweyer, Schöffau. Eine oberbayerische Landgemeinde. Eine wirtschaftliche und soziale Studie, Stuttgart 1896, S. 126; ebenso: Untersuchung, S. 45, 60.
15 Ebd., S. 17, 259, 373, 421, 488 f.
16 Zur Stellung von Mägden in bäuerlichen Familien und Haushalten vgl. Edit Fél, Tamas Hofer, Proper Peasants. Traditional Life in a Hungarian Village, Budapest 1969, S. 101; zur Mitgift einer Bauerntochter siehe die Beschreibung eines Kuchelwagens bei: Lena Christ, Mathias Bichler, in: Lena Christ, Werke, München 1970, S. 247–503, hier S. 337; ebenso in: Karl von Leoprechting, Bauernbrauch und Volksglaube in Oberbayern (1855), München 1975, S. 218.
17 StAM, LRA 78105.
18 Vgl. StAM, LRA 78101.
19 Vgl. z. B. StAM, St Anw 840, 1177, 1458.
20 Kempf, S. 82.
21 Ebd., S. 76.
22 Vgl. Untersuchung, S. 59, 80, 93, 337; Hans Platzer, Geschichte der ländlichen Arbeitsverhältnisse in Bayern, München 1904, S. 207.
23 Kuno Frankenstein, Die Verhältnisse der Landarbeiter in Deutschland, 2. Bd., Schriften des Vereins für Sozialpolitik 54, Leipzig 1892, S. 156. Vgl. zur Beschreibung von Arbeitssituationen auch: Lena Christ, Rumpelhanni, in: Werke, S. 505–672, hier S. 564 f.; zur Beschreibung der Rolle der Frauen beim Schlachten eines Schweines das faszinierende Buch von Yvonne Verdier, Façons de dire, façons de faire. La laveuse, la couturière, la cuisinière, Paris 1979, S. 24 ff.
24 Frankenstein, S. 156.
25 Vgl. Lena Christ, Mathias Bichler, S. 318 f.
26 Vgl. StAM, St Anw 185, 693.
27 Kempf, S. 82, 102; Lena Christ, Rumpelhanni S. 516, 553.
28 Vgl. StAM, LRA 78105; Kempf, S. 87.
29 Vgl. Untersuchung, S. 511, 373.
30 Vgl. StAM, St Anw 185.
31 Vgl. StAM, St Anw 185, 682, 693.
32 Schweyer, S. 79.
33 Frankenstein, S. 184.

34 Vgl. z. B. Untersuchung, S. 80.
35 Vgl. Frankenstein, S. 184; Untersuchung, z. B. S. 17, 45, 80, 94, 260.
36 Ebd., S. 15, 29.
37 Vgl. Lena Christ, Mathias Bichler, S. 342 f.
38 Vgl. z. B. StAM, St Anw 185.
39 Vgl. Susan Carol Rogers, Les Femmes et le Pouvoir, in: Hugues Lamarche, Susan Carol Rogers und Claude Karnoouh, Paysans, Femmes et Citoyens. Luttes pour le pouvoir dans un village lorrain, Editions Actes Sud 1980, S. 59–139, hier S. 97 ff.
40 StAM, St Anw 1177.
41 W. R. Lee, Bastardy and the Socioeconomic Structure of South Germany, in: Journal of Interdisciplinary History 7, 1977, S. 403–425, hier S. 410; vgl. zu Bayern auch: F. Lindner, Die unehelichen Geburten als Sozialphänomen, Leipzig 1900; vgl. David Sabean, Unehelichkeit: Ein Aspekt sozialer Reproduktion kleinbäuerlicher Produzenten. Zu einer Analyse dörflicher Quellen um 1800, in: Robert Berdahl u. a., Klassen und Kultur. Sozialanthropologische Perspektiven in der Geschichtsschreibung, Frankfurt a. M. 1982, S. 54–76. Zur Lage von Dienstmägden mit unehelichen Kindern vgl. auch: Regina Schulte, Kindsmörderinnen auf dem Lande, in: Hans Medick und David Sabean (Hrsg.), Emotion und materielle Interessen in Familie und Verwandtschaft. Anthropologische und historische Beiträge zur Familienforschung, Göttingen 1983.
42 Vgl. StAM, St Anw 185, die Situation der 3 unehelichen Kinder der Anna H. Zu den konkreten Umständen bei der Geburt der unehelichen Kinder von Bauernmägden vgl. auch: Schulte, Kindsmörderinnen.
43 StAM, St Anw 1177.
44 StAM, St Anw 682.

Marlene Ellerkamp und *Brigitte Jungmann*

Unendliche Arbeit. Frauen in der „Jutespinnerei und -weberei Bremen". 1888–1914

Die „Jutespinnerei und -weberei Bremen", im Volksmund kurz „die Jute" genannt, wurde 1888 von mehreren Bremer Firmen als Aktiengesellschaft gegründet und zählte bis 1914 mit durchschnittlich 1800 bis 2000 Arbeiterinnen und Arbeitern zu den größten Industriebetrieben Bremens. Unter den Großbetrieben in Bremen behauptete die „Jute" insofern eine Sonderstellung, als sie schon bei der Gründung auf die Mobilisierung des bislang relativ ungenutzten Potentials an billigen weiblichen Arbeitskräften setzte und mit Abstand die größte Anzahl von Fabrikarbeiterinnen beschäftigte.[1]

Wir wollen im folgenden für die Zeit bis 1914 über die Arbeits- und Lebenssituation vor allem der verheirateten Arbeiterinnen dieses Betriebes und damit über typische Lebensverhältnisse verheirateter Fabrikarbeiterinnen berichten.[2] Im industriellen Arbeitsbereich standen diese Frauen hinsichtlich Qualifikation, Lohn- und Arbeitsbedingungen auf der untersten Stufe der betrieblichen Hierarchie, und Fabrikarbeit bildete für die Mehrzahl von ihnen nur einen Teil des täglichen Arbeitspensums. Zusätzlich waren diese Frauen belastet mit dem „privaten" Arbeitsbereich in Haushalt und Familie. Wir wollen beide Bereiche der „Doppelbelastung", die das zermürbende Arbeitsleben der Frauen ausmachten, beleuchten und die von seiten des Staates und der Unternehmensleitung zur Entlastung der Arbeiterinnen ergriffenen Maßnahmen auf ihre Wirksamkeit hin überprüfen.

1. Betriebliche Arbeitsbedingungen.

Aus den jährlich von der Gewerbeinspektion Bremen erstellten Übersichten über Zahl und Alter der bremischen Industriearbeiterschaft[3] geht hervor, daß bis 1914 kontinuierlich zwei Drittel der „Jute"-Belegschaft Frauen und zwar überwiegend Frauen im heiratsfähigen Alter von über 21 Jahren waren. In den Jahren 1901–1909 beschäftigte die „Jute" durchschnittlich 1000 Arbeiterinnen dieser Altersgruppe, ca. 250 jugendliche Arbeiterinnen von 16–21 Jahren sowie ca. 50 weibliche Jugendliche zwischen 14–16 Jahren. Zum Familienstand der „Jute"-Arbeiterinnen gibt es nur für das Jahr 1899 genaue Angaben aus der Reichsenquête zur Beschäftigung verheirateter Frauen in Fabriken,[4] die in Bremen von der Gewerbeinspektion in Zusammenarbeit mit dem Arbeiter-Sekretariat durchgeführt wurde. 1899 waren von den insgesamt 1329 Arbeiterinnen 36,6% (487) verheiratet; 40% dieser verheirateten Frauen waren gleichzeitig mit ihren Ehemännern in der „Jute" beschäftigt.

Keineswegs überraschend sind die Motive, die die verheirateten Arbeiterinnen für ihre Erwerbstätigkeit nannten. 74,3% aller befragten Ehefrauen gaben an, daß der „geringe Verdienst des Mannes oder die Arbeitslosigkeit resp. Invalidität desselben sie dazu zwingt", während 8,3% „die Lebensverhältnisse der Familie durch ihre Mitarbeit besser stellen wollen".[5] In der Tat erreichte die überwiegende Mehrzahl der „Jute"-Arbeiter (68,9%) nur einen Tageslohn zwischen 1,50 und 2,80 M.[6] Der ortsübliche Tageslohn lag dagegen 1899 für Männer schon bei 3,00 M., und Lohnberechnungen des Arbeiter-Sekretariats veranschlagten als Existenzminimum einer 3–4-köpfigen Familie ein Wocheneinkommen von wenigstens 18 M., „sofern nicht Entbehrungen bitterster Art für die Familie an allen Ecken und Enden sich bemerkbar machen sollen".[7] Von den befragten Ehemännern der „Jute"-Arbeiterinnen kamen lediglich 13,6% über diese Lohnhöhe hinaus! Geht schon aus diesen Zahlen krass hervor, wie lebensnotwendig der Miterwerb der Ehefrauen für die Familie war, so zeigt die Palette der Frauenlöhne darüber hinaus, daß eine Frau nur sehr wenig hinzuverdienen und als Alleinverdienerin eine Familie nur unter allerschwierigsten Bedingungen unterhalten konnte. 32,5% der befragten verheirateten Frauen verdienten wöchentlich überhaupt nur 6,00 bis 8,70 M., 30% von ihnen erreichten 9,00 bis 9,90 M., und 33,2% erzielten einen Wochenlohn von 10,20 bis 12,00 M. Zu den „Spitzenverdienerinnen“, die wöchentlich zwischen 12,60 und 14,40 M. nach Hause bringen konnten, zählten nur 4% der Frauen. Bei steigenden Lebenshaltungskosten gab es zudem in den Jahren 1897–1907 keinerlei und im Zeitraum 1907–1911 nur sehr geringfügige Lohnerhöhungen.

Die vielfach über Jahre hinaus lebensnotwendige Berufstätigkeit der verheirateten Frauen wußte das Unternehmen für sein Interesse an einer wenig mobilen, ausdauernden und anpassungsfähigen Arbeiterschaft zu nutzen:

„Unsere Spinnereibranche wie auch die Weberei erfordert einen Stamm von Arbeitern, welcher regelmäßig die Arbeit besucht, weil der Fabrikationsgang eine regelmäßige Bedienung der Arbeitsmaschinen erfordert. Die Unverheirateten sind namentlich hier in Bremen infolge des Schiffergewerbeverkehrs sehr unzuverlässig in der Arbeit, während Verheiratete solid und zuverlässig sind.“[8]

So ist es nur folgerichtig, daß sich die Unternehmensleitung nachdrücklich für die Doppelbelastung verheirateter Frauen durch Fabrik- und Hausarbeit aussprach:

„Verheirateten Frauen, welche ein Hauswesen zu besorgen haben, die Beschäftigung gesetzlich und allgemein zu verbieten, halten wir für nicht empfehlenswert, denn das Hauswesen erfordert in den meisten Fällen nur einen kleinen Theil ihrer Tätigkeit und würde es eher für verheiratete Frauen und speziell für Witwen und getrennt lebende Frauen in pekuniärer Beziehung sehr schädigend sein. Ersatz für den ausfallenden Arbeitslohn dürfte wohl gar nicht zu beschaffen sein.“[9]

Aus dieser Aussage spricht nicht nur die Geringschätzung der physischen und psychischen Belastung von berufstätigen Frauen, sondern auch die Selbstsicherheit eines Textilgroßbetriebes, der als Erwerbsquelle für unqualifizierte Arbeiter und Arbeiterinnen, deren Familieneinkommen sich um das Existenzminimum bewegte, auf dem Arbeitsmarkt eine Monopolstellung behauptete.

Die Juteindustrie – wie die Textilindustrie überhaupt – hatte im ausgehenden 19. Jahrhundert bereits in allen drei Produktionsstufen einen hohen Technisierungsgrad erreicht; die Vorbereitung der Rohjute, das Spinnen und Weben erfolgten schon seit Mitte des Jahrhunderts weitgehend maschinell. Diese Mechanisierung der Produktion ging einher mit einer ausgeprägten Arbeitsteilung und erlaubte die Beschäftigung von mehrheitlich un- und angelernten Arbeiterinnen.[10] Einzig die Vorbereitung der Rohjute für den anschließenden Spinnvorgang wurde fast ausschließlich von Männern ausgeführt. Die anschließende Weiterverarbeitung in der Vor- und Feinspinnerei war in der Hauptsache die Arbeit von Frauen. Die dort bei Überwachungs- und Bedienungstätigkeiten an den Maschinen eingesetzten Frauen sorgten für die Materialzuführung, den Transport der Zwischenprodukte zum nächsten Verarbeitungsgang, die Behebung von Fehlern und Störungen im Spinnprozeß, die Überwachung und Reinigung der Maschinen. Bis auf wenige Ausnahmen setzten diese repetitiven Teilarbeiten keine oder nur geringe Anlernzeiten und Qualifikationen[11] voraus, erforderten jedoch ein Gutteil Fingerspitzengefühl. Riß in der Vor- oder Feinspinnerei der Faden einer Spule – was bei Jute sehr leicht geschah –, so mußte die gesamte Maschine mit mehreren hundert Spulen angehalten werden, um den Faden wieder anzuknüpfen. Die Dauer der Produktionsunterbrechung hing in hohem Maße von der Schnelligkeit und Geübtheit der Spinnerinnen ab, die daher auch erst nach ein- bis zweijähriger Tätigkeit in der „Jute" in diesen Abteilungen eingesetzt wurden und als langfristig Angelernte zu den qualifiziertesten Arbeitskräften zählten.

In der Weberei arbeiteten sowohl Frauen als auch Männer.[12] Der Anteil der Frauen ist den Quellen leider nicht zu entnehmen. Fest steht allerdings, daß sämtliche Aufsichts- und Vorarbeiterpositionen und -funktionen in dieser wie in allen anderen Abteilungen von Männern besetzt waren. Aufgabe der Weber und Weberinnen war wiederum die Überwachung und Materialversorgung der mechanischen Webstühle. Die eigentliche Anlernzeit in dieser Abteilung betrug nur etwa drei bis sechs Wochen. Dennoch wurden erfahrene, insbesondere ausländische ehemalige Handweber und -weberinnen[13] bevorzugt eingestellt, weil die Produktionsergebnisse nicht nur von der Kapazität der Webstühle, sondern – ähnlich wie in der Spinnerei – auch von der Schnelligkeit abhing, mit der Fadenrisse behoben wurden.

Wie hoch war die Arbeitsbelastung, der die Frauen an ihrem Fabrikarbeitsplatz ausgesetzt waren? Als tägliche Arbeitszeit galt offiziell der Zehnstundentag. Dieser wurde von der Unternehmensleitung voll ausgeschöpft. Sie rechnete über eine zehnstündige Arbeitszeit ab, ließ aber abends sechs Minuten länger arbeiten,[14] verkürzte die vorgeschriebenen Pausen um weitere sechs Minuten und ordnete zudem für die Mittagspause das Reinigen der Maschinen an.[15] Die Frauen arbeiteten diese 10 Stunden im Akkord. Die kontinuierliche Steigerung der Produktion bei gleichbleibender Beschäftigtenzahl und Maschinenkapazität verweist auf nachhaltige Steigerungen der Arbeitsintensität.[16]

Insgesamt war die Tätigkeit der „Jute"-Arbeiterinnen weniger durch körperliche Schwerarbeit als durch Monotonie und einseitige, statische Beanspruchung gekennzeichnet. Die Arbeit mußte zudem unter besonders extremen klimatischen Verhältnissen geleistet werden, die teils produktionstechnisch, teils durch schlechte bauliche Gegebenheiten bedingt waren. Die durch die Maschinen und Spindeln erzeugte Hitze zusammen mit einer extremen Luftfeuchtigkeit von 80–85%, die für eine reibungslose und qualitativ gute Garnherstellung erforderlich war,[17] schufen in den Werkshallen ein regelrechtes Treibhausklima. Kurzfristig verminderte dieses Klima die Leistungsfähigkeit, langfristig schwächte es die körperliche Widerstandsfähigkeit der Arbeiterinnen. Die „Jute"-Arbeiterinnen, die beim Verlassen der Räume einem extremen Temperaturwechsel ausgesetzt waren, litten in hohem Maße an Erkältungen und Rheuma. Die Unternehmensleitung versuchte zwar, die Belüftung durch Dunstfänge und Luftklappen zu verbessern, doch blieben die Luft- und Temperaturverhältnisse nahezu unerträglich. Im Sommer ließ das gläserne Dach der Fabrikhallen die Temperaturen so stark ansteigen, daß Ohnmachten und Schwächeanfälle von Arbeiterinnen an der Tagesordnung waren.[18] Im Winter wurden auf Anordnung der Betriebsleitung sämtliche Belüftungsklappen mit Juteresten verstopft, um die Kälte abzuwehren, so daß in die Hallen, in denen Hunderte von Menschen arbeiteten, kaum mehr Frischluft strömte.[19]

Zusätzlich zu diesen klimatischen Bedingungen brachte die bei der Juteverarbeitung entstehende Staubentwicklung[20] eine schwer erträgliche, anhaltende Belastung für die „Jute"-Arbeiterinnen. Die nach den Worten der Gewerbeaufsicht „nicht unbedeutende Staubentwicklung" konnte weder durch die an den Maschinen angebrachten staubdichten Tücher noch durch die Dunstfänge und Lüftungsklappen verringert, geschweige denn verhindert werden. Anlagen, die den Staub bereits an der Entstehungsquelle absaugten, waren zwar bereits bekannt, aber in der „Jute" Bremen nicht vorhanden. Die einzige Maßnahme des Betriebes bestand darin, den Staub täglich von den Maschinen durch Arbeiterinnen abfegen zu lassen. Beim Gewerbeaufsichtsamt herrschte Unsicherheit und Uneinigkeit darüber, wie die Staubbelastung zu beurteilen und wie gegen die Staubentwicklung vorzugehen sei. Fehlende medizinische[21] und technische Kenntnisse spielten dabei offenbar ebenso eine Rolle wie der Mangel an Mut, die gesetzlichen Kompetenzen auszuschöpfen. Obwohl das Problem wahrgenommen wurde, machte das Gewerbeaufsichtsamt dem Betrieb keinerlei verbindliche Auflagen. Als nahezu einzige „Lösung" wußte die Aufsichtsbeamtin den Arbeiterinnen eine besondere Atemtechnik anzuraten, da „durchschnittlich die Arbeiten (...) keinen besonderen Kraftaufwand der Atmungsorgane verlangen, also bei einiger Aufmerksamkeit bei geschlossenem Mund verrichtet werden können".[22]

Wie sich die miserablen Arbeitsbedingungen bei zehnstündigem Fabrikarbeitstag und zusätzlicher Hausarbeit auf die „Jute"-Arbeiterinnen ausgewirkt haben dürften, sprach 1908 ein Gewerbeaufsichtsbeamter zumindest indirekt an, als er das äußere Erscheinungsbild dieser Frauen kommentierte:

„Ihr Aussehen bildet eine Mahnung, daß auch die Verkürzung der Arbeitszeit auf 10 Stunden nicht genügt, die gewerbliche Tätigkeit der Frauen und Mütter auf ein solches Maß herunterzudrücken, das ihnen die gewerbliche Mitarbeit gestattet, ohne sie jedoch ihren Pflichten gegen sich selbst und zum Nachtheil ihrer Familie in so erheblichem Maße zu entziehen."[23]

2. *Häusliche Arbeitsbedingungen.*

Zutreffender als diese Aussage eines wohlmeinenden Beamten, die „Jute"-Arbeiterinnen würden durch Erwerbsarbeit ihren

Pflichten gegenüber der Familie entzogen, wäre der Hinweis, daß die verheirateten „Jute"-Frauen von ihren Familien doppelt in die Pflicht genommen wurden. Denn sie mußten unter extrem schlechten betrieblichen Arbeitsbedingungen zum Familieneinkommen beitragen und gleichzeitig die gesamte Last der ihnen zugeschriebenen Haushalts- und Familienaufgaben tragen. Zur familiären Situation der Arbeiterinnen liegen nur wenig konkrete Hinweise vor. Aus der Verknüpfung verstreuter Quellen läßt sich jedoch ansatzweise rekonstruieren, wie der Lebensalltag einer „Jute"-Arbeiterin ausgesehen haben mag.

Der durchschnittliche Arbeitstag einer „Jute"-Arbeiterin dürfte 17–18 Stunden betragen haben, sollte sie außer zehn Stunden intensiver Akkordarbeit auch noch Haushalts- und Familienaufgaben bewältigen. Gegen 5 Uhr morgens mußte sie aufstehen, um pünktlich um 6 Uhr in der Fabrik zu sein und vorher noch das Frühstück für sich und die Familie zuzubereiten, die Kinder zu versorgen und Arbeiten im Haushalt zu erledigen. Jedes Zuspätkommen in der Fabrik hatte Lohnabzug und den Verlust von Prämien zur Folge, die nach undurchschaubaren Kriterien vergeben wurden. Unterbrochen von einer halbstündigen Frühstückspause, arbeitete sie 5½ Stunden im Akkord bei unerträglicher Luftfeuchtigkeit und Hitze. In der Mittagspause von 75 Minuten hastete sie nach Hause – der Weg zur nahe gelegenen Werkswohnung erforderte 5 bis 15 Minuten – und bereitete das Mittagessen für sich und die Familie. Nach weiteren 4½ Stunden Akkordarbeit und fast zwölfstündigem Aufenthalt in der Fabrik konnte sie sich müde und erschöpft gegen 18 Uhr erneut Hausarbeit, Kindern und Ehemann zuwenden.

Mehr als die Hälfte der „Jute"-Arbeiterfamilien lebte in den 250 Werkswohnungen in unmittelbarer Nähe der Fabrik. Die 2 bis 7 Zimmer großen Wohnungen waren mit Wasser- und Gasleitung sowie Spülklosett modern ausgestattet und für Bremer Verhältnisse ausgesprochen billig.[24] Hätten diese Einrichtungen funktioniert, wären sie für die „Jute"-Arbeiterinnen eine eindeutige Arbeitserleichterung beim Kochen, Waschen, Putzen gewesen. Doch das gemeinsame Kennzeichen der Häuser war ihr schlechter baulicher

Zustand und die defekten Installationen. Zudem waren fast alle Wohnungen überfüllt. Häufig nahmen die Familien Untermieter und auch Schlafgänger auf, um die Kosten für die Miete zu senken. Aber auch die Unternehmensleitung pflegte als Vermieterin bei den Familien per Mietvertragsklausel Untermieter einzuquartieren.[25] Über eine Dreizimmerwohnung wird 1900 berichtet:

„2 Wohnräume mit 9 Personen. Ehepaar mit 5 Kindern von 3 bis 23 Jahren und 2 männlichen Schlafgängern. Hier enthält die ursprüngliche Wohnung 3 Zimmer (...), ein Zimmer ist abvermietet, die Küche ist beiden Wohnungen gemeinsam. Vater, 2 Söhne, die eine Tochter und die beiden Schlafgänger arbeiten in der Jutespinnerei."[26]

In dieser drangvollen Enge spielte sich häusliches Arbeiten und Leben ab, mußte gekocht, gegessen, gewaschen, die Wäsche getrocknet, gespielt, geliebt und geschlafen werden.

Die spärlichen Aussagen der „Jute"-Arbeiterinnen über ihre Koch- und Ernährungsgewohnheiten weisen auf einen nicht sonderlich reichhaltigen Speisezettel hin: Kartoffeln und Brot, Brot und Kartoffeln. Höchstens einmal in der Woche konnten sie sich eine „richtige" warme Mahlzeit mit Fleisch leisten. Ansonsten gab es Brot und Malzkaffee zum Frühstück, zum Mittagessen Brot und Kartoffeln, gelegentlich etwas Gemüse, das am Vorabend gekocht und mittags wieder aufgewärmt wurde. Es kann bei dieser einseitigen, vitamin- und nährwertarmen Kost kaum verwundern, daß die „Jute"-Arbeiterinnen häufig an Magenkrankheiten und Anämie litten.[27]

Die Frauen scheinen versucht zu haben, ihre Haushalts- und Familienaufgaben individuell zu bewältigen. Zumindest finden sich keine Hinweise auf kollektive Regelungen, wie sie z.B. für die Textilindustrie in Gera belegt sind.[28] Vor allem die Versorgung kleiner Kinder wurde unter diesen Lebensbedingungen zum schier unlösbaren Problem. Aus der Enquête von 1899[29] geht hervor, daß 226 der 301 verheirateten Frauen insgesamt 550 Kinder[30] hatten; davon waren 371 unter 14 Jahren, d.h. nicht im gesetzlich erwerbsfähigen Alter. 127 dieser Kinder, also 35% der unter 14jährigen lebten dauernd von ihren Eltern getrennt, davon 22 bei Großeltern, 4 im Waisenhaus und 101 als Haltekinder gegen Zahlung von

Kost und Unterbringung in fremden Familien. Das Haltekinderwesen hatte wohl nicht nur in Bremen Hochkonjunktur. Die Pflegesätze schwankten hier zwischen 1,50 und 6 M. und lagen durchschnittlich bei 2,50 bis 3 M. wöchentlich.[31] Damit war eine ausreichende physische und vor allem psychische Betreuung der Kinder wohl nicht gewährleistet. In den Jahresberichten sprachen die Gewerbeinspektoren immer wieder die Verwahrlosung und Vernachlässigung der bei Pflegeeltern untergebrachten Kinder an,[32] ob zu Recht oder Unrecht, ist schwer zu entscheiden. Deutlich ließen sich die Inspektoren von der Vorstellung leiten, daß alles Unheil nicht passieren würde, wenn die Frauen zu Hause blieben, dort „ordentlich" Kinder und Haushalt versorgten, anstatt ihrer Sucht nach „Putz und Tand" nachzugeben. Daß der ökonomische Zwang die Mütter zur Erwerbstätigkeit trieb, wurde überhaupt nicht oder allenfalls im Zusammenhang mit dem Alkoholismus der Männer gesehen.

Die Mehrzahl der „Jute"-Arbeiterinnen zog es vor, ihre Kinder in der Familie aufwachsen zu lassen. 244 der 371 Kinder unter 14 Jahren lebten bei den Eltern, obwohl nur 14 von den Großeltern und 12 durch die Spielschule betreut werden konnten. Nach Angaben der Mütter waren 218 Kinder tagsüber ohne jegliche Aufsicht sich selbst überlassen. Möglicherweise besserten sich diese miserablen Bedingungen für Kinder und Mütter, als die „Jute" 1907 ein eigenes Säuglings- und Kleinkinderheim eröffnete.

3. Staatliche und betriebliche Interventionsstrategien.

Die zunehmende industrielle Erwerbstätigkeit der Frauen, die unter „Jute"-ähnlichen Bedingungen zwangsläufig für sie zu einem frühzeitigen gesundheitlichen Verschleiß führen mußte, ließ im Reichstag die Sorge um die „generative Tätigkeit" und die „Familie als Keimzelle des Staates" aufkommen.[33] Erste staatliche Maßnahmen, um der vielbeschworenen, drohenden „Auflösung" der Arbeiterfamilie entgegenzuwirken, kamen in der Novellierung der Gewerbeordnung von 1891 zum Zuge.[34] Sie brachte den Fabrikarbeiterinnen eine erste Arbeitszeitbeschränkung, Pausenregelung und einen erweiterten Mutterschutz.

Für die „Jute"-Arbeiterinnen erlangte die gesetzliche Festsetzung des Elfstundentages von 1891 kaum Bedeutung. Denn bereits 1893 wurde dort die zehnstündige Arbeitszeit eingeführt und wie in allen hochtechnisierten Unternehmen der durch Arbeitszeitverkürzung entstandene Produktionsausfall über erhöhte Arbeitsproduktivität und Arbeitsintensivierung ausgeglichen. Als die Unternehmensleitung 1902 zur Einführung des Neunstundentags befragt wurde, lehnte sie eine weitere Arbeitszeitverkürzung ab mit der Begründung, „unsere schnellaufenden Maschinen lassen eine Steigerung nicht mehr zu . . .".[35]

Auch der an Samstagen und Vorabenden von Feiertagen mit Blick auf die Familienbedürfnisse gesetzlich vorgeschriebene Arbeitsschluß um 17.30 Uhr brachte den „Jute"-Arbeiterinnen keine Vorteile. Sie arbeiteten im Gegenteil an diesen Tagen noch länger als an den übrigen Wochentagen. Der durch den frühzeitigen Feierabend entstandene Zeitverlust wurde durch den Wegfall der je halbstündigen Frühstücks- und Vesperpause mehr als wettgemacht, so daß der Sonnabend zum härtesten Arbeitstag der ganzen Woche wurde.

Das Gesetz von 1891 sah noch eine spezielle Regelung für verheiratete Arbeiterinnen vor: war die Mittagspause kürzer als 90 Minuten, konnten die Ehefrauen beantragen, eine halbe Stunde vor Pausenbeginn entlassen zu werden, um das Mittagessen für die Familie vorzubereiten. Nach Aussage der Gewerbeinspektion traute sich in Bremen kaum jemals eine Arbeiterin, einen solchen Antrag einzureichen, da sie sich damit unweigerlich der Gefahr der Entlassung aussetzte.[36] Gegenüber diesem Risiko nahm sich der erreichbare Zeitgewinn geradezu lächerlich aus, „wenn man sich vergegenwärtigt", wie Lilly Braun 1901 schrieb, „daß in dieser Zeit nicht nur die Hauptmahlzeit des Tages im Kreise der Familie eingenommen werden soll, sondern vorher noch zubereitet werden muß und die Arbeiterin hin und her von der Fabrik den größten Teil der verfügbaren Zeit in Anrechnung zu bringen hat".[37]

Auch die 1891 verbesserten Mutterschutzbestimmungen blieben im Kaiserreich unzulänglich. Schwangerenschutz gab es bis 1910 überhaupt nicht. Der Mutterschutz nach der Niederkunft konnte seit 1891 auf 6 Wochen ausgedehnt werden. Die Arbeiterin durfte allerdings bereits nach 4 Wochen die Erwerbstätigkeit wieder aufnehmen, sofern ein ärztliches Attest ihre Arbeitsfähigkeit bestätigte. In Bremen verstanden es die Krankenkassen, die das Mutterschaftsgeld zu zahlen hatten, dieses Gesetz erfolgreich zu unterlaufen. Wie das Arbeiter-Sekretariat aufdeckte und an die Öffentlichkeit brachte,[38] verwehrten die Kassen praktisch den Frauen den sechswöchigen Mutterschutz, indem sie die Unterstützung für 4 Wochen auszahlten, aber für die restlichen 2 Wochen nur dann Mutterschaftsgeld gewährten, wenn die Arbeiterinnen ein Arbeitsunfähigkeits-Attest vorlegten. Die Kassen verkehrten also auf Kosten der Arbeiterin die Intention des Gesetzes.

Der schwerwiegendste Mangel des Wöchnerinnenschutzes aber lag in der Höhe des Wöchnerinnengeldes, das wie das Krankengeld dem halben Tageslohn entsprach. Da die Frauenlöhne ohnehin kaum das Existenzminimum abdeckten, bedeutete diese Regelung, wie der Sozialhygieniker Th. Sommerfeld 1898 kritisch anmerkte, daß das Mutterschaftsgeld „selbst bei den allerbescheidensten Ansprüchen und der größten Entsagung nicht im entferntesten ausreicht, sich und das Neugeborene, geschweige denn eine zahlreichere Familie auch nur notdürftigst zu ernähren".[39] Die „Jute"-Arbeiterinnen erhielten nach dieser Regelung eine Wöchnerinnenunterstützung von ca. 4,50 M. pro Woche. Während die Ortskrankenkasse in Bremen das Mutterschaftsgeld nach dem ortsüblichen Tagelohn berechnete – er lag 1899 für Frauen bei 1,75 M. –, erfolgte die Festsetzung der Beiträge und Leistungen der Betriebskrankenkasse der „Jute", der fast alle „Jute"-Arbeiterinnen angehörten, auf der Basis des durchschnittlichen Tagelohns von nur 1,50 M. Die Wöchnerinnen mußten bei dieser geringen Unterstützung versuchen, ohne Rücksicht auf ihre Gesundheit die Arbeit zum frühestmöglichen Termin wieder aufzunehmen. Notfalls umgingen sie die gesetzliche Schonfrist, indem sie kurz nach der Geburt die Arbeitsstelle wechselten. Dieses häufig praktizierte Verfahren, sich der per „Schutz"-Gesetz verordneten Not nicht zu unterwerfen, entzog sich jeglicher Kontrolle durch das Gewerbeaufsichtsamt.

Insgesamt waren die gesetzlichen Schutzbestimmungen für Fabrikarbeiterinnen ein erster, wenngleich praktisch kaum wirksamer Versuch, gegenüber den Zwängen der Erwerbsarbeit erneut den gesellschaftlichen Aufgaben der Hausfrau und Mutter hinreichend Raum zu verschaffen. Hier setzten auch die Maßnahmen des Unternehmens an, insofern es primär an der Freisetzung der verheirateten Arbeiterin für den Produktionsbetrieb interessiert war.

Im Rahmen ihrer „Wohlfahrtsstrategie"[40] eröffnete die „Jute" 1907 in unmittelbarer Nähe der Fabrik ein Säuglings- und Kleinkinderheim. Das sehr modern eingerichtete Heim mit Säuglingsstation inklusive Stillstube, Spiel- und Warteschule, Jungen- und Mädchenhort für schulpflichtige Kinder bis zum 14. Lebensjahr umfaßte insgesamt rd. 250 Plätze, die ausschließlich Kindern der „Jute"-Arbeiterschaft zur Verfügung standen. Mit diesem Heim sollten bei den „Jute"-Kindern, so die Unternehmensleitung, „durch liebevolle Anleitung die Keime zu einer guten Charakterentwicklung gelegt werden"[41] und gleichzeitig bei den Müttern die Bereitschaft erhöht werden, den großen Bedarf der „Jute" an billigen weiblichen Arbeitskräften zu decken. Die Attraktivität eines Arbeitsplatzes in der „Jute" dürfte sich damit für verheiratete Frauen erhöht haben, da das Heim die Betreuung der Kinder aller Altersstufen während des Arbeitstages garantierte.

Die Kosten des gesamten Heimkomplexes wurden zum größten Teil aus den Zinsen des sog. „Arbeiter-Wohlfahrtsfonds" und den Beiträgen der Eltern gedeckt. Die für Bremer Verhältnisse ausgesprochen niedrigen Tagessätze waren relativ hoch angesichts der Minimallöhne der „Jute"-Arbeiterinnen, aber immer noch wesentlich billiger als die üblichen Pflegekosten für Haltekinder. Eine „Jute"-Arbeiterin mußte zwei Stunden arbeiten, um den Tagessatz für nur ein Flaschenkind im Heim zahlen zu können, und die finanzielle Belastung erhöhte sich mit steigender Kinderzahl. Trotz alledem scheint den „Jute"-Familien dieser hohe finanzielle Aufwand für eine gesicherte Betreuung der Kinder im Heim wert gewesen zu sein. Alle Plätze wurden belegt und zeitweise sogar überbelegt.

Auch die Hauskrankenpflege der „Jute" war unmittelbar auf

verheiratete Frauen zugeschnitten, um geringere Ausfallzeiten und die Freisetzung der verheirateten Arbeiterinnen für den Produktionsbetrieb auch im Falle von Krankheit in der Familie zu sichern. 1899 stellte die Unternehmensleitung eine ausgebildete Krankenpflegerin ein, die erkrankte „Jute"-Arbeiter und -Arbeiterinnen unentgeltlich pflegen und Frauen im Wochenbett unterstützen sollte. Die Vermutung liegt allerdings nahe, daß dieser weitgefaßte Aufgabenbereich für eine einzelne Person bei annähernd 2000 Beschäftigten eine Überforderung war. Dennoch zielte auch diese Einrichtung auf die Entlastung der verheirateten Frauen und Mütter ab, die unter Einsatz ihrer ganzen physischen und psychischen Kräfte darauf verwiesen waren, den Anforderungen im Produktions- und Reproduktionsbereich gleichermaßen gerecht zu werden und sich aufzuteilen in ihren Zuständigkeiten als Erwerbstätige, Mutter, Haus- und Ehefrau.

Als Arbeitskräfte der untersten Qualifikations- und Lohnstufe waren die „Jute"-Arbeiterinnen im Produktionsprozeß den härtesten Belastungen ausgesetzt. Sie ertrugen bei täglich zehnstündiger betrieblicher Arbeitszeit Hitze, Lärm und Staub, während sie ihre sich ständig wiederholenden Handgriffe und Bewegungen im Akkordtempo machten. Die überwiegende Mehrheit der Frauen war aus materieller Not zur Erwerbsarbeit gezwungen, doch reichten ihre Löhne kaum aus, das Familieneinkommen auf das Existenzminimum aufzustocken. Als Haus- und Familienarbeiterinnen hatten die verheirateten „Jute"-Arbeiterinnen zu Hause weitere kräfte- und zeitraubende Aufgaben zu bewältigen. Daß diese übermäßige Belastung bei den Frauen zum schnellen Verschleiß ihrer physischen und psychischen Kräfte führte, war offensichtlich. Weder die zaghaften staatlichen Maßnahmen des Arbeitsschutzes noch die betrieblichen „Wohlfahrtseinrichtungen" waren imstande, die verheirateten „Jute"-Arbeiterinnen bei der tagtäglichen Bewältigung ihres Arbeitspensums in Fabrik und Haushalt wirkungsvoll zu entlasten. Frauen, die gezwungen waren, gleichzeitig Fabrik- und Familienarbeit zu leisten, blieb es zusätzlich überlassen, die Kosten dieser Überbelastung zu zahlen.

1 Vgl. J. Eckstein (Hg.), Historisch-Biografische Blätter. Der Staat Bremen, Bd. 3, Berlin 1911, darin der Artikel: Die Jutespinnerei- und -weberei Bremen, S. 815–846.
2 Dieser Aufsatz ist hervorgegangen aus unserer Staatsexamensarbeit an der Universität Bremen über „Gesundheitsverhältnisse und Arbeitsbedingungen von Frauen in der Jutespinnerei und -weberei Bremen von 1888–1914", die u. a. auf Archivalien des Staatsarchivs Bremen (StaB) basiert.
3 Vgl. Jahresberichte der Gewerbeinspektion in Bremen (Jb. Gew. Insp.) von 1888–1914/18, vorh. in: StaB, 2-D. 20.b. 18.e.2. und 3-G.4.g. Nr. 32. Leider enthalten nur die Berichte für 1901–1909 genaue Zahlen über die „Jute"-Beschäftigten; in den anderen Jahren wird die „Jute" zusammen mit anderen Klein- und Kleinstbetrieben aufgeführt.
4 Vgl. Jb. Gew. Insp. 1899, S. 4 ff., sowie den ersten Jahresbericht des Arbeiter-Sekretariats (Jb. Arb. Sekr.), Bremen 1900, S. 89 ff. Das Arbeiter-Sekretariat analysierte und kommentierte die Untersuchung wesentlich ausführlicher und veröffentlichte auch die Ergebnisse der gleichzeitig durchgeführten Befragung der ledigen Arbeiterinnen.
5 Jb. Arb. Sekr. 1900, S. 92.
6 Vgl. zum Lohnniveau Jb. Gew. Insp. 1899, S. 9 f.; Jb. Arb. Sekr. 1900, S. 92 f.
7 Jb. Arb. Sekr. 1900, S. 92.
8 Aussage der Unternehmensleitung zitiert in: Jb. Gew. Insp. 1899, S. 6.
9 Ebd., S. 11.
10 Vgl. zum Technisierungsgrad der Juteindustrie: Reichsanstalt für Arbeitsvermittlung und Arbeitslosenversicherung (Hg.), Handbuch der Berufe, Bd. 3, Berlin 1933, S. 132 ff.; vgl. zur Textilindustrie allgemein: K. Ditt, Technologischer Wandel und Strukturveränderung der Fabrikarbeiterschaft in Bielefeld 1860–1914, in: W. Conze, U. Engelhardt (Hg.), Arbeiter im Industrialisierungsprozeß, Stuttgart 1979, S. 147 ff. und 240 ff.; vgl. auch Eckstein, S. 815 ff.; E. Nonnenmacher, Die Jute. Pflanze und Fasergewinnung, Handel und Wirtschaft, Berlin 1930.
11 Zur Qualifikationsstruktur vgl. Ditt, S. 247 f.; speziell für die Juteindustrie vgl. Berufskundliche Nachrichten, Heft 22, Berlin 1930.
12 Ende 1888 arbeiteten in der Weberei 400, nach 1907 ca. 800–900 Frauen und Männer; vgl. Bremer Bürgerzeitung (BBZ) vom 12. 5. 1897 und 16. 7. 1907.
13 1899 betrug der Anteil der Ausländerinnen in der „Jute" bei ledigen und verheirateten Frauen 40 bzw. 34%, vgl. Jb. Gew. Insp. 1899, Tab. 6 a/b. Die Frauen wurden mit systematischen Anwerbungskampagnen in tra-

ditionellen Webereizentren wie Böhmen und Mähren, aber auch in industriellen Entwicklungsgebieten wie Galizien und Ruthenien rekrutiert. Im Deutschen Reich wurden besonders in Schlesien Arbeitskräfte z.T. unter falschen Versprechungen (Höchstlöhne, die nie gezahlt wurden) angeworben; vgl. BBZ vom 30.4. 1897; 7.5. 1897; 5.6. 1897; 17.5. 1904; 2.6. 1904 sowie den 5. Jb. Arb. Sekr., Bremen 1904, S. 37.

14 Vgl. Bericht eines „Jute"-Arbeiters in der BBZ vom 12.6. 1897.

15 Vgl. Jb. Gew. Insp. 1910, S. 276. Einzige Folge dieser vom Gewerbeaufsichtsbeamten entdeckten Zuwiderhandlung gegen die Arbeitsschutzbestimmungen war die Auflage, die Fabrikräume während der Pausen künftig abzuschließen und die Arbeits- und Pausenzeiten durch Anschlag bekannt zu geben.

16 Vgl. Geschäftsberichte der „Jute", StaB, 4.65-HRB 166, Bd. 1.

17 Vgl. Nonnenmacher, S. 564.

18 Auskunft einer polnischen Arbeiterin, die 1924/25 in der „Jute" arbeitete.

19 Vgl. das Schreiben des Gewerbeaufsichtsbeamten an das Baupolizeiamt vom 23.7. 1914, StaB 4,21-562.

20 Zur Staubfrage in der „Jute" existiert eine handschriftliche, stichwortartige Skizze (StaB 4,21-558), in der für 1894–1918 sämtliche Aktivitäten des Gewerbeaufsichtsamtes und anderer eingeschalteter Behörden aufgeführt sind. Die Akte zeigt, daß die Staubfrage seit der Gründung der „Jute" 1888 akut und bis 1918 nicht gelöst war.

21 Wie berechtigt die jahrelange Forderung der Sozialdemokratie war, auch Ärzte als Gewerbeinspektoren einzustellen, belegt einmal mehr das Beispiel der Bremer Aufsichtsbeamten.

22 Aussage der Assistentin in ihrem Bericht über einen Besuch in der „Jute", StaB 4,21-558.

23 Jb. Gew. Insp. 1908, S. 8.

24 Nach Eckstein, S. 841, kostete eine 2-Zimmer-Wohnung mit Küche jährlich 115 M, auf dem Bremischen Wohnungsmarkt dagegen rund 200 M.

25 Vgl. § 4 des Mietvertrages für Werkswohnungen der „Jute", abgedruckt in: BBZ vom 2.6. 1897 sowie Jb. Arb. Sekr. 1904, S. 37 f.

26 W. Böhmert, Die überfüllten Wohnungen in der Stadt Bremen am 1. Dez. 1900, in: Mitteilungen des Bremischen Statistischen Amts im Jahre 1903, No 1, S. 12.

27 Vgl. hierzu Jb. Gew. Insp. 1899, S. 7, sowie Jb. Arb. Sekr. 1900, S. 96, die Angaben über Häufigkeit und Arten der Krankheiten nach Aussage der Arbeiterinnen enthalten.

28 Vgl. hierzu E. Ihrer, Die proletarische Frau und die Berufstätigkeit (1905), abgedruckt in: G. Brinker-Gabler (Hg.), Frauenarbeit und Beruf, Frankfurt 1979, S. 299.

29 Vgl. Jb. Gew. Insp. 1899, bes. S. 15 und Tab. D im Anhang.

30 Zu diesen 550 Kindern müssen noch weitere 157 hinzugerechnet werden, die in den Jahren 1894–1899 starben, davon allein 114 im 1. Lebensjahr, vgl. Jb. Gew. Insp. 1899, Tab. E.

31 Vgl. Jb. Gew. Insp. 1899, S. 18.

32 Vgl. Jb. Gew. Insp. 1888–1914 passim.

33 A. Bluhm, Hygienische Fürsorge für Arbeiterinnen und deren Kinder, in: Weyl's Handbuch der Hygiene, Bd. 7, Leipzig 1914, S. 72; zur Novellierung der Gewerbe-Ordnung vgl. A. Weber, Die Entwicklung der deutschen Arbeiterschutzgesetzgebung, in: Schmollers Jahrbuch 21, 1897, S. 1–50; R. Otto, Über Fabrikarbeit verheirateter Frauen in Deutschland, Berlin 1910, S. 156 ff.

34 Das Gesetz betr. die Abänderung der Gewerbeordnung vom 1.6. 1891 enthält in § 137 die Arbeitszeitbestimmungen und § 138 a die weitgefaßten Ausnahmeregelungen, vgl. RGBl 1891, Nr. 18. Mutterschutzbestimmungen gab es erstmals in der novellierten Gewerbeordnung von 1878, die 3 Wochen Schonfrist nach der Geburt festlegte, aber nicht die finanzielle Unterstützung regelte.

35 Aussage der Unternehmensleitung zitiert in: Jb. Gew. Insp. 1902, S. 19.

36 Vgl. Jb. Gew. Insp. 1894, S. 5, sowie L. Braun, Die Frauenfrage. Ihre geschichtliche Entwicklung und ihre wirtschaftliche Seite (1901), Bonn 1979, S. 490 f.

37 Braun, S. 490.

38 Vgl. Jb. Arb. Sekr. 1900, S. 97 f.

39 Th. Sommerfeld, Handbuch der Gewerbekrankheiten, Bd. 1, Berlin 1898, S. 86.

40 Zu den Wohlfahrtseinrichtungen der „Jute“ zählten neben dem Säuglings- und Kleinkinderheim und den 250 Werkswohnungen auch der sog. Arbeiter-Unterstützungsfonds, aus dessen Kapitalzinsen Unterstützungen an Arbeiterfamilien bei Krankheit, Geburt und Todesfall gezahlt wurden. Die Wohlfahrtseinrichtungen brachten den Arbeitern zwar Vorteile, banden sie aber zugleich durch Abhängigkeits- und Kontrollmechanismen an den Betrieb.

41 Aussage der Unternehmensleitung zitiert bei Eckstein, S. 843.

Dorothee Wierling

„Ich hab meine Arbeit gemacht – was wollte sie mehr?" Dienstmädchen im städtischen Haushalt der Jahrhundertwende

Im Jahre 1895 wurden im Deutschen Reich 1 339 316 Dienstboten gezählt – in ihrer überwältigenden Mehrheit handelte es sich um junge Frauen, die damit ungefähr ein Fünftel der registrierten weiblichen Erwerbstätigen ausmachten.[1]

Der um die Jahrhundertwende deutlich werdende Mangel an häuslichem Personal brachte innerhalb des Bürgertums eine lebhafte Diskussion um die Zukunft der „Dienstbotenfrage" in Gang – auch die Sozialdemokratie erprobte die Politisierbarkeit dieser bisher von ihr vernachlässigten Berufsgruppe.[2] Auf diese Weise entstand eine Fülle von schriftlichem Material, das es heute erlaubt, die Arbeits- und Lebenssituation von Dienstboten detailliert nachzuzeichnen. Bei der Interpretation dieses Materials durch die moderne Forschung stehen bisher Überarbeitung, Unterwerfung und Isolation als die bestimmenden Elemente des Dienstbotendaseins im Vordergrund. Eine starke Identifikation der Dienstboten mit ihren Herrschaften scheint dabei die vorherrschende Verarbeitungsweise der Dienenden gewesen zu sein: Positiv interpretiert haben sie durch die Übernahme bürgerlicher Errungenschaften wie fortschrittlicher Ernährungs- und Hygienegewohnheiten am gesellschaftlichen Modernisierungsprozeß teilgenommen,[3] andere Forscher dagegen werfen ihnen heute vor, durch ihr kleinbürgerliches Aufstiegsstreben und ihre konservative Grundeinstellung an der Verbürgerlichung des Proletariats mitgewirkt zu haben.[4]

Diese Sichtweise reproduziert ein zeitgenössisches, bürgerliches Fremd- und Wunschbild, das gekennzeichnet ist einerseits durch die Bedeutung, die den Dienstboten als Statussymbol zukam, andererseits durch die Verdrängung körperlicher Arbeit aus dem alltäglichen Bewußtsein derjenigen, die sich dafür Personal halten konnten. Diese beiden Elemente haben dazu geführt, daß die Hausarbeit der Dienstboten zwischen 1890 und dem Ersten Weltkrieg bisher kaum als Arbeit anerkannt wurde, die zu *beschreiben* sich lohnt. Als Konsequenz hieraus kam auch das Verhältnis, das die Dienstboten zu dieser Arbeit hatten, nicht in den Blick. Im Mittelpunkt des Interesses stand vielmehr die Tatsache, daß die Dienstboten in einem vorkapitalistisch geprägten, persönlichen Abhängigkeitsverhältnis standen, dem sie sich anscheinend – und hier wird u. a. die Schwäche der Dienstbotenbewegung angeführt[5] – nicht massenhaft entzogen, es sei denn durch Flucht aus dem Beruf selbst. Dieser Mangel an erkennbarem Widerstand ist es, der die Akzeptierung der traditionellen Verhältnisse, ob zustimmend oder resignativ, zu einer selbstverständlichen Annahme machte.

Wenn aber den herkömmlichen Quellen solche hinzugefügt werden, die die Erfahrung der betroffenen Dienstboten selbst zugänglich machen, ergeben sich neue Fragen: Wie standen die Dienstboten zu den Belastungen der Hausarbeit? Wie erfuhren sie die Vermischung der konkreten Verrichtungen mit dem persönlichen Abhängigkeitsverhältnis des Dienstes? Welche Strategien entwickelten sie, um ihren Beruf auch psychisch zu überleben? Erste Antworten auf diese Fragen will ich mit Hilfe der Interpretation von circa 25 erzählten Lebensgeschichten ehemaliger Dienstmädchen versuchen.[6]

Die Alltagserfahrung von Dienstboten umfaßte allerdings sehr viel mehr als nur die berufliche Dimension, die im folgenden beschrieben wird. Kontakte mit der Herkunftsfamilie ebenso wie die Vorbereitung auf eine Heirat, Freundschaft und Konkurrenz mit Kolleginnen, subtile Beziehungen mit der Herrschaft von der heimlichen Vertrautheit mit der Tochter des Hauses bis zur sexuellen Belästigung durch den Herrn – all das bestimmte die Situation des „Mädchens“ über seine Arbeit hinaus. Diese blieb aber das zentrale Element sowohl für seinen gesellschaftlichen Status als auch für seine sozialen Beziehungen.

1. Vorerfahrungen.

Arbeit hatte auch schon die Kindheit von Dienstmädchen bestimmt. Meist kamen sie aus der ländlichen oder kleinstädtischen Unterschicht, wuchsen also in Familien auf, wo von allen Mitgliedern erwartet wurde, daß sie durch ihre Arbeit die ökonomische Grundlage des Haushalts sicherten. Auch die Kinder trugen durch ihre Arbeit zum gemeinsamen Budget bei, wenn auch auf sehr unterschiedliche Weise: durch landwirtschaftliche oder handwerkliche Arbeit, durch Kleinhandel oder Hausarbeit. Es konnte sich um eigenen Erwerb handeln oder um den der Eltern, an dem das Kind nur helfend teilnahm, oder den es, oft im Fall der Mutter, ermöglichte, indem es alle häuslichen Pflichten übernahm.

Aus autobiographischen Zeugnissen wissen wir, daß die Kinder ihre Arbeit sehr unterschiedlich erfuhren. Körperlich sehr schwere, eintönige und stark reglementierte Arbeit war den meisten Mädchen eine Last. Andere Arbeiten wiederum bedeuteten positive Herausforderung, kindlichen Wettbewerb, Aufnahme in die Erwachsenenwelt. Dies galt z. B. für alle Tätigkeiten des Sammelns, des Auskundschaftens von Großhandelspreisen, Kinderhüten usw.[7]

Wichtig war darüber hinaus für die Kinder die Anerkennung des Arbeitgebers, mehr noch der Familie.[8] Die gemeinsame Arbeit mit der Mutter, der eigene Stundenlohn, in Brot umgerechnet, wurden als Zeichen der familiären Zusammengehörigkeit angesehen, gaben Sicherheit und erweckten Stolz. Da, wo der familiäre Zusammenhalt nur gering war, galt die eigene Arbeitskraft schon im kindlichen Bewußtsein als wichtigste Voraussetzung für das Leben nach der Schulzeit. Viele 14jährige Mädchen gingen deshalb wohl mit Mut und Neugier, wenn auch ohne größere hauswirtschaftliche Kenntnisse, in ihre erste Stellung.

2. Arbeitslohn, Arbeitsrecht, Arbeitszeit.

Dienstboten erhielten ihren Lohn nur zum Teil in Geld ausgezahlt. Dieser Geldlohn lag bei den unqualifizierten Alleinmädchen, die die Masse der Dienstboten ausmachten, am niedrigsten: in Berlin, wo die höchsten Löhne im Reich gezahlt wurden, erhielten sie einen Jahreslohn von 150–200 Mark.[9] Ansonsten hatten sie im Haushalt der Herrschaften Kost und Logis frei – ein Naturallohn, dessen Geldwert nur schwer einzuschätzen ist, da die Bedingungen in den einzelnen Haushalten sehr unterschiedlich waren. Im besten Fall bekam das „Mädchen" das gleiche Essen wie die Herrschaft und bewohnte ein eigenes Zimmer, das meist klein, selten ausreichend mit Luft und Licht versorgt und noch seltener heizbar war. Sehr oft dagegen war die Kost mehr als kärglich, die Schlafstelle nicht mehr als ein Klappbett im Flur oder Bad. Die Hängeböden in den Berliner Wohnungen galten als die schlechtesten Schlafstätten im ganzen Reich. Verglichen mit anderen ungelernten Arbeiterinnen standen sich die Dienstboten materiell jedoch kaum schlechter. Die damals wie heute weit verbreitete Ansicht, sie hätten ihren gesamten Geldlohn sparen können, trifft die Realität allerdings nicht, weil hierbei sowohl die finanzielle Unterstützung der Herkunftsfamilie als auch die Ausgaben für Kleidung und Vergnügen nicht berücksichtigt werden, Ausgaben, die nicht zuletzt auch Investitionen für eine spätere Ehe darstellten.[10]

In den Genuß Bismarck'scher Sozialpolitik kamen die Dienstboten erst spät: Zwar waren sie von Beginn an der Invalidenversicherung beteiligt, die ihnen eine minimale Altersversorgung garantierte, aber erst 1914 wurden sie auch in die Krankenversicherung einbezogen. Die häuslichen Dienstboten waren nämlich keine „freien" Arbeiter, sondern unterstanden wie das ländliche Gesinde dem Ausnahmerecht der Gesindeordnung.[11] Gesindeordnungen waren zu Beginn des 19. Jahrhunderts, nachdem im Zuge der Stein'schen Reformen der Gesindezwangsdienst aufgehoben worden war, entstanden, um die Herrschaften vor der Landflucht, vor Vertragsbruch und der Einführung moderner Arbeitsverhältnisse im ländlichen und häuslichen Bereich weitgehend zu schützen. Zusammen mit einigen Nachfolgebestimmungen aus der Mitte des 19. Jahrhunderts bildeten die Gesindeordnungen die rechtliche Grundlage für Koalitionsverbot und polizeiliche Kontrolle der Dienenden. Diese waren verpflichtet, ein Dienstbuch zu führen, das Auskunft über ihre einzelnen Stellungen gab und von der Polizei bei jedem Wechsel abgestempelt werden mußte. Erst 1918 wurden die Gesindeordnungen aufgehoben. Doch damit änderte sich im Alltag der Dienstboten nicht viel; denn was blieb, war die persönliche Abhängigkeit der Dienstmädchen im bürgerlichen Haushalt, die Tatsache, daß sie ohne Rückzugsmöglichkeit den Befehlen und Launen der Herrschaft ausgesetzt waren. Erst der massenhafte Auszug der Dienstboten aus dem bürgerlichen Haushalt, die Trennung von Wohn- und Arbeitsplatz zerstörten allmählich die in der Gesindeordnung ausgedrückten Verhältnisse.[12]

Vor dieser Trennung nämlich war es vor allem die unbegrenzte Arbeitszeit, die den Dienstboten aufgenötigt wurde und ihnen ihre Sondersituation besonders bewußt machte. Die Gesindeordnungen gestatteten den Herrschaften die Verfügung über die gesamte Arbeitskraft der Dienenden. Arbeitsbeginn, Arbeitsende und Störung der Nachtruhe lagen damit ganz in der herrschaftlichen Willkür. Auf feste Pausen während des Tages gab es ebensowenig einen Rechtsanspruch wie auf freie Sonntagnachmittage. Lang erkämpfte Gewohnheitsrechte, wie das des 14tägigen Sonntagsausgangs, konnten jederzeit gebrochen werden, „wenn der Haushalt es erforderte", wie die Formel hieß. Dem Einwand des Bürgertums, bei der in den zeitgenössischen Untersuchungen festgestellten 16stündigen Arbeitszeit für Alleinmädchen[13] handele es sich eigentlich um eine bloße Arbeitsbereitschaft, in der die natürliche Abfolge der Hausarbeiten viele Pausen schaffe, lassen sich die Erfahrungen vieler Dienstmädchen entgegenhalten.[14]

3. Hausarbeit im bürgerlich-städtischen Haushalt.

Der „bürgerlich-städtische Haushalt" ist natürlich eine Fiktion – denn er umfaßt so unterschiedliche Haushaltstypen wie den des Bäckers, des Universitätsprofessors, des kleinstädtischen Bürgermeisters, des Zahnarztes, des Postbeamten und des größten Gesellschafters der Deutschen Bank. Die Unterschiede sowohl in den materiellen Bedingungen als auch im Wertesystem der Herrschaften hatten direkte Auswirkungen auf den Arbeitsalltag und die soziale Situation ihrer Dienstboten. Im gewerblichen Haushalt nahmen Familienmitglieder und Dienstboten gemeinsam an der häuslichen und gewerblichen Arbeit teil. Dagegen fielen in Beamtenhaushalten zwar keine gewerblichen Arbeiten, jedoch durch die gesellschaftlichen Verpflichtungen zusätzliche Hausarbeiten an, wobei es die Hausfrau ihrem gesellschaftlichen Ansehen schuldig war, keinen sichtbaren Anteil an dieser Arbeit zu haben.[15] In mittel- und großbürgerlichen Haushalten mit mehreren Angestellten war die Arbeitsbelastung der einzelnen zwar geringer, vor allem auch übersichtlicher. Hier konnte aber die größere soziale Distanz zur Herrschaft und die Hierarchie innerhalb des Personals zu psychischen Belastungen führen, die die Gesamtsituation noch unerträglicher machten als in einem Haushalt, der die Verausgabung der gesamten Körperkraft erforderte.

Die folgenden Beispiele typischer Dienstbotenarbeiten orientieren sich am Modell des klein- bis mittelbürgerlichen Haushalts im Beamten- und Angestelltenbereich mit einem bis höchstens drei Dienstboten.

Wohnungsreinigung. Die Wohnung einer mittelbürgerlichen Familie umfaßte neben Küche und Fluren, Wohnzimmer, Schlafzimmer und Kinderzimmer mindestens einen repräsentativen Raum, den Salon, auch Besuchszimmer oder Empfangszimmer genannt. In besser gestellten Haushalten kamen noch Speisezimmer und Herrenzimmer dazu, wobei es vom Beruf des Hausherrn abhing, ob letzteres tatsächlich benutzt, oder wie der Salon nur zu repräsentativen Zwecken benötigt wurde. Während Mädchenkammer und Bad in vielen Wohnungen um 1900 fehlten und die nur privat genutzten Zimmer nach Lage und Einrichtung oft vernachlässigt wurden, entfaltete sich die bürgerliche Wohnkultur vor allem in den repräsentativen vorderen Räumen. Zu diesen hatten auch familienfremde Menschen Zugang, sie waren groß und hell, sollten mit Tapeten, Böden und Teppichen guter Qualität ausgestattet sein und durch „guten" Wohnstil den Grad des Wohlstands, der Solidität und Kreditwürdigkeit einer Familie signalisieren. Dabei orientierten sich die meisten Haushalte, sieht man einmal von Teilen des Bildungsbürgertums und der reichsten Industriellen ab, nach 1900 noch lange an einem historisierenden Stil, dessen Hauptmerkmal eine Überladung mit Schnitzwerk, Stoffen und Nippes war.[16]

Die Vorstellung vom „guten Wohnen" verband sich mit der Forderung nach äußerster Reinlichkeit. Nun machte die Masse der Staubfänger den Kampf gegen den Schmutz allerdings zu einer mühsamen Angelegenheit. Der Soldat an der Schmutzfront war das Dienstmädchen. Und wie man Soldaten häufig den rechten Kampfeswillen nicht zutraut, so war man auch in bezug auf den Reinlichkeitswillen des „Mädchens" skeptisch, zumal die Waffen äußerst dürftig waren: Teppichbürste, Besen, Schrubber, Lappen, Stöckchen und Federbesen blieben bis in die zwanziger Jahre die wichtigsten Reinigungsgeräte, obwohl schon 1891 ein Haushaltsbuch rät, „sich eines Teppichreinigers nach dem neuen amerikanischen System, der überaus praktisch und bequem ist", zu bedienen.[17] Für die Masse der Haushalte, die über eine solche Teppichmaschine nicht verfügten, empfiehlt das Handbuch für die tägliche Reinigung:

„Ehe man mit dem Aufräumen beginnt, öffnet man alle im Zimmer befindlichen Fenster. ... Im Winter wird hierauf die Asche aus dem Ofen entfernt; ist er für Kohlenfeuerung eingerichtet, so reinigt man den Rost von allen anhaftenden Schlacken und leert auch den unterhalb der Feuerung befindlichen Aschenbehälter, worauf man kleines Feuerholz hineinrichtet, um ihn sofort wieder in Brand setzen zu können. Im Schlafzimmer werden aber vor allen Dingen die Betten geleert und die Matratzen zu zwei Drittel über das Fußende zurückgeschlagen, damit auch der Einsatz gehörig auskühlen könne. Das Bettzeug wird inzwischen gehörig ausgeschüttelt und in die Nähe des offenen Fensters ... gebracht, bis das Zimmer vollends aufgeräumt ist und man die Betten wieder in Ordnung bringt." In den Wohnräumen „bürstet man die Polstermöbel mit einer Möbelbürste sanft ab und deckt sie mit eigens dazu bestimmten Zeugdecken sorgfältig zu. Nun werden die Vorhänge aus den Haltern gemacht, geschüttelt und mit einem langen Federbesen abgestäubt, worauf man sie auf das Fenster legt ... darnach kehrt man aus ... – Kleinere Teppiche trägt man auf den Flur hinaus, wo man sie gut ausschüttelt und mit einem Strohbesen abkehrt; die großen werden mit Sauerkraut, feuchtem Kaffeesatz oder gebrühten Teeblättern bestreut und hierauf ebenfalls mit einem Strohbesen gekehrt ... Hernach schlägt man, je nachdem ein trockenes oder feuchtes Tuch um einen Besen, und wischt den Boden nochmals damit auf, um auch die letzten Staubspuren zu beseitigen ... Ist ein Zimmer soweit in Ordnung, so werden Spiegel, Uhren, Bilder und sonstige an den Wänden befindliche Gegenstände mit dem Federbesen gut abgestaubt, dann wischt man den Staub von allen Holzmöbeln, reibt die polierten Sachen mit einem Lederfleck ... tüchtig nach, wobei man trübe Stellen anhaucht, und nimmt zum Schlusse die Staubdecken von den Polstermöbeln."[18]

Die hier gestellten Anforderungen an die tägliche Reinigung wurden wohl kaum in allen Haushalten wirklich erfüllt. Der Mangel an Dienstboten (und wohl auch an Teeblättern) führte denn auch zu einer allmählichen Herabsetzung der Standards. So schlägt ein Haushaltsbuch von 1912 die Teeblätterreinigung der Teppiche auch nur noch für das jährliche Großreinemachen vor.[19] Aus den Angaben ehemaliger Dienstboten geht hervor, daß zumindest im mittelbürgerlichen Haushalt nach 1900 die tägliche Reinigung weniger aufwendig war.

Dagegen gehörten das Bohnern und Teppichklopfen zur wöchentlichen Reinigung, Polster und Vorhänge wurden monatlich bis vierteljährlich geklopft und gebürstet, im gleichen Zeitabstand auch Decken und Wände abgekehrt und alle 4 Wochen die Fenster geputzt. Was die tägliche Reinigung der Küche angeht, so entsprechen sich hier die Forderungen der Haushaltsbücher und die Angaben ehemaliger Dienstmädchen: täglich nach der warmen Mahlzeit mußten der Herd gründlich abgewaschen, die Metallteile poliert werden, und der Küchenboden wurde naß aufgewischt bzw. gescheuert.[20] Die Wohnungsreinigung sollte bis auf die der Küche im Laufe des Vormittags erledigt werden. Auch die gründliche Reinigung eines Zimmers sowie das Fensterputzen waren Vormittagsarbeit. In der Regel hatte das Dienstmädchen schon zwischen 6 und 7 Uhr morgens mit dieser Arbeit begonnen. Wenn die Herrschaft zum Frühstück kam, waren Eß- und Wohnzimmer schon gesäubert. Im Winter mußten nebenher noch die Öfen versorgt werden, in manchen Haushalten hatte das „Mädchen" vormittags zusätzlich mit Einkauf und Kochen zu tun. Da mußte dann ein komplizierter Zeitplan täglich neu aufgestellt werden. Nach Beendigung der Wohnungsreinigung machte die Hausfrau sich an den Kontrollgang. Wollte sie besonders gründlich sein, so trug sie dabei weiße Handschuhe, die eventuell übriggebliebenen Schmutz leicht sichtbar machten, oder fuhr sogar mit einer Haarnadel hinter die Schränke, um auch den letzten Resten des Staubfeindes zuleibe zu rücken.[21]

Kochen. Eine Köchin war ein teurer Dienstbote – sie kostete die Herrschaft ein Drittel mehr Lohn als ein simples Mädchen für Alles. Viele Hausfrauen waren deshalb gezwungen, selbst zu kochen, besonders wenn das „Mädchen" wegen der großen Wohnung oder täglichen Kinderwäsche unabkömmlich war. Andere Frauen übernahmen bestimmte Teile dieses Arbeitsbereichs, vor allem Einkauf, Planung der Speisefolge oder Würzen – weniger wohl, um das Dienstmädchen zu entlasten, als um es besser kontrollieren zu können, denn unter den Herrschaften war es eine ausgemachte Tatsache, daß die Dienstboten nicht nur naschhaft waren, sondern sich beim Einkauf auch regelmäßig den sogenannten Schwenzelpfennig einsteckten: die Differenz zwischen dem tatsächlichen Preis der Waren und dem höheren, den der Händler auf die Rechnung schrieb.[22]

Doch auch Mädchen für Alles mußten kochen, oft bevor sie es von einer kompetenten Hausfrau gelernt hatten. Manche Geschichte gibt eine Ahnung von den Ängsten überforderter Dienstboten:

„Und nun kommt das Schönste! Die denkt, ich komm vom Lande, und könnte 'nen Gänsebraten machen! Ja, Mutter hat doch kein Geld gehabt, um eine Gans zu kaufen! Ich hab eben nicht gewußt, wie man eine Gans bratet! Jetzt mußte ich – da können Sie sehen, daß die garnichts verstanden hat, hab ich müssen die Gans mit Seife abschrubben. Und dann, oben war nicht heiß genug, und dabei hatte ich soviel Feuerung drinne! Sie blieb weiß, sie wurde nicht braun. Und sie war auch nicht richtig weich geworden. Und da hatte sie jemand eingeladen, war auch ein Architekt, und die Frau war schwanger, und die haben dann die weiße Gans gegessen! (lacht) Ja, ich als 15jährige, kann doch nicht das machen, was von 'ner Köchin abverlangt wird! ... Da hätten se sich 'ne Köchin halten sollen, da war's richtiger!"[23]

Selbst die alltägliche Küche erforderte Kraft und Aufmerksamkeit. Der Kohleherd erwies sich oft als unzureichend. Er war aufwendig zu bedienen, die Hitze schwer zu regulieren, oft ungleichmäßig, was sich vor allem beim Backen als nachteilig erwies. Erst mit der Einführung des Gasherds fand sich ein praktischerer Zusatzherd. Trotzdem blieb der Kohleherd auch in den zwanziger Jahren das wichtigste Kochgerät.[24]

Nicht nur der unpraktische Herd, sondern auch der Mangel an Fertig- und Halbfertigprodukten – Liebig's Fleischextrakt und Maggiwürze ersetzten doch nur die Kraftbrühe – sowie an arbeitssparenden Küchengeräten, von denen in den meisten Haushalten nur Brotschneidemaschine, Küchenwaage und Fleischwolf vorhanden waren, machten das Kochen zu einem mühsamen Geschäft. Den Komplikationen der Vorratshaltung[25] entzogen sich die meisten Haushalte offenbar dadurch, daß sie leicht Verderbliches nur in kleinen Mengen einkauften und Eier, Butter und Fleisch im Keller aufbewahrten, letzteres auch einlegten oder anbrieten.[26]

Alle Dienstmädchen, ob sie nun kochten oder nicht, mußten nach der Mahlzeit spülen und die Küche reinigen. Zum Spülen wurden 2 oder 3 Schüsseln mit heißem Wasser gefüllt, die wichtigsten Spülmittel waren Soda und für die Emailletöpfe auch Sand. Besonders aufwendig war das Spülen der Bestecke. Das Alltagsbesteck mußte nach dem Spülen gegen Rostbildung geschmirgelt werden, die Nahtstelle zwischen Scheide und Griff durfte nie mit Wasser in Berührung kommen, weil sich sonst der Kitt löste. Silberbesteck, das in den meisten Haushalten nur an Festtagen oder bei Besuch benutzt wurde, mußte in regelmäßigen Abständen geputzt werden – ein beliebter Arbeitsauftrag für die „ruhigen" Nachmittage, die dem Spülen folgten.[27]

Wäsche. Um 1900 mußte man mit 330 Mark jährlich rechnen, um die große Wäsche außer Haus zu geben.[28] Das entsprach dem Spitzenjahreslohn einer Köchin. Kein Wunder, daß die meisten Hausfrauen es vorzogen, zum Waschen eine Waschfrau ins Haus kommen zu lassen, die sie pro Tag höchstens 3 Mark kostete, oder, noch billiger, die Wäsche vom einzigen Dienstmädchen oder Hausmädchen „erledigen" zu lassen. An solchen Tagen wurde die Hausarbeit auf ein Minimum beschränkt und oft von der Hausfrau übernommen. Waschtag war alle 2–4 Wochen, meist am Montag oder Dienstag.

Der Begriff „Waschtag" ist irreführend, denn die große Wäsche konnte bis zu 3 Tagen in Anspruch nehmen. Am ersten Tag wurde die schmutzige Wäsche sortiert, eventuell Flecken entfernt und besonders schmutzige Stellen mit Kernseife eingerieben. Danach wurde sie in kaltes oder warmes Wasser eingelegt und blieb darin bis zum nächsten Morgen liegen.

„Das eigentliche Waschen beginnt damit, daß man die Wäsche aus der Einweichbrühe herauswringt, reines heißes Seifenwasser indes im Kessel erhitzt und darin die verschiedene Wäsche Stück für Stück rein herauswäscht." Darauf muß eine neue reine Seifen- und Boraxlauge erhitzt werden, in der die Wäsche anschließend gekocht wird. Nun kommt der zweite Waschgang: „Das zweite Waschen ist nur ein loses Durchwaschen, um die letzten Spuren von Schmutz zu entfernen, man nimmt dazu die Kochbrühe, die sich inzwischen genügend abgekühlt hat. In großen Zubern wird die reine Wäsche lose aufgehäuft, und zwischen die Schichten kochendes Wasser gegossen, das die Wäsche zuletzt völlig bedecken muß, und die Wäsche klärt." Erst danach, möglichst am andern Tag, wird gespült, dann geblaut.[29]

So oder ähnlich lauten die Anweisungen zwischen 1890 und 1910. Wring- und Waschmaschine konnten die Arbeit des Waschens und Wringens erleichtern – doch von den befragten Dienstmädchen hatte nur etwa ein Drittel das Glück gehabt, über solche Maschinen zu verfügen. Damit die Wäsche sich nicht noch einen dritten Tag hinzog, wurde oft noch am Hauptwaschtag gespült und geblaut. Das Bleichen der Wäsche hielt sich noch auf dem Lande. Für die wiesenlosen städtischen Haushalte wurde als Ersatz die Chlorbleiche angeboten, konnte sich aber nicht durchsetzen.[30] Als die Kernseife, in kleine Stücke geschnitten und zu Brei gekocht, vom Waschpulver abgelöst wurde, erübrigten die neuen chemischen Zusätze das Bleichen. Dagegen hatte das Blauen den Zweck, der weißen Wäsche ein besonders frisches Aussehen zu geben. Das fertig zu kaufende Wäscheblau wurde in klarem Wasser aufgelöst, die Wäscheteile einzeln hindurchgezogen, bis sie einen blauen Schimmer hatten. Erst danach konnten die Teile endgültig ausgewrungen und aufgehängt werden. In den meisten Haushalten geschah das noch am Abend des Hauptwaschtages, der schon um 5 Uhr begonnen hatte.

Der beschriebene Vorgang bezieht sich nur auf die Kochwäsche. Hinzu kam die Buntwäsche, die zwar nicht gekocht wurde, aber da Farbechtheit noch selten war, ebenfalls mehrere Arbeitsgänge erforderte. Da die chemische Reinigung teuer war und sehr selten von den Herrschaften in Anspruch genommen wurde, war es außerdem die Aufgabe der Dienstmädchen, Anzüge und Seidenkleider nach z. T. recht komplizierten Verfahren zu säubern. Spezielle Verfahren gab es auch für besondere Teile wie weiße Glacéhandschuhe, Spitze, wollene Umschlagtücher usw.[31]

Das Plätten fand in der Küche statt, denn die Plätteisen mußten mit glühenden Kohlen oder Bolzen gefüllt werden. Nach 1900 bediente man sich stattdessen mehrerer Eisen, die direkt auf dem Kohle- oder Zusatzherd erhitzt wurden. Das Plätten war eine typische Nachmittagsarbeit für Dienstmädchen. Je nachdem wieviele Laken, Hemden, Arztkittel und Zierdeckchen zu stärken und zu bügeln waren, konnte es eine ganze Woche dauern, bis die saubere Wäsche endlich, mit zarten Bändern umbunden, ordentlich gefaltet im Schrank lag – der Stolz der Hausfrau.

Jeder einzelne Bereich der Hausarbeit erforderte sowohl Körperkraft als auch Geschick. Die Kombination der Arbeitsbereiche im Laufe eines Arbeitstages erforderte darüber hinaus auch vorausschauende Planung und Organisationstalent. Die mangelnde gesellschaftliche Anerkennung der Dienstmädchenarbeit entsprang einer Mißachtung von Qualifikationen, die in „öffentlichen", auch bürgerlichen Berufen zentrale Merkmale beruflicher Bewährung waren.

4. Soziale Beziehungen – Arbeit als Dienst.

Neben und vermischt mit den konkreten Verrichtungen, wie sie den Tageslauf des Dienstmädchens strukturierten, stand die Erfahrung der Unterordnung unter den Willen und die Willkür der Dienstgeber. Manchmal war die persönliche Bedienung Teil der offenen Arbeitsanforderungen: Kindermädchen, Zofe und Kammerdiener bezeichnen die Berufe, die sich ganz auf die persönliche Bedienung des gehobenen Bürgertums spezialisiert hatten.[32] Aber auch das Alleinmädchen oder das Hausmädchen hatte für die persönliche Bedienung zur Verfügung zu stehen. Berechenbar und beschreibbar waren diese Anforderungen bezüglich der Kinder. Sie mußten geweckt, gewaschen und angekleidet werden, das

„Mädchen" bereitete ihnen die Mahlzeiten, spielte mit ihnen, führte sie spazieren, beaufsichtigte die Schularbeiten. Zu festgesetzter Stunde waren die Dienstleistungen beendet. Nicht so bei den erwachsenen Herrschaften: die Tochter des Hauses wollte vom Ball abgeholt werden, die Frau wünschte Hilfe bei der Toilette nach dem Theaterbesuch, der Herr brauchte seinen Schlaftrunk, wenn er bis zum späten Abend am Schreibtisch saß. In Haushalten kleineren Zuschnitts mit eingeschränkten gesellschaftlichen Verpflichtungen kamen solche Dienste zwar seltener vor,[33] aber die täglichen Unterbrechungen der Hausarbeit gab es auch hier: Türen öffnen, Visitenkarten entgegen nehmen, Fenster schließen, Getränke servieren. Die zahllosen kleinen Störungen waren nicht immer nur der Gedankenlosigkeit der Herrschaft zuzuschreiben:

„Meine Arbeit blieb natürlich dadurch sehr zurück. Ich mußte sehen wie ich fertig wurde; denn es war dann ja fast alle 10 Minuten irgendetwas zum Essen und zum Trinken zu besorgen für die Kranke. Einmal hieß es: ‚Machen Sie doch für Frau Sparr ein Täßchen Kaffee und geben Sie ein recht appetitliches Butterbrötchen bei.' Nach einer Weile: ‚Frau Sparr schmeckt es garnicht, bereiten Sie ein schönes Täßchen Tee und belegen Sie das Brötchen mit einem pflaumenweich gekochten Ei und Sardellen. Sollten keine Sardellen mehr in der Speisekammer sein, dann müssen Sie sich selbst welche holen, denn Käthe (das Zweitmädchen, D.W.) kann hier oben nicht abkommen. Aber bitte, recht schleunig!' So ging's den ganzen Tag. Von morgens früh bis abends spät gingen die Teebretter vollbepackt nach oben und kamen leer wieder runter, trotz des Nichtschmeckens."[34]

Die Abfolge und Häufigkeit solcher Dienstleistungen und Besorgungen war unberechenbar und unsteuerbar. Doch beschränkte sich die Last des Dienens nicht auf diese offenen, direkten Anforderungen.

Die gesamte Arbeit spielte sich innerhalb des Dienstverhältnisses ab, d.h. sie wurde in ihrem rein sachlichen Charakter geändert und in ihrem praktischen Ablauf gestört durch ihre Anbindung an die persönliche Willkür der Dienstgeber. Das Chaotisch-Irrationale, das durch diese Willkür oft den Tagesablauf im Haushalt prägte, war nicht nur den Dienstboten ein Ärgernis:

„... aber die Frau war unmöglich, also soviel konnten Se nicht aufräumen, wie die durcheinander machte. Wenn ich meinte, jetzt hab ich die Küch' fertig, und ich ging dann ins Wohnzimmer, oder nach oben hin, im Schlafzimmer, also da konnten Se keinen Tritt reinmachen, so lag alles durcheinander. Also das war einfach unmöglich."[35]

Auch Hausfrauen, die die Regelhaftigkeit der Abläufe fest im Griff hatten, kritisierten die Unfähigkeit manch einer anderen:

„... das Talent, mit wenigen Worten ihre Anordnungen zu fassen und ihre Befehle zu erteilen, geht ihr ab. Zehn Befehle werden auf einmal gegeben, der eine hebt den andern stets auf ... Ein anderweitiger Fehler unserer Hausfrauen besteht darin, daß sie ihre Mädchen bei der Arbeit stören."[36]

Die Tatsache, daß die Familienmitglieder die Arbeit des „Mädchens" oft behinderten, entspringt, auch wenn es zunächst widersinnig erscheint, einem wohlverstandenen Interesse des Bürgertums. Dieses Interesse läßt sich zunächst allgemein für alle Mitglieder der Herrschaftsfamilie beschreiben. Das Dienstmädchen signalisierte nach außen den bürgerlichen Status seiner Herrschaft. Mit seiner streng ritualisierten Körperhaltung, Sprache und Kleidung sollte es den Maßstab bilden, an dem das Bürgertum seine soziale Größe gemessen wissen wollte. Das erklärt, warum viele dieser Rituale nur im öffentlichen Bereich, auf der Straße und bei Besuch gefordert wurden.[37]

Das innerfamiliäre Verhalten gegenüber dem Dienstmädchen läßt sich z.T. aus dem Wunsch erklären, die Arbeitskraft, die nun einmal als ganze gemietet war, auch voll auszunutzen. Darüber hinaus galt für alle Haushaltsmitglieder, daß sie sich mit ihrem Verhalten gegenüber dem Dienstmädchen der sozialen Distanz, die ihnen den oberen Platz zuwies, versichern konnten. Nimmt man einmal die kleinen Kinder aus, deren Fraternisierungsphase in der Regel mit der Pubertät endete,[38] dann galt für alle übrigen, daß ihnen im Dienstmädchen jemand zur Verfügung stand, der ungestraft geduzt, kommandiert und kritisiert werden konnte.

Im Rahmen dieses allgemeinen Interesses nahm die Hausfrau eine besondere Rolle ein. Während nämlich der Mann mit dem Bürogehilfen, dem Lehrling, der Sprechstundenhilfe oder den Schülern täglich im öffentlichen Rahmen sein Bedürfnis nach Abgrenzung und sozialer Selbstversicherung verwirklichen konnte, blieb der auf den häuslichen Bereich begrenzten bürgerlichen Frau hierzu nur das Dienstmädchen. Doch ihre Herrschaft war nur eine scheinbare. Denn es war der Mann, nach dessen Bedürfnissen der Haushalt geführt, der Tag eingeteilt wurde. Ihm war die Frau in allen Fragen der Haushaltsführung rechenschaftspflichtig. Sowohl das verschwendete Licht als auch die versalzene Suppe oder der angesengte Kragen mußten von ihr verantwortet werden. Mögliche Konflikte dieser Art versuchte sie durch überstarke Kontrolle zu verhindern.

In diese Richtung gingen auch die zahlreichen Ratschläge, mit denen die Hausfrauen angeleitet wurden, an der Hausarbeit teilzunehmen, ohne die Grenze zur (körperlichen) Arbeit zu überschreiten.

„Das gründliche Reinmachen verlangt bei einem Zimmer, das unsere hübschesten und kostbarsten Sachen enthält, die Gegenwart, bei unerfahrenen Mädchen auch das Eingreifen der Hausfrau. Zunächst werden sämtliche Nippsachen auf ein Theebrett gestellt, und zum späteren Reinigen durch die Hand der Hausfrau in ein anderes Zimmer an einen sicheren Ort getragen."

„Das Herrenzimmer empfehle ich Deiner besonderen Sorgfalt. An den Schreibtisch des Mannes sollte keine andere Hand als die der Frau kommen."

„Scheue Dich nicht, selbst in der Küche die Speisen zu probieren, auch wenn Du eine gute Köchin hast; fast immer gibt es noch eine Kleinigkeit anzuordnen."[39]

Die Hausfrau diente ihrem Gatten, indem sie das Dienstmädchen beherrschte, es seine kulturelle Unterlegenheit spüren ließ, die es unfähig zur „feinen" Arbeit machte, und indem sie ihm mißtraute. Sie signalisierte damit ihrem Mann, daß ihr Dienst zumindest ebenso unverzichtbar war, wie der des Dienstmädchens. Die Hausfrau, die stattdessen ausging, sich vergnügte und sich auf ihre Dienstmädchen verließ, riskierte weniger den Zusammenbruch ihres Hauswesens als den ihrer scheinbaren Macht.

5. Umgang mit der Erfahrung.

Unter der starken Belastung durch herrschaftliche Arbeits- und Dienstanforderungen zerbrachen viele Mädchen und Frauen.

Krankheit und Depression bis zum Selbstmord konnten die Folgen sein.[40] Trotzdem wurde der Dienstbotenberuf von den Töchtern der ländlichen Unterschichten immer wieder ergriffen und bis zur Eheschließung auch beibehalten. Die absoluten Zahlen sanken auch während der Weimarer Republik kaum.[41] Obwohl die Fabrikarbeit als Konkurrentin des häuslichen Dienstes in zeitgenössischen Schriften immer wieder betont wird, haben wir keinen Beweis dafür, daß Dienstmädchen massenhaft ihren Beruf aufgaben, um in die Fabrik zu gehen. Warum verblieben junge Frauen in der Unfreiheit des Dienstes? Handelte es sich wirklich nur um solche Frauen, die durch die Erfahrung fortwährender Unterdrückung tatsächlich lebensuntüchtig geworden waren, unfähig, außerhalb hierarchischer Dienststrukturen zu leben, die ihre Identität verloren hatten zugunsten kleinbürgerlichen Aufstiegsstrebens?[42]

Aus den Lebensgeschichten ehemaliger Dienstboten wird nicht nur deutlich, daß man diesen Beruf auch ohne die häufig unterstellte psychische Deformierung überleben konnte. Darüber hinaus läßt sich zeigen, wie die Bewältigung dieser Aufgaben möglich wurde, ja, wie die Dienstboten dieser Bewältigung sogar einen positiven Sinn zu geben vermochten. Sie wußten im Dienst Verhaltensstrategien zu entwickeln, an denen der herrschaftliche Anspruch zerbrechen mußte.

Die Fähigkeit des Überlebens hatte mehrere Energiequellen: die eine stammte sicherlich aus der Kindheit, die andere aber entfaltete sich mit der Berufserfahrung. Jeder Stellenwechsel brachte einen Erfahrungsschub, das Wissen um eine neue Variante bürgerlicher Haushaltsstrukturen. Dabei waren die meisten Dienstmädchen nicht auf ihre eigene Erfahrung begrenzt. Zwar nahm nur ein Bruchteil von ihnen am organisierten Kampf um ihre Rechte teil, doch boten Einkäufe, Sonntagsspaziergänge und gemeinsame Dienstbotenkammern genug Gelegenheit, Geschichten auszutauschen und Ratschläge weiterzugeben.[43]

Arbeitserfahrung. Frau H. berichtet über ihre erste Stelle:

„War ich konfirmiert und bin gleich nach Lichterfelde gekommen. War ich 15 Jahre (alt). Es waren 7 Zimmer – es war doch viel für mich. Gleich so 7 Zimmer zu bewirtschaften. Und die hatten ein Mädchen von 3 Jahren, da war aber auch ein Kinderfräulein extra. Und sonst hatte ich's ja eigentlich gut, aber die Frau war so'n bißchen überkandidelt so. Mit 'nem Lorgnette hat sie alles nachgeguckt, aber (sie beginnt zu weinen) ich bin durch 'ne harte Schule, das ist für das ganze Leben gut gewesen. Die harte Schule war gut."[44]

Ein Jahr hat sie es in der „harten Schule" ausgehalten. Dann verließ sie die Stelle von einem Tag auf den andern, um sich auf eigene Faust in Berlin etwas Neues zu suchen. Vorher erfuhr niemand von ihrem Unglück. Den Eltern schrieb sie nach Thüringen: „Es geht mir gut und so, was sollte man weiter schreiben?"[45] In ihrer Kindheit hatten die Frauen gelernt, zu arbeiten. Tüchtigkeit war das Zauberwort, das ihnen besonders an der Mutter anschaulich geworden war. Es bezeichnete zwei wichtige Dimensionen. Zunächst hieß es: selten ausruhen, immer tätig sein, sich nicht beklagen, mit allen Schicksalsschlägen fertig werden, kämpfen und ertragen. Tüchtig war man in der Familie und für die Familie, aber auch für sich allein. „Ich war nun mal so erzogen, immer durchkämpfen durch's Leben. . . . Mein Vater hat gesagt: Bleibt ehrlich, und wenn es Euch mal ganz schlecht geht und ich kann helfen, dann helf ich."[46] Wie aus den Lebensgeschichten ehemaliger Dienstmädchen hervorgeht, hieß dieses „ganz schlecht gehen" nur schwere Krankheit und Arbeitsunfähigkeit. Aus geringeren Anlässen nach Hause zu kommen, galt als sträfliche Untüchtigkeit. „Ja, wissen Sie, wir kannten das nicht anders, wir mußten durchhalten, wir Jungen. Manch einer durfte gar nicht nach Hause und betteln kommen!"[47]

Tüchtigkeit hieß aber nicht nur viel aushalten können, es hieß auch gute Arbeit zu leisten. Diese Anforderung stieß z. B. da auf Schwierigkeiten, wo die Hausfrau oder das in der Hierarchie höher stehende „Mädchen" ihrerseits nicht bereit waren, hierfür die nötigen Arbeitsmittel zur Verfügung zu stellen.

Frau B. hatte einen Entenbraten für die 10köpfige Tischrunde gemacht: „Eine Ente für die ganzen Leute. Da war mir Angst damit, wie ich – ich hatte wohl die Geflügelschere, aber da waren doch die Stücke zu klein, da wollt' ich doch fortrennen, wollt' ich fortmachen. Da hat die Schwester, hab ich's müssen der Schwester rübertragen vom Kaufmann, und die hat se geschnitten. (Haben Sie sich das nicht zugetraut, so viele Stücke draus zu schneiden?) Ne, ich dachte da schimpfen se doch, wenn se so kleine Stückel kriegen!"[48]

Auch in ihrer übernächsten Stelle reagierte Frau B. mit dieser Mischung aus Angst und Verantwortlichkeit, als ihr das nötige Putzmittel für die Treppe verweigert wurde:

„Es war doch Eichenholz, und die müssen doch schön mit Seife gesäubert – denn Eichenholz ist sehr akkurat. Da hat mir vom Doktor die Köchin, die hat mir immer gegeben, daß ich's auch schön hatte und ich nicht Schande kriegte."[49]

Nicht alle Dienstmädchen waren so zurückhaltend (oder so stolz), daß sie es nicht wagten, die für eine gute Arbeit erforderlichen Mittel bei der Hausfrau anzufordern. Die zunehmende Erfahrung machte sie selbstbewußter, auch was den Ablauf und die Einteilung der Arbeit anging. Dieses Selbstbewußtsein kollidierte oft mit dem Bedürfnis der Herrschaft, die eigenen Vorstellungen von der Arbeit gegenüber dem „Mädchen" durchzusetzen. Über die Tochter des Hauses sagt Frau S.:

„Ach, sie war auch lieb und nett, aber ich mußte so sehr gehorchen bei der. Wenn ich da nich so gemacht hab wie sie wollte, wenn ich es anders besser gefunden habe, ne, dann hab ich's versucht, dann sagt se (ahmt sie nach): ‚Frieda, das wird hier so gemacht bei uns.' Na, hab ich gedacht, rutsch mir'n Buckel runter! (lacht)"[50]

Wo die ursprüngliche Bereitschaft zu guter Arbeit nicht zerstört wurde durch die Unzulänglichkeiten des Haushalts oder die zu starke Kontrolle der Herrschaft, da entstand Stolz auf die eigenen Fähigkeiten. Diese Art der Identifikation mit der Arbeit ist etwas anderes als die von der modernen Forschung unterstellte Identifikation mit der Herrschaft.

„Nach dem Spülen mußte die Küche sauber gemacht werden. Das mußte alles blitzen, und das hat auch geblitzt, weil ich das gelernt hatte. Ich hab's ja gerne gemacht, ja ... Sie brauchten mich nicht zu loben, aber es gab eben das Gefühl, ich muß das machen."[51]

Ganz unabhängig freilich waren die Frauen nicht von der Anerkennung durch die Herrschaften. Aber viele zogen die abwesende noch einer lobenden Hausfrau vor:

„Und da ist immer die Hausfrau, die hat mich angelernt zum Kochen, und dann ging sie immer spazieren, auch schon vormittags, und kam nicht nach Haus, weil sie wußte, ich koch ja, braucht sich um nichts zu kümmern. Jetzt war der Zahnarzt, der war schon um eins, oder ich weiß nicht, nach zwölf war der fertig mit der Praxis, der sagte immer zu mir: ‚Ja, Anna, seitdem Sie da sind, da kommt meine Frau nicht mehr nach Hause.' Wissen Sie, weil sie brauchte sich um nichts zu kümmern, da wollt er manchmal essen, wenn er fertig war, und seine Frau war nich dagewesen, nich?"[52]

Die befriedigende Vorstellung, den herrschaftlichen Haushalt in eigener Regie zu leiten, gebraucht zu werden, ja, unersetzlich zu sein, konnte sich mit einem Überlegenheitsgefühl gegenüber der Hausfrau verbinden. Über deren Mitarbeit äußerten sich die meisten Dienstboten angesichts ihres eigenen Arbeitspensums eher geringschätzig: „Schon das sie mal staubwischte" oder: „Sie machte, was ihr so zustand."[53] Die nichtarbeitende Hausfrau konnte durchaus mit Sympathie betrachtet werden: „Die war mehr so ne Puppe ne? Aber so sehr, sehr nett, feine Frau!"[54] Eine Frau formuliert ihre Verachtung für die Frauen, die nicht dem Tüchtigkeitsgebot unterlagen, mit Blick auf die Gegenwart:

„Bis mittags im Bett gelegen und ein Buch gelesen, Frühstück ans Bett gebracht. Die Weiber haben alle nichts getan, das schad' nichts, das sie heute alles machen müssen, keine Angestellten mehr, die leben ja alle nicht mehr."[55]

Doch diese Haltung ist nicht vorherrschend. Wichtiger als das Privileg der Faulheit sind den Dienstmädchen ihre Fähigkeiten. Sie können nicht nur putzen, kochen, waschen, sondern auch Blut sehen, Kinder trösten, ohne Migräne und Menstruationsbeschwerden auskommen. In der Gewißheit, daß sie niemals vermögend sein werden, verlassen sie sich ganz auf ihr Arbeitsvermögen.

Diese Haltung führt, wird sie von der Hausfrau registriert, unweigerlich in die Konkurrenz. Am Ende stellt sich die Machtfrage: Wer ist die eigentliche Herrin im Hause? Umworbener und Richter ist der Hausherr. Frau L. berichtet über ihre 9. Stelle:

„Da hab ich es soweit ganz gut gehabt, Und die Frau, die tat zwar nix, aber wissen Se – wenn der Dr. K., und dann der Dr. W., das war der Studienfreund, der war Professor an der Lindenburg (eine Klinik, D.W.), wenn die 2 Herren, wenn *sie* weg war, dann schickten sie die in Erholung, und dann saßen die abends, Herrenabend, dann wollten se wat gutes zu Essen haben, dann mußte ich immer so'n roten Sahnepudding machen. (lacht) ... dann kriegte ich immer ein gutes Trinkgeld, der Dr. W., der legte mir dann immer – die saßen dann noch und tranken ein Gläschen Wein, aber, da war ich auch wirklich, wirklich gern, nich? Aber nachher die Frau, das war so'ne Xanthippe!"[56]

Die Angst der bürgerlichen Frau von einer Machtübernahme des Dienstmädchens spiegelt sich anschaulich in der Trivialliteratur wider.[57] Doch in der Realität war dieser erdachte Höhepunkt einer beruflichen Karriere wahrscheinlich sehr selten. Er setzte Erfahrung, Können und langjährigen Dienst voraus und im eventuellen Konflikt mit der Hausfrau zog das „Mädchen" mit Sicherheit den Kürzeren: Es wurde gekündigt. Wenn nun aber die Familie den Machtanspruch des Dienstmädchens akzeptierte, als Preis für die gute Arbeit? Dieser scheinbare Höhepunkt einer Dienstkarriere verstärkte die Gefahr, daß das Mädchen seine Machtposition mit der seiner Mutter in der Herkunftsfamilie verwechselte. Sich im Vertrauen auf die Stabilität dieser Konstellation dauerhaft an die Herrschaftsfamilie zu binden hieß, eigene Zukunftspläne zu vergessen. Der größte Teil dieser langjährigen treuen Dienstboten war im hohen Alter auf die öffentliche Fürsorge angewiesen.[58]

Diensterfahrung. Dienst hatte im Munde des Bürgertums einen positiven Klang, besonders, wenn es um Dienstboten ging. Hatte nicht sogar ein preußischer König von sich gesagt, er sei der erste Diener seines Staates? Und hatte nicht selbst Jesus seinen Jüngern die Füße gewaschen? Dienst wurde als eine innere Haltung angesehen, die auf seiten der Dienenden Respekt, Hingabe, Vertrauen und persönlichen Einsatz verlangte. Sicher war das manchmal schwer, aber jeder mußte alles geben auf dem Platz, auf den er gestellt war. Und außerdem hatte das Dienstmädchen als Gegenleistung ja auch Anspruch auf Schutz und Fürsorge von seiten der Herrschaft.[59]

Die Dienenden erfuhren diesen schönen Anspruch vor allem als Pflicht zu Gehorsam, Ehrerbietung und Unterwerfung. Zu einer solchen Diensthaltung waren sie jedoch nur begrenzt erzogen. In der Familie seiner Kindheit hatte das Mädchen zwar gehorchen müssen, und das ohne Widerspruch, aber der Sinn des Gehorsams lag nicht in der persönlichen Unterwerfung, sondern in der Notwendigkeit, ein hartes Leben gemeinsam zu bewältigen.[60] In der Schule hatte das Mädchen zwar gelernt, daß es eine höhere Kultur gab, die zu respektieren war. Lehrer und Pfarrer waren Personen, an denen sich Muster für das spätere Verhalten gegenüber der Herrschaft herausbilden konnten. Doch das gilt nur eingeschränkt. Die Schule spielte nur eine marginale Rolle neben Familie und Arbeit und der Lehrer blieb auf Distanz – man lebte nicht mit ihm. Das ständige Zusammensein mit Respekt verlangenden Menschen, deren Unterwäsche man wusch und deren Ehekräche man belauschte, war also durchaus neu für das Dienstmädchen in seiner ersten herrschaftlichen, d.h. nicht-ländlichen und nicht-gewerblichen Stellung.

Die Lebens- und Kommunikationsweise der Dienstgeber wirkte zunächst fremd. Besonders die „Werbung", die um die Kinder gemacht wurde, und deren „Zimperlichkeit"[61] befremdeten das junge Mädchen, das doch oft selbst noch ein Kind war:

„Das Wunderlichste aber war mir, daß mir befohlen wurde, ich solle die Kinder unterhalten. Daß reicher Leute Kinder spielen durften und schönes Spielzeug hatten, wußte ich; aber das sie zu ihrer Unterhaltung auch noch einer erwachsenen Person bedürfen, war mir völlig neu."[62]

Auch die erwachsenen Herrschaften erschienen oft rätselhaft. Die „Mädchen" unternahmen für sich selbst Versuche, die „Launenhaftigkeit" der Hausherrin zu erklären mit „Nervosität", einer unglücklichen Liebe, einer halblegalen Eheschließung mit dem Vetter[63] – keine wagte zu fragen.

Doch das „Mädchen" als Opfer der Launen erfand Mittel, sich von ihnen zu distanzieren. Überspitzte Pantomimen, von denen mir auch während der Interviews einige vorgeführt wurden, gaben die Herrschaft der Lächerlichkeit preis. Die affektierte Stimme, der hochmütige Blick, die spitze Geste beschrieben die Sucht der Herrschaft, ihren Status zu demonstrieren.

„... und dann kam se mittags, dann deckte se die Töpfe auf (macht sie nach) ‚Ja, fehlt noch ein bißchen Salz dran!' Dann durfte ich aber nur zwei Krümelchen nehmen, ne? Sie wollte bloß, dat se wat sagen wollte, ne?"[64]

Das Durchschauen des symbolischen Unterwerfungscharakters vieler Arbeitssituationen war der erste Lernschritt in der Abwehrstrategie. Dieser Schritt war besonders im Zusammenhang mit Kleidungsvorschriften leicht vollziehbar:

„Und dann so'n blödsinniges Häubchen auf'm Kopf mußte ich tragen, können Se sehen, wie überkandidelt die war! Wenn ich die Straße runterging, und ich bin die Treppe runtergegangen, war so'ne Portiere, dann hab ich es hinter der Portiere versteckt, das Häubchen. Und einmal hab ich vergessen, es wieder aufzusetzen, und da bin ich rasch wieder runter (lacht) hab's aufgesetzt. Ach, das war streng früher."[65]

„Da mußte ich immer in weißen Schürzen, das tat mir seine Schwester balde sagen, da durfte ich nie in bunten Schürzen herausgehen. (Warum?) Er wollte eben ne feine Köchin haben." (lacht. Sie war 17jähriges Alleinmädchen in der Stelle)[66]

Durch Verachtung oder Ironie allein war der Dienstanspruch der Herrschaften allerdings nicht aus der Welt geschafft. Nur selten bestand die Möglichkeit, die symbolische Unterwerfungshandlung offen zu verweigern. Aber das Dienstmädchen konnte den Doppelcharakter seines Berufes nutzen, um „Arbeit" gegen „Dienst" auszuspielen. Angesichts der nervösen, nörgelnden, launischen Frau, die bedient werden wollte, konnte es sich an den Waschtrog, den Parkettboden oder den Kochtopf flüchten:

„Ich hab meine Arbeit gemacht, was wollte sie mehr?" Wenn die Frau launisch war, „hab ich mir eine Arbeit vorgenommen, wo ich ihr aus dem Weg war".[67]

Solche Vermeidungsstrategien waren gewiß auch nur begrenzt möglich. Einige Frauen wehrten im Interview den Dienstcharakter mancher Tätigkeit auch dadurch ab, daß sie betonten, sie seien schließlich dafür bezahlt worden.[68] Das Öffnen der Droschkentür, die höfliche Frage: „Gnädige Frau haben geläutet?" – Arbeit, für die man bezahlt wurde, Unterwerfung, die sich in Pfennigen (allerdings in sehr wenigen) ausdrücken ließ! Diese Einstellung war sicher nicht im bürgerlichen Sinne des Dienstverhältnisses und sabotierte die Verpflichtung zu Hingabe und Respekt. Sie bedeutete nicht die Leugnung der sozialen Distanz seitens der Dienenden, wohl aber die Ablehnung der Vermischung dieser Distanz mit einer persönlichen Bindung.

Diese Umdefinition von Dienst in einen Job läßt sich als Täuschungsmanöver interpretieren. Hinter der Fassade des Häubchens, der demütigen Körperhaltung, der unterwürfigen Sprache konnte sich ganz anderes verbergen: Der Gedanke an den Ausgehsonntag, an den Brief der Eltern, die zu erwartenden Speisereste oder den Witz der Köchin beim Servieren:

„Ich mußte auch manchmal aufpassen, daß ich nicht lache, dann hat sie (die Köchin, D.W.) so Faxen gemacht, wenn sie durchreichte, ich mußte doch ganz ernst bleiben!"[69]

Der Dienst mit seinen hohen persönlichen Anforderungen hatte die totale Vereinnahmung der Dienenden zum Ziel. Wollte das Dienstmädchen sich hierauf einlassen, so mußte es seine eigene Identität zugunsten einer von der Herrschaft abgeleiteten aufgeben. Angesichts dieser Zumutung einer *personalen Entfremdung* konnte dem Dienstmädchen die „Verdinglichung" der Arbeitsbeziehung, wie sie für das kapitalistische Lohnarbeitsverhältnis typisch ist, die *entfremdete Arbeit* also, als Schutz erscheinen.

Über sichtbare Verweigerung des Dienstes, offen ausgetragene Konflikte im Dienstverhältnis habe ich kaum Aussagen gehört. Hat es das nicht auch gegeben? Läßt es sich nicht herauslesen aus den Klagen der Hausfrauen über die zunehmende Unzuverlässigkeit, Ungeschicklichkeit und Unstetigkeit der Dienstboten?[70] Sicher lassen sich das Zerschlagen von Geschirr und die Unvorsichtigkeit mit der Ofenglut als Formen der Sabotage interpretieren. Doch die eigentliche Sabotage der Dienstboten war eine andere. Die Interpretation der Lebensgeschichten von Dienstmädchen legt folgende Schlußfolgerungen nahe: Die Abneigung vieler Dienstboten gegen ihren Beruf richtete sich weniger gegen die konkrete Tätigkeit, als vielmehr gegen den Dienstcharakter dieser Tätigkeit. Gegen die Zumutung des Dienens wehrten sie sich vorwiegend individuell, und vor allem „geheim", d.h. nicht in offenen Taten oder Worten, sondern mit friedlichen Strategien des Ignorierens, des Vermeidens und der Täuschung. Diese Sabotage wurde durch die hohe Mobilität der Dienstboten erleichtert, die allzu enge persönliche Kontakte verhinderte.[71]

Den Dienstgeist wehrten die „Mädchen" ab, aber zur Hingabe

an ihre Arbeit waren sie bereit, ja, sie gehörte zu ihren lange gelernten Wertvorstellungen. Eine gelungene Arbeit machte sie selbstbewußt und stolz. Dieser Arbeitsstolz konnte sich um so leichter entwickeln, als Arbeit und Dienst von den Dienstboten als zwei zwar miteinander vermischte, aber in der Erfahrung doch trennbare Elemente ihres Berufs erkannt wurden. Selbstbewußtsein und Identität konnten freilich nicht allein aus der Berufserfahrung im engeren Sinne geschöpft werden. Dazu waren auch bestätigende soziale Beziehungen innerhalb und außerhalb des bürgerlichen Haushalts nötig, ausreichende materielle Versorgung, Ruhe und Rückzugsmöglichkeiten. An diesen fehlte es oft. Was ich hier nachzuzeichnen versucht habe, war die Trennung von Arbeit und Dienst im beruflichen Bereich, die die Dienstmädchen als eine Art psychischer Hilfskonstruktion einsetzten, um zu ihren Gunsten für sich und andere die Arbeit im Dienstverhältnis zu interpretieren.

*Anmerkungen**

* Seit 1983 sind einige größere Arbeiten zur Geschichte der Dienstmädchen mit unterschiedlichen Schwerpunkten erschienen: Gertraud Zull, Das Bild vom Dienstmädchen um die Jahrhundertwende, München 1984, stellt ausführlich das herrschaftliche Fremdbild vom Dienstmädchen dar. Karin Walser, Dienstmädchen, Frankfurt 1985, entlarvt dieses Fremdbild als Projektion und betont die Bedeutung des Berufswechsels als Gegenstrategie der Dienstmädchen. Für Wien beschreibt Marina Tichy den Widerspruch zwischen realem Leben und Flucht in eine Phantasiewelt: Alltag und Traum, Wien/Köln/Graz 1984. Zuletzt: Dorothee Wierling, Mädchen für alles. Arbeitsalltag und Lebensgeschichte der Dienstmädchen um die Jahrhundertwende, Bonn/Berlin 1987.

1 Nach Oscar Stillich: Die Lage der weiblichen Dienstboten in Berlin. Berlin 1902, S. 94. Stillich verdanken wir die erste und gründlichste zeitgenössische Untersuchung über die Lage der Dienstboten. Angeregt durch die Protestversammlungen der Berliner Dienstmädchen im Sommer 1899, verschickte er 9000 Fragebögen an Berliner Haushalte. 459 Dienstboten und 187 Herrschaften beteiligten sich an der Umfrage.

2 1906 gründete Helene Grünberg den ersten sozialdemokratischen Dienstbotenverein in Nürnberg. Vgl. Selke Schulz: Die Entwicklung der Hausgehilfinnenorganisationen in Deutschland, rer. pol. Diss., Tübingen 1961.

3 Von geringem oder fehlendem Klassenbewußtsein der Dienstboten wird allgemein ausgegangen. Zuletzt für Deutschland Uta Ottmüller: Die Dienstbotenfrage, München 1978. Am deutlichsten wird die Modernisierungssicht bei Theresa McBride: The Domestic Revolution, London 1976. Ein Beispiel für die sichere Annahme der Modernisierungsfunktion ohne Angabe eines empirischen Nachweises: Günther Wiegelmann: Tendenzen kulturellen Wandels in der Volksnahrung des 19. Jahrhunderts, in: Dieter Langewiesche/Hans Schönhoven (Hg): Arbeiter in Deutschland, Paderborn 1981, S. 171–181, dort S. 176.

4 Den konservativen Einfluß der Dienstboten betont Rolf Engelsing: Das häusliche Personal in der Epoche der Industrialisierung, in: ders.: Zur Sozialgeschichte deutscher Mittel- und Unterschichten, Göttingen 1973, S. 225–261, hier S. 255. In ihrem Vorwort zu Marie Wegrainer: Der Lebensroman einer Arbeiterfrau, reprint Frankfurt/New York 1979 stellen die Herausgeber Lutz Ziegenbalg, Peter Noller und Helmut Reinicke die konservativ-kleinbürgerliche Marie als Prototyp des Dienstmädchens der klassenbewußten Arbeiterfrau gegenüber.

5 Nach Selke Schulz, S. 54 und 97, zählte der Verband katholischer Dienstmädchen- und Hausangestelltenvereine 1913 12638 Mitglieder, der sozialdemokratische Zentralverband der Hausangestellten Deutschlands 5816 Mitglieder.

6 Die Interviews wurden in kirchlichen bzw. AWO-Altersheimen der Städte Arnsberg, Berlin, Essen und Köln durchgeführt; zitiert werden diese nach den sehr ausführlichen Transkripten, wobei die Einzelinterviews mit dem ersten und letzten Buchstaben der Familiennamen gekennzeichnet sind. Zur Methode der Oral History s. Lutz Niethammer (Hg): Lebenserfahrung und kollektives Gedächtnis, Frankfurt 1980.

7 Siehe als Beispiel die Kindheitserinnerung von Paula Ludwig, zit. in: Irene Hardach-Pinke/Gerd Hardach (Hg): Deutsche Kindheiten 1700–1900, Kronberg 1978, S. 215; vgl. als Quellensammlung zur Kinderarbeit auch Siegfried Quandt (Hg): Kinderarbeit und Kinderschutz in Deutschland 1783–1976, Paderborn 1978.

8 Dazu ausführlicher Dorothee Wierling: Vom Mädchen zum Dienstmädchen. Kindliche Sozialisation und Beruf im Kaiserreich, in: Klaus Bergmann/Rolf Schörken (Hg): Geschichte im Alltag, Alltag in der Geschichte, Düsseldorf 1982, S. 57–87.

9 Stillich, S. 155; vgl. zu den Löhnen auch Rolf Engelsing: Das Einkommen der Dienstboten zwischen dem 16. und 20. Jahrhundert, in: Walter Grab (Hg): Jahrbuch des Instituts für Deutsche Geschichte 2, Tel Aviv 1973, S. 11–65.

10 Die von mir interviewten Frauen lassen sich bezüglich der Verwendung des Lohns in 3 ungefähr gleich große Gruppen einteilen, von denen

eine den gesamten Geldlohn der Mutter zur Verfügung stellte und höchstens in der letzten Stellung zu sparen begann. Eine Gruppe sparte von Beginn an den größten Teil des Lohnes und eine letzte Gruppe teilte den Geldlohn zu gleichen Teilen auf Mutter, Ausgaben und Ersparnisse. Bei einem Vorkriegsmonatslohn von 10–15 Mark kostete 1 m billigen Kleiderstoffes 75 Pf–3 Mark (Zentralorgan des Verbandes der Hausangestellten Deutschlands, August 1917, S. 33) Ein Paar Schuhsohlen kosteten 2,50 Mark (Frau M-r S. 4) und Frau B-h erinnert sich, daß ein Paar hohe Schnürstiefel 7,50 Mark kosteten, als sie im Jahre 1905 vierteljährlich 7 Mark verdiente (S. 2).

11 Im Deutschen Reich gab es über 50 Gesindeordnungen, vgl. Wilhelm Kähler: Gesindewesen und Gesinderecht in Deutschland, Jena 1896. Im folgenden beziehe ich mich auf die preußische Gesindeordnung.

12 Im Jahre 1907 lag der Anteil der nicht im Hause der Herrschaft lebenden Dienstboten bei 19,9%, 1925 bei 29,9% und 1933 bei 41,94. Nach Gretel Keller: Hausgehilfin und Hausflucht, ein soziales Problem von gestern und heute. Dortmund 1950 (Dortmunder Schriften zur Sozialforschung Heft 13, S. 76.

13 Stillich, S. 115 f., sowie S. 419–422. In Stuttgart lag die Arbeitszeit höher als in Berlin: vgl. A. Otto Neher: Zur Lage der weiblichen Dienstboten in Stuttgart, Ellwangen 1908, S. 5 f.

14 Zur Unterscheidung von Arbeit und Nichtarbeit vgl. die bei Stillich, S. 419 ff. angeführten gegensätzlichen Äußerungen von Hausherrinnen und Dienstboten nach dem Muster: Nach dem Abendbrot frei, nur noch abwaschen ...

15 Siehe dazu Sibylle Meyer in diesem Band.

16 Vgl. hierzu den Architekten Herrmann Warlich: Wohnung und Hausrat, München 1908, mit seinem Plädoyer für Schlichtheit, Materialechtheit und Pflegeleichtigkeit.

17 Anna Kübler: Der Haushalt, Regensburg 1891, S. 169.

18 Ebd., S. 168 f.

19 Luise Oesterwitz: Haushaltungskunde, München 1912. Das Buch richtet sich an kleinbürgerliche Haushalte, in denen nicht unbedingt Dienstboten zur Verfügung stehen.

20 Aussage der interviewten Frauen.

21 Kübler, S. 147, legt diesen Kontrollgang den Hausfrauen sehr nahe. Er gehört zu den typischen Schreckenserinnerungen vieler Dienstboten.

22 Während der Schwenzelpfennig ein offenbar international vom Bürgertum unterstellter Brauch war (Anne Martin-Fugier: La place des bonnes, Paris 1979, S. 226 f.), gab es keine Interviewpartnerin, die zugab, hiervon jemals gehört, geschweige denn, davon profitiert zu haben.

23 Interview Frau H-l, Transkript S. 9.

24 Nur ungefähr ein Drittel der von mir Befragten verfügte zwischen 1910 und 1920 über einen Gaszusatzherd.

25 Vgl. dazu Kübler, S. 194–200; Ida von Wedell: Im Haus und am Herd, Stuttgart o. J. (wahrscheinlich 1898) S. 170 ff.

26 Zwei der von mir befragten Frauen konnten zwischen 1910 und 1920 einen Eisschrank benutzen.

27 Vgl. den bei Stillich, S. 151, abgedruckten Arbeitsplan aus der Deutschen Hausfrauenzeitung.

28 Berechnung nach von Wedell, S. 226.

29 Luise Holle: Im Deutschen Haus, Bd. 1, Hanau 1903, S. 450.

30 Eine Anleitung zum Chlorbleichen findet sich bei: W. Berdrow, Weiße Wäsche, in: Die Gartenlaube 1905, S. 78.

31 Vgl. Kübler, S. 207 f., Holle, S. 452 ff.

32 Zu den einzelnen Spezialisierungsmöglichkeiten vgl. Heidi Müller: Dienstbare Geister. Leben und Arbeitswelt städtischer Dienstboten. Schriften des Museums für Deutsche Volkskunde Berlin, Band 6, Berlin 1981, S. 143 ff.

33 Dies betrifft ca ⅔ der Haushalte, in denen die von mir interviewten Frauen arbeiteten – vorwiegend als Alleinmädchen, sonst als Köchin oder Hausmädchen.

34 Doris Viersbeck: Erlebnisse eines Hamburger Dienstmädchens, München 1910, S. 43; Neudruck: „... in fester Stellung", Düsseldorf 1986, S. 52.

35 Interview Frau L-h, Transkript S. 2.

36 Katinka von Rosen: Zur Dienstbotenfrage. Eine Antwort an Dr. Oscar Stillich. Verlag der Frauenrundschau 1903, S. 14.

37 Ida v. Wedell: Mein Haus – mein Stolz. Praktischer Ratgeber, Stuttgart 1897, S. 200, empfiehlt, das richtige Servieren im Familienkreis zu üben, damit es im Falle eines Besuchs perfekt beherrscht wird.

38 Vgl. dazu z. B. die Autobiographie von Joachim Ringelnatz: Mein Leben bis zum Kriege, Hamburg 1966, S. 7–15.

39 Alle Zitate aus von Wedell (Anm. 25): S. 5 f., S. 14, S. 245.

40 Zur Selbstmordgefährdung der Dienstboten vgl. Regina Schulte: Dienstmädchen im herrschaftlichen Haushalt. Zur Genese ihrer Sozialpsychologie, in: Zeitschrift für bayrische Landesgeschichte 41, 1978, S. 897–920.

41 Nach der etwas geänderten Berufssystematik von 1933 entwickelten sich die absoluten Zahlen wie folgt (zit. nach Keller, S. 75).

1882: 1 351 000	1907: 1 449 000	1933: 1 218 000
1895: 1 428 000	1925: 1 326 000	

42 Ein solches Urteil über die „Dienstmädchennatur" fällte Alice Rühle-Gerstel: Die Frau und der Kapitalismus, Frankfurt 1972, S. 259 f. (Reprint von: Das Frauenproblem der Gegenwart, Leipzig 1932.)

43 Die Chancen zu Außenkontakten waren sehr unterschiedlich. Sie hingen von der Art der Hausarbeit und von der Lage des Schlafraumes ab. Die Unterbringung aller Dienstboten eines Hauses in Speicherkammern in Süddeutschland war ebenso kommunikationsfördernd wie die Berliner Portiersloge.
44 Interview Frau H-l, Transkript S. 2.
45 Ebd., S. 11.
46 Interview Frau S-w, S. 6.
47 Ebd., S. 8.
48 Interview Frau B-h, S. 5.
49 Ebd., S. 6.
50 Interview Frau S-w, S. 8.
51 Interview Frau H-l, S. 13.
52 Interview Frau G-r, S. 2.
53 Interview Frau K-e, S. 8.
54 Interview Frau B-h II, S. 9.
55 Interview Frau M-z, S. 7f.
56 Interview Frau L-h, S. 2.
57 Z. B. Erdmann Graeser: Koblanks, Berlin o. J., S. 174.
58 Seit 1889 hatten die Dienstboten Anteil an der gesetzlichen Invalidenversicherung. Zur sozialen Realität alleinstehender ehemaliger Dienstboten s. den Artikel von Emil Perlmann: Alte Dienstboten, in: Unser Blatt, 3. Jg. 1900, S. 153f.
59 Vgl. z. B. die idyllische Beschreibung des Dienstverhältnisses bei Th. Freiin von Gablenz: Zur Dienstbotenfrage, Weimar 1902; oder: Dienstmädchen oder Fabrikarbeiterin? Berlin 1900, bes. S. 14 und 20.
60 Vgl. Wierling.
61 Interview Frau L-h, S. 18, Frau B-h, S. 5.
62 Josefine Joksch: Nur ein Kindermädchen, in: Richard S. Klucsarits/ F. G. Kürbisch (Hg): Arbeiterinnen kämpfen um ihr Recht, Wuppertal o. J., S. 88.
63 Interview Frau B-l, S. 8, Frau L-h, S. 14, Frau M-r, S. 7.
64 Interview Frau L-h, S. 20.
65 Interview Frau H-l, S. 9.
66 Interview Frau B-h, S. 6.
67 Interview Frau B-l, S. 8.
68 Interview Frau B-h II, S. 7, Frau S-w, S. 5.
69 Interview Frau K-r, S. 13.
70 Z. B. Emma Wehr: Zur Hebung des Dienstbotenstandes, in: Konservative Monatsschrift für Politik, Literatur und Kunst 1909, S. 745–826.
71 In Berlin dienten die meisten der von Stillich befragten Alleinmädchen zwischen 6 und 12 Monate auf ihrer derzeitigen Stelle (40,9%). Es folgte die Gruppe derjenigen (mit 32,9%), die seit 1 bis 2 Jahren „stabil" wa-

ren. Etwas länger dauerten die Dienstverhältnisse der Köchinnen; vgl. Stillich, S. 265; ebd., S. 269 werden Ergebnisse aus Hamburg und Mannheim zitiert, wo in einem Jahr die Zahl der Stellenwechsel diejenige der Anzahl der Dienstboten um ein Drittel überstieg. Siehe auch Else Kesten-Conrad: Zur Dienstbotenfrage. Erhebungen der Arbeiterinnenschutzkommission, in: Archiv für Sozialwissenschaft und Sozialpolitik 31, 1910, S. 532.

Sibylle Meyer

Die mühsame Arbeit des demonstrativen Müßiggangs. Über die häuslichen Pflichten der Beamtenfrauen im Kaiserreich

In die Geschichtsforschung gehen bürgerliche Frauen vor allem als müßige Salondamen ein, die sich angeblich mit Klavierspiel, Literatur, feinen Handarbeiten und der nächsten Einladung beschäftigten, durch ihr Wesen – nicht durch ihre Arbeit – die Atmosphäre des Hauses prägten und alle hauswirtschaftlichen Arbeiten an Dienstboten deligierten, die sie lediglich überwachten. Dieser Mythos der müßigen bürgerlichen Salondame dürfte mit dem Alltag der meisten bürgerlichen Frauen im letzten Drittel des 19. Jahrhunderts wenig gemeinsam haben.[1]

Die Arbeit bürgerlicher Frauen wurde durch die spezifischen Zwänge strukturiert, die ihr Leben zweiteilten und unterschiedlichen Gesetzen unterwarfen: Gegenüber der Öffentlichkeit sollten sie müßig erscheinen und durch ihre angebliche Freistellung von hauswirtschaftlichen Arbeiten den sozialen Status des Ehemannes symbolisieren. Innerhalb der Familie mußten sie diese hauswirtschaftlichen Tätigkeiten nach dem Prinzip größtmöglicher Sparsamkeit erfüllen – Hausarbeit kennt keinen Müßiggang. Der komplizierte Arbeitsalltag von Frauen des nicht sehr wohlhabenden Bildungsbürgertums soll hier am Beispiel der innerhäuslichen Geselligkeiten, an denen die Zwänge sowohl bürgerlicher Lebensweise als auch bürgerlicher Hausarbeit deutlich zutage treten, untersucht werden. Meine Aussagen beziehen sich in erster Linie auf Berlin und dort vor allem auf Beamtenfrauen. Sie erscheinen jedoch in ihrer Aussagekraft zumindest für das städtische Bildungsbürgertum des deutschen Reiches übertragbar.

Als Quellen dienen normative Schriften, wie Anstands- und Benimmbücher, Haushaltsratgeber und Kochbücher, die eine Rekonstruktion des idealtypischen Verhaltens der Hausfrauen und der erwünschten Haushaltsführung ermöglichen. Jedoch können die normativen und deskriptiven Aussagen dieser Quellen nicht ohne weiteres als Realität von Frauen angenommen werden, da kaum zu rekonstruieren ist, wer diese Bücher mit welchem Interesse gekauft, geschrieben und gelesen hat. Deshalb werden diese Schriften mit Aussagen der Hausfrauen selbst konfrontiert. Eine Analyse der Frauenseiten und Haushaltsecken in zeitgenössischen Familienzeitschriften, die ihr Schwergewicht auf die Beiträge der Hausfrauen, Inserate, Tips, Annoncen, Fragen etc. legt, liefert hierzu das erforderliche Material. Die Haushalts- und Frauenekken der Zeitschriften können quasi als Informations- und Erfahrungsaustauschbörse gelten, die Beiträge der Hausfrauen dort fungieren als Korrektiv der normativen Aussagen anderer Quellen.

1. Der Zwang zur Repräsentation.

Bildungsbürgerliche Berufe – und ganz besonders Beamtenlaufbahnen – erzwangen die Potenzierung der allgemeinen Untertanenpflicht; nicht nur die Arbeitskraft wurde vom Staat in Anspruch genommen, sondern die gesamte Persönlichkeit.[2] Höflichkeit, Ehrerbietung und Pflichteifer waren täglich neu unter Beweis zu stellen. Die beruflichen Pflichten umfaßten das ganze Leben der in diesen Berufen beschäftigten Personen. Man verlangte von ihnen in jeder Beziehung ein dem Staate würdiges Verhalten. Jedes Auftreten in der Öffentlichkeit – allein oder in der Begleitung der Gattin – war ein Prüfstein für Wohlanständigkeit und Standesmäßigkeit.

Selbst die eigentliche Privatsphäre bürgerlicher Familien wurde durch die beruflichen Zwänge bestimmt, die hier ihren Ausdruck in dem beträchtlichen Repräsentationsaufwand der Familie gegenüber der Öffentlichkeit fanden. Wohlanständigkeit mußte seine Entsprechung in einer repräsentativen Wohnung, möglichst in einem besseren Viertel der Stadt finden. Die jährliche Sommerreise an die See war in ‚gut bürgerlichen' Familien obligatorisch. Eine angemessene Erziehung der Kinder wurde zum Gradmesser der finanziellen Absicherung und Standesmäßigkeit der Eltern. Die Söhne mußten eine entsprechende Ausbildung erhalten, für die Töchter konnte nur eine ausreichende Mitgift die standesgemäße Heirat sichern. Dies alles verursachte für bürgerliche Familien erhebliche Kosten.[3]

Ein besonderes Symbol der gesellschaftlich angesehenen Stellung war der ‚Müßiggang der Ehefrau', der den Reichtum ausdrücken sollte, alle Hausarbeiten von einem Heer von Dienstboten erledigen zu lassen. Jede Form der Arbeit galt für bürgerliche Frauen als unstandesgemäß und verstieß gegen die Gesetze des ‚guten Tons'. Stattdessen wurde ihnen als standesgemäße Beschäftigung das obligatorische Klavierspiel, Kenntnisse der französischen Sprache und Literatur und Konversation vorgeschrieben.[4] Diese geforderten Kenntnisse und Fertigkeiten sollten bei gesellschaftlichen Anlässen zur Geltung gebracht werden und waren daher funktional für die bürgerliche Repräsentation.[5] Bürgerliche Frauen hatten gegenüber der Öffentlichkeit zu repräsentieren und zu glänzen, um so dem Mann den Hintergrund von Bildung, Wohlanständigkeit und ökonomischer Potenz zu verleihen. Müßiggang wurde zum zentralen Bestandteil bürgerlicher Repräsentationspflichten von Frauen.

Einen Anlaß um die Wohlanständigkeit des Ehemannes und den geforderten Müßiggang der Ehefrau unter Beweis zu stellen, boten neben gelegentlichen Besuchen der Oper, des Theaters oder seltener von Bällen vor allem häusliche Besuche oder private Einladungen.[6] Zwar sollte jeder einzelne die Teilnahme an diesen Gesellschaften als Rangbestätigung und Ehre empfinden, jedoch standen dahinter beruflicher Zwang und Konkurrenz und damit auch Mißgunst, Neugier und Kontrolle. Gleichzeitig aber war nur durch die Teilnahme an den gesellschaftlichen Ereignissen die soziale Isolation für die Familie zu vermeiden.

Sobald die Familie in eine andere Stadt zog – regelmäßige Versetzungen waren fester Bestandteil der Beamtenkarriere – nahm sie den ‚geselligen Verkehr' mit dem ‚Besuche machen' auf. Der erste Eindruck war entscheidend: standesgemäßes Benehmen, gepflegtes Äußeres und gediegene Kleidung waren nötig. Es kam zu einem Einladungstausch, der jede Familie zwei- bis dreimal im Jahr zwang, diese Repräsentationsfeiern bei sich zu veranstalten. Häufige Absagen widersprachen dem ‚guten Ton'. Man mußte sich sehen lassen, gesehen werden und vor allem Umgang mit Kollegen und Vorgesetzten pflegen. Für den Ehemann und damit auch für dessen Frau waren diese pseudoprivaten Verpflichtungen beruflicher Zwang.

Die Erbringung der Repräsentationsnachweise regulierte die beruflichen Karrieren bzw. die Abgrenzung gegenüber Aufsteigern. Die Gesellschaftsfähigkeit, Grundvoraussetzung jeder bürgerlichen Karriere, mußte durch die Teilnahme immer wieder hergestellt werden. Eine Verweigerung gegenüber diesen gesellschaftlichen Verpflichtungen bzw. Zwängen hätte ein Abrutschen auf der sozialen Stufenleiter, was materielle Verluste nach sich zog, zur Folge gehabt, denn das materielle Überleben der Familie war direkt an den gesellschaftlichen Ruf des Mannes geknüpft. Nochmals verstärkt wurde dieser Zwang, wenn heiratsfähige Töchter im Haus waren. Denn nur über die ‚gesellschaftlichen Veranstaltungen' war deren Einführung in die ‚gute Gesellschaft' und eine Verheiratung mit einem ‚gesellschaftsfähigen' Partner möglich. Eine angemessene ‚Partie' war wiederum nötig, wenn die Familie ‚standesgemäß' bleiben wollte.

Dieser Repräsentationszwang wuchs im Untersuchungszeitraum kontinuierlich an, denn die Lage auf dem Arbeitsmarkt wurde, vor allem in den letzten beiden Jahrzehnten des Jahrhunderts immer schwieriger, da die Anzahl der Studienabgänger den Ersatz- bzw. Wachstumsbedarf des Arbeitsmarktes um ein Vielfaches überstieg.[7] Im Ausbildungsbereich verschlechterten sich die Berufschancen bis 1895 erheblich. Während die Anzahl der Planstellen konstant blieb, stieg die Anzahl der Stellenanwärter bis 1887 kontinuierlich, was sich ab diesem Zeitpunkt in einer steigenden Anzahl von Probekandidaten und ab den 90er Jahren in Einführung von Wartelisten auswirkte.[8] Im Justizdienst deuten die in den 1880er Jahren rapide ansteigenden Studenten- und Referendarzahlen bei sinkender Anzahl der Assessoren im Zusammenhang mit der stagnierenden Stellenzahl im Justizwesen[9] auf die Verschlechterung der Anstellungsaussichten in diesem Bereich. Insgesamt führte die Anstellungskrise nach dem Universitätsexamen zu mehrjährigen Wartezeiten bis zur endgültigen Anstellung im öffentlichen Dienst.

Diese Akademikerarbeitslosigkeit des ausgehenden 19. Jahrhunderts verstärkte den Loyalitätsdruck, die peinliche Anpassung der aufstiegswilligen Bildungsbürger an die Wert- und Lebensvorstellungen der Herrschenden und die Notwendigkeit zu einer perfekten Repräsentation. Bis ins Detail mußte der Nachweis einer geordneten Häuslichkeit erbracht werden. Die beruflichen Zwänge erstreckten sich auf die „Privatsphäre" der bürgerlichen Familien und belegten auch die Ehefrauen mit einem strikten Verhaltenskodex.

2. *Innerhäusliche Feste.*

Der Zwang zur Repräsentation vergegenständlichte sich in Grundriß und Aufteilung der bürgerlichen Wohnung. Anordnung und Funktionszuschreibung der Räume entsprachen dem Bestreben, einerseits den Bezug zur Öffentlichkeit mit den zur Straße gelegenen Repräsentationsräumen herzustellen und andererseits sich gegen die Welt in den hinteren Privaträumen abzuschirmen.[10] Die Größe der einzelnen Zimmer spiegelt ebenfalls die Ausrichtung der Wohnung auf die Erfordernisse der Repräsentation. Die Repräsentationsräume beanspruchten oft vier- bis fünfmal soviel Grundfläche wie die Wirtschaftsräume, also Küche, Speise- und Dienstbotenkammer.[11]

Die innerhäuslichen Einladungen fanden im Salon statt, der von der Familie gewöhnlich nicht benutzt wurde, sondern einzig und allein der Repräsentation gegenüber der Öffentlichkeit diente. Fremden Personen blieben die übrigen Räume verschlossen. Von dem Prunk des Salons und dem scheinbaren Wert jedes einzelnen Einrichtungsstückes sollte auf den Reichtum und die Standesmäßigkeit der Familie geschlossen werden.

Um den Salon als Statussymbol auszustaffieren wurde bei der Möblierung der anderen Räume gespart, so daß die Ausstattungsqualität des Salons und der Restwohnung weit auseinander klafften. So beschreibt Luise Otto-Peters schon für die 1870er Jahre den Gegensatz zwischen Salon und Restwohnung: „In dem einen werden Piancen zur Schau getragen, Prunk und Versuche mit den neuesten Moden Schritt zu halten, in den anderen Ärmlichkeit und ängstliches Sichbehelfen ..."[12]

In der Regel wurden zu festlichen Abendgesellschaften zwischen 12 und 16 Personen geladen. Die obere Grenze ergab sich zwangsläufig durch die relative Enge bürgerlicher Wohnungen.[13] Der Ablauf der Feste war bis ins Detail festgelegt, jeder Gast kannte ihn. Man traf sich im Salon, wurde vorgestellt, plauderte und setzte sich dann gemeinsam an die Tafel zum festlichen Abendessen. Nach dem Menü, bei dem alles aufgetischt wurde, was die Familie zu bieten hatte, wurde Kaffee und Tee gereicht, man lauschte dem Klavierspiel der Hausherrin oder der Tochter des Hauses und trieb Konversation.

Es fand eine formale Schablonisierung der Geselligkeiten statt, die durch den starren Zwang peinlich zu beachtender Regeln aufrechterhalten wurde. Die bleierne Langeweile dieser Gesellschaften wurde – allerdings in höflich gewendeter Form – selbst in den Anstandsbüchern thematisiert: „Über die Unschicklichkeit des Gähnens, als Ausdruck der potenzierten Langeweile, brauchen wir wohl eigentlich kein Wort zu verlieren. Ein Gähnender beleidigt die Gesellschaft ungefähr halb so wie ein Einschlafender."[14]

Die Teilnehmer dieser Zusammenkünfte waren keine persönlichen Freunde der Familie, sondern ergaben sich aus dem beruflichen Status des Mannes und der daraus resultierenden momentanen Stellung auf der gesellschaftlichen Stufenleiter. „Die ‚Gesellschaft' schreibt dem ‚Gesellschaftsfähigen' diesen Verkehr vor, bestimmt ihm seine Partner unter weitgehender Ausschaltung seiner persönlichen Neigung." Geladen wurden nur standesgemäße Personen, „insbesondere zählen dazu alle die, die aufgrund des Berufs, des materiellen und des Bildungskriteriums in der ‚Gesellschaft' als standesgemäß gelten."[15]

Die starren Regeln der Geselligkeiten betonten die soziale Hierarchie der geladenen Gäste. Schon beim Eintritt in den Salon wurde der Mann bzw. das Ehepaar mit dem Namen und dem Amtstitel vorgestellt.[16] Und da man im Gespräch sein Gegenüber mit dem Titel ansprach – „Herr Assessor“, „Frau Geheimrat“ – „mußte man sich deshalb den Rang und Titel des Vorgestellten genau einprägen“.[17]

Diese streng hierarchische Ordnung fand auch eine räumliche Entsprechung; der sozialen Hierarchie der Gäste entsprach die Hierarchie der Sitzplätze im Salon. Die Seite des Salons galt als die vornehmste, an der das Sofa stand, und der sozial angesehenste Sitzplatz befand sich in dessen Mitte. Auch an der Tafel stand dem vornehmsten Gast ein Ehrenplatz zu: „Die Ehrenplätze befinden sich in der Regel in der Mitte desselben (des Tisches, S. M.), einander gegenüber . . .“[18] Jeder wußte zu jeder Zeit, in welchem sozialen Verhältnis er zu seinem Gesprächspartner stand und konnte sein Verhalten darauf einstellen. Zu einem Höhergestellten war man noch artiger und devoter, zu einem Untergebenen entsprechend weniger.

Den Höhepunkt der Repräsentationsfeiern bildete das obligatorische Festmahl. Anhand des Tafelschmuckes, des aufgebotenen Geschirrs und Silbers, des Menüs und der vollendeten Bedienung wurde die gastgebende Familie von ihren Gästen auf ihre Zugehörigkeit zur ‚guten Gesellschaft‘ überprüft. Das Auge des Gastes sollte deshalb geblendet sein vom Glanz des Silbers, der Anzahl der Gläser und des blitzenden Geschirrs. Ganz in diesem Sinne empfahlen Haushaltsratgeber: „Die Tafel soll stets der leuchtende, ins Auge fallende Punkt im Speisezimmer sein, deswegen verlangt sie viel Licht und Glanz. Laß daher alle deine Schätze aus dem Silber- und Glasschrank so hell und rein putzen wie nur möglich, laß alles nur so blinken vor Sauberkeit . . .“[19]

Wichtiges Attribut damaligen Wohlstandes war ein vollständiges und entsprechend teures Service, das der Stolz jeder Hausfrau war, denn Porzellan und Besteck waren zumeist Teile ihrer Mitgift. Auf keinen Fall durfte die ‚Gesellschaft‘ bemerken, wenn die Familie kein solches vielteiliges Service und Besteck besaß. Eine Möglichkeit, den Mangel zu verbergen, bestand darin, das Geschirr von Eltern und Freunden zu leihen und, wenn diese auch keines besaßen, sich schlimmstenfalls an ein Verleihgeschäft zu wenden. Diese Notwendigkeit beschreibt H. Fallada für sein Elternhaus folgendermaßen: „Gläser und Besteck mußten wir wie alle anderen aus einem Verleihgeschäft entnehmen, das Service aber nicht, denn wir besaßen das weithin in der ganzen Bekanntschaft berühmte Wedgewoodservice ...“[20]

Der Eindruck des vermeintlichen Reichtums konnte für die Gäste noch verstärkt werden, wenn mit jedem Gang neues Geschirr und Besteck gebracht wurde. Reichte das zumeist sowieso schon geliehene Besteck nicht aus, um es mit jedem Gericht zu wechseln, wurde empfohlen, diesen Mangel zu kaschieren: „Ist nicht genügend Silber vorhanden, so muß das gebrauchte in der Küche abgewaschen, aber aus dem heißen Wasser in kaltes gelegt werden, damit seine Wärme nicht verrate, das es unausgesetzt in Gebrauch war.“[21]

Die Bedienung bei einem Gesellschaftsessen mußte tadellos sein. Der einzige Dienstbote bildungsbürgerlicher Familien, das Mädchen für Alles, wäre mit dem Bereitstellen der Speisen, Servieren, Nachschenken der Getränke und Abräumen alleine überfordert gewesen. Außerdem waren die meist vom Land kommenden, sehr jungen Mädchen mit den strengen Regeln des Bedienens nicht vertraut. Es konnte zu schweren ‚Zwischenfällen‘ kommen, die das mühevoll aufgebaute Arrangement vernichteten. Deshalb empfahlen Haushaltsratgeber: „Da die wenigsten Dienstboten eine tadellose Bedienung verstehen, mietet man sich einen Lohndiener, eine aus Norddeutschland stammende, sehr in Aufnahme kommende Sitte.“[22] Ein Lohndiener, der für einen Abend gemietet wurde und zusammen mit dem Mädchen für Alles die Bedienung übernahm, scheint in den Beamtenfamilien der damaligen Zeit die Regel gewesen zu sein. Ein männlicher Diener, den sich im ausgehenden 19. Jahrhundert nur noch die reichsten Familien leisten konnten, galt als Zeichen äußerster Vornehmheit. Der Lohndiener wurde zum beliebten Thema zeitgenössischer Familienzeitschriften. Zynische Glossen zeichneten das Bild eines Dieners, der sich in der fremden Wohnung nicht zurechtfand, das Angewiesensein der Familie ausnutzte und in der Küche die Reste des kostbaren Menüs verschwinden ließ.[23]

Solche Glossen karrikierten die heimlichen Ängste der Hausfrau, der Lohndiener könnte sich daneben benehmen oder die Gäste ihn erkennen. „Ist das nicht derselbe wie bei Geheimrats?“ Die Hausfrau mußte innerlich ständig um die sorgfältig arrangierte

Tarnung bangen. Man kann sich leicht vorstellen, wie sich die verstohlenen Blicke der Hausfrau mit den kritischen Blicken der Gäste auf der Suche nach Formfehlern kreuzten. „Man bangte um das Gelingen. Die Gäste, denen fast allen diese Situation allzu gut bekannt war, verfolgten mit fast ängstlicher Spannung diesen Ablauf."[24]

Zusätzlich zu allem anderen kam es darauf an, der geladenen Öffentlichkeit die scheinbar von aller Arbeit freigestellte Gattin des Beamten vorzuführen. Damit die Ehefrau als ihr eigener Gast erscheinen konnte, mußte der Eindruck erweckt werden, ein Heer von Dienstboten erledige die Zubereitung der Speisen, das Servieren und Abräumen. Der gesellschaftlich gebotene Müßiggang verbot der Frau sogar, während der Festlichkeiten die Arbeit der Dienstboten zu beaufsichtigen. Die Hausfrau durfte weder mit Wort noch Blick eingreifen. Es war für sie nicht standesgemäß, sich für die Gäste sichtbar z. B. um den Ablauf des Menüs zu kümmern.[25]

3. Pompöser Schein – mühsame Arbeit.

Dieselben Frauen, die während der repräsentativen Geselligkeiten gemäß dem Rang ihres Gatten müßig erscheinen mußten, waren gleichzeitig für den Ablauf und die umfangreichen Vorbereitungen der Feste verantwortlich. Der Schein der Vornehmheit und die soziale Tarnung, die den fehlenden Reichtum verbergen sollte, mußte von den Hausfrauen aufgebaut werden.

Schon Tage vorher wurden detaillierte Pläne ausgearbeitet und das schwierige Unterfangen einer Tischordnung in Angriff genommen. Jede Frau versuchte einen besonderen Tafelschmuck zu kreieren, denn die Ausstattung ihrer Tafel sollte noch üppiger und eindrucksvoller sein als bei allen anderen Festen. Dazu riet J. v. Wedell: „Kurz, erlaubt ist, was gefällt und es gibt nur ein Gesetz: gib deiner Tafel im Rahmen des guten Geschmacks ein möglichst individuelles Gepräge."[26] Dieser Grundsatz wurde für die Frauen zur Verpflichtung. Die Maxime der individuellen Gestaltung hieß für die Hausfrau, daß sie Teile des Arrangement selbst – d. h. unverwechselbar – anfertigen mußte!

Über das fleckenlose, weiße Damasttischtuch wurden selbstgestickte oder selbstgemalte Tischläufer oder als besonders extravagante Variante „die neuen eigenartigen Läufer aus gedrucktem Crêpepapier“[27] gebreitet. Auch die aufgestellten Tischkärtchen malten die Frauen zumeist selbst und erfanden immer neue Arten, den Gästen die Speisenfolge mitzuteilen, z. B.: „in Form kleiner musikalischer Instrumente als Tamborin, Harfe oder Zither, als Apfel, Apfelsine und Blume, mit unserem Namen geziert, auf der Serviette liegend, als Palette mit in Aquarell ausgeführten Figürchen bemalt“.[28]

Das eigentliche Repräsentationsmenü bedeutete für die Frauen ebenfalls aufwendige Vorbereitungsarbeiten. Die Regeln des ‚guten Tons‘ schrieben mindestens sechs Gänge vor und deren Zusammenstellung sollte vornehm und originell sein und sich durch luxuriöse Zutaten und excellente Verarbeitung auszeichnen. Menüvorschläge für festliche Abendgesellschaften findet man in jedem zeitgenössischen Kochbuch oder Haushaltsratgeber, vielfach auch in den Frauenzeitschriften. Je nach anvisiertem Leserkreis variierten die Vorschläge. Ein einfacheres Festmenü bestand aus einer Bouillon mit Pasteten oder Sandwiches als Vorspeise, nach der die beiden obligatorischen Hauptgerichte, meist Fisch und ein Braten gereicht wurden. Daran schlossen sich Butter und Käse an und den Abschluß bildete ein Dessert. Für gehobene bürgerliche Kreise galten hingegen drei, bisweilen vier Hauptgerichte als angemessen. Der so gesteigerte Wert der Repräsentationsessen erhöhte zugleich den ohnehin schon großen Arbeitsaufwand für die Hausfrauen.[29]

Bei der Planung des eigenen Menüs mußten die Hausfrauen die Speisenfolgen anderer Geselligkeiten mit berücksichtigen. Wie der Tafelschmuck sollte auch das Menü unverwechselbar und individuell sein, damit das Festessen den Gästen möglichst lange in Erinnerung blieb. So schrieb H. Fallada über die umsichtige Festvorbereitung seiner Mutter: „Meine Mutter hatte alle Speisenfolgen – sprich Menüs – dieses Winters aufbewahrt –: es sollte doch auch eine Abwechslung sein!“[30] Die Kochkunst der Hausfrau und des Mädchens für Alles wurde auf eine harte Probe gestellt. Beide verließen schon Tage vor dem Festtermin kaum noch die Küche. Die für die Öffentlichkeit am Abend der Geselligkeit demonstrierte Arbeitsfreiheit der Hausfrau war über mehrere Tage durch intensive Mehrarbeit vorzubereiten.

Nicht nur das reichhaltige Menü, die tadellose Bedienung und der reibungslose Ablauf des Abends entschieden über das Gelingen des Festes, sondern auch die entsprechend ausstaffierte räumliche Kulisse des Salons. Hierzu waren nicht nur kurzfristige Arbeiten wie gründliches Saubermachen, evtl. Umräumen erforderlich, sondern auch langfristige Arbeiten, in denen die Frauen Teile der Salonausstattung selbst fertigten.[31] Viele Möbelstücke, die gekauft zu teuer gewesen wären, fertigten die Frauen selbst oder erhöhten deren vermeintlichen Wert durch kunstvolle Verzierungen. Von dem Prunk des Salons direkt auf den vermeintlichen Reichtum der Familie zu schließen, hieße dem für die Öffentlichkeit arrangierten Schein aufzusitzen.

Nach dem Prinzip, mit billigsten Materialien größtmögliche Ausstattungseffekte zu erzielen, machten sich die Frauen an die Arbeit und fertigten kunstvoll geschmückte Möbel- und Ausstattungsstücke, Wanddekorationen, Glasbilder, geknüpfte Teppiche, die wie ‚echte' Perserteppiche aussahen. Tischdecken, Klavierüberwürfe, Lampen, Paravents, Quasten, Schnüre und Vorhänge wurden selbst genäht, bestickt, umhäkelt oder gestrickt.[32] Aus vier alten Teppichklopfern fabrizierten sie Tischchen für den Salon. Die Stiele wurden zu Tischbeinen so übereinandergekreuzt, daß die vier Oberteile ein Körbchen bildeten, das mit Stoff überzogen und bestickt wurde. Die ‚Tischbeine' wurden ebenfalls mit Plüsch verkleidet oder umstrickt. So konnte niemand wissen, daß dieses edel erscheinende Stück aus alten Teppichklopfern gefertigt war.[33]

Der Wunsch kleinere Möbelstücke auf möglichst billige Art selbst anzufertigen, taucht in Leserinnenbriefen an die Familienzeitschriften mit ziemlicher Dringlichkeit immer wieder auf. So suchte z.B. eine Frau in der Frauenbeilage der Zeitschrift „Daheim" folgenden Rat: „Könnte mir eine freundliche Leserin raten, wie ich am billigsten und praktischsten einen Klaviersessel herstellen kann?"[34] Und eine besonders erfinderische „Norddeutsche" (= Unterschrift) beschrieb, wie sie aus einer ausgedienten Gartenbank ein Sopha fertigte:

„Zunächst werden die Füsse der Bank gekürzt und der Sitz, wenn nötig, noch um eine Latte breiter gemacht. Dann stellt man für den Sitz in der Weise eine Polsterung her, daß man einen Sack Heu oder getrocknetes Moos recht gleichmäßig füllt und darauf legt. Nun kommt der Überzug. Er läßt für die Phantasie und geschickte Hände den weitesten Spielraum. Getragene Herrentuchkleider – besonders schwarze – eignen sich besonders gut dazu ... Nun schmückt man den Grund des Überzugs mit lebhaften, in der Farbe gut voneinander abstechenden, breiten Streifen; sie werden in Zwischenräumen mit der Maschine aufgenäht. Ist alles so weit vorbereitet, dann werden die betreffenden Stücke mit Messingknöpfen genau auf die Bank genagelt, was ja nötigenfalls ein Sattler besorgen kann. Zu den bunten Streifen läßt sich alles verwenden, was der Flickenvorrat birgt ... ein mit Moos gefülltes Rückenkissen ... ziert die Lehne ...“[35]

Offenbar war es durchaus üblich, daß bürgerliche Hausfrauen im Familienhaushalt abfallende Reste zu Ziergegenständen umarbeiteten. Es fand eine Weiterverarbeitung von eigentlichem Hausabfall statt, die man heute wohl mit ‚Recycling‘ bezeichnen würde. Frauen verwandelten durch Einfallsreichtum, Arbeit und Geschick Zigarrenkistchen in ‚Moosfußbänkchen‘, indem sie sie mit zusammengeknüpften grünen Wollresten überzogen. Klebten sie Flaschenkorken auf Papierschablonen, so wurden daraus üppige Bilderrahmen, aus Wollresten wurden gehäkelte Blumenampeln. Aus den winzigen Seidenbändchen, mit denen Zigarren zusammengebunden waren, stichelten die Frauen bunte Dekorationsschals oder Deckchen für die Sophalehne.[36]

Die gründerzeitlichen Salons waren vollgestopft mit repräsentativem Schmuckwerk, das meist Stil und Wert der eigentlichen Möblierung überdeckte. Oft waren einzelne Möbel unter den Kissen, Deckchen, Troddeln und Überwürfen kaum noch zu erkennen:

„... eine erdrückende Fülle von Gegenständen, häufig dem Blick entzogen durch Behänge und Kissen, durch Decken und Tapeten, aber immer kunstvoll gearbeitet und verziert. Kein Bild ohne vergoldeten, ziselierten, ornamentierten oder gar samtüberzogenen Rahmen, keine Sitzgelegenheit ohne Polster oder Überzug, kein Stück Stoff ohne Troddeln oder Fransen, kein Stück Holz, das nicht durch die Hände des Drechslers gegangen wäre, keine Oberfläche ohne Deckchen oder irgendeinem Gegenstand darauf. Das alles war zweifellos ein Zeichen für Reichtum und gesellschaftlichen Rang.“[37]

Zwar beschreibt Hobsbawm den Repräsentationsaufwand sehr genau sieht aber nicht den ungeheuren Arbeitsaufwand, der in der Salonausstattung und der eigentlichen Festvorbereitung steckte. Den geladenen Gästen durfte dies ebenfalls nicht spürbar werden. Je vollständiger der Hausfrau diese Verschleierung gelang, desto sicherer schien das berufliche Fortkommen des Ehemannes und die materielle Basis sowie das gesellschaftliche Ansehen der Familie. Die mühevollen Vorbereitungsarbeiten wurden vom bewunderten Produkt, der gedeckten Tafel, dem Menü oder der Salonausstattung abgetrennt und verschwanden völlig dahinter.

Gäste des Hauses durften die Hausfrau weder bei körperlicher Arbeit sehen, noch Spuren dieser Arbeit an ihr entdecken. So waren weiche, gepflegte Hände, denen man die tägliche Arbeit im Haushalt nicht ansah, ein Standesattribut, das es zu erhalten galt. Schon 1854 empfahl ein Haushaltsratgeber:

„Es kommt sehr häufig vor, daß selbst hochgestellte Damen zu Hause mithelfen in allen häuslichen Arbeiten, und dadurch besonders bei Küchenarbeiten, Putzereien usw. haben manche Hände vor anderen die Anlage, sehr rauh, hart und schwielig zu werden; kommen dann diese Frauenzimmer in Gesellschaft, so geniert es sie doch ungemein, solch rauh aussehenden Hände zu haben. Um nun auch bei den härtesten und gewöhnlichsten Arbeiten, wie z. B. Kochen, Spülen, Bödenfegen und dergleichen, dennoch eine eben so zarte Hand zu erhalten, wie diejenigen Damen, die außer ihrem Strick- und Nähzeug keine anderen Arbeiten verrichten, halte man sich immer ein Stückchen frischen Speck, reibe jeden Abend vor dem Schlafengehen die Hände damit wohl ein und man wird seinen Zweck vollkommen erreichen, man hat indeß nebenbei die Unannehmlichkeiten, mit Handschuhen schlafen zu müssen, um das Bett nicht zu beschmutzen.“[38]

4. Der Alltag der Hausfrauen.

Den Gegenpol zur Repräsentationspracht bildete der karge Familienalltag. Hier mußte bis zum Äußersten gespart werden nicht zuletzt, um ein- bis zweimal im Jahr den für die Öffentlichkeit arrangierten Schein zu ermöglichen. Der Hausfrau fiel die Arbeit zu, das strikte Gebot des innerhäuslichen Sparzwanges in allen hauswirtschaftlichen Bereichen durchzusetzen. Dabei meint Sparen die Reduktion der zum Leben der Familie erforderlichen Geldausgaben durch die Vermehrung der unbezahlten Arbeit der Frau – Ausbeutung statt Geldausgeben.

Je geringer das Einkommen des Mannes war, desto zwingender war der Verzicht auf Dienstbotenarbeit; bildungsbürgerliche Familien mußten sich zumeist mit einem Dienstmädchen begnügen. Die gängige Ansicht, mehrere Dienstmädchen hätten die gesamte Arbeit im Haushalt selbständig ausgeführt und die Aufgabe der Hausfrau lediglich darin bestanden, das Personal zu beaufsichtigen, geht an der Realität der meisten bürgerlichen Frauen vorbei. Die Annahme einer Arbeitsteilung zwischen Hausherrin und Hausmädchen gemäß der Trennung von Kopf- und Handarbeit ist irreführend und dient dazu, die herrschende These vom ‚Müßiggang' bürgerlicher Frauen zu untermauern. Die im Haushalt zu leistenden Arbeiten waren so umfangreich und vielfältig, daß sie kaum von zwei Frauen zu bewältigen waren.

Hausarbeit erzwang die Zusammenarbeit aller beteiligter Personen, zumindest aber eine Kommunikation über die jeweiligen Tätigkeiten. Verstärkt wurde diese Notwendigkeit, wenn die zumeist sehr jungen ‚Mädchen für Alles' bei ihrer Einstellung keine spezifischen hauswirtschaftlichen Kenntnisse mitbrachten und deshalb von der Hausfrau angelernt werden mußten. Neben dem unmenschlichen Arbeitsdruck für das Dienstmädchen, den man nicht hoch genug einschätzen kann, war auch eine Erhöhung der Eigenarbeit der Hausfrau die Folge. Zwar bestand zwischen den beiden Frauen eine Arbeitsteilung, diese war jedoch nicht mit der gemeinhin angenommenen Trennung von Kopf- und Handarbeit identisch. Sie bestimmte sich nach den Erfordernissen der zu leistenden Arbeit jeweils unterschiedlich und wurde durch Kooperation aufrechterhalten.

Ein überaus ambivalentes Verhältnis zwischen Hausfrau und Dienstmädchen war die Folge. Während die eine aus ‚Liebe' unkündbar, unbezahlt arbeitete, wurde die andere miserabel entlohnt und konnte jederzeit entlassen werden. Andererseits waren beide zur gemeinsamen Arbeit im Haushalt gezwungen und bei der Bewältigung des Familienalltags aufeinander angewiesen. Sie standen – obwohl sie verschiedenen gesellschaftlichen Klassen angehörten

– in einem strukturell vergleichbaren rechtlichen und materiellen Abhängigkeitsverhältnis zum Hausherrn. Unter dem innerfamilialen patriarchalen Machtverhältnis mußten sich die beiden Frauen verständigen, um ihre Lebens- und Arbeitssituation erträglich zu halten; gleichzeitig aber fungierte die Hausfrau als Mittlerin der Bedürfnisse und Interessen des Hausherrn. Sie hatte ein konkretes Interesse an der Maximierung der Arbeitsleistung des Dienstmädchens, was nur mit permanentem Druck durchzusetzen war. Nur das ‚Funktionieren' des Dienstmädchens konnte die eigene schizophrene Lebenssituation lindern: Die Hausfrau mußte nach außen müßig erscheinen und durfte gemäß den Regeln des ‚guten Tons' keine Dienstbotenarbeit verrichten, die sie in Wirklichkeit täglich zu tun gezwungen war.

In denjenigen Bereichen, die von der Öffentlichkeit nicht eingesehen werden konnten, mußten die Hausfrauen entscheidende Einsparungen vornehmen, um Mittel für die Repräsentation nach außen freizusetzen. Eine ergiebige Sparmöglichkeit bot die leibliche Versorgung der Familie, vor allem die Ernährung, die gleichzeitig als oberste Pflicht der Hausfrauen galt. Die Bearbeitung der Lebensmittel läßt die entscheidenden Prinzipien der Hausarbeit bürgerlicher Frauen deutlich werden. Einerseits mußten die Frauen bis zum Äußersten sparen und mit billigsten Zutaten die Familie verköstigen; nur so waren die hohen Repräsentationskosten zu decken. Dies erforderte genaue Einteilung des Wirtschaftsgeldes, preisgünstiges Einkaufen, differenzierte Vorratshaltung und vor allem sparsamstes Kochen. Andererseits sollte die Hausfrau liebevoll auf die Wünsche des Ehemannes und der Kinder eingehen. Deren Wünsche mußten beim Einkauf und der Vorratshaltung mitbedacht, Sonderwünsche beim Kochen erfüllt werden. Die Haushaltsratgeber betonten die Pflicht der Frauen, sich die Bedürfnisse des Mannes als oberstes Ziel zu setzen; erfüllten sie seine Wünsche nicht, wäre eine unglückliche Ehe die Folge, denn ‚Liebe geht durch den Magen'.

Nur an Sonn- und Feiertagen kam ein festlicher Braten auf den bürgerlichen Mittagstisch, denn der Braten war ‚Herrenspeise'. An Werktagen mußten sich mittlere bürgerliche Familien mit zusammengerührten Gerichten begnügen. Den Hauptbestandteil der kärglichen Alltagskost bildeten Suppen, die schnell sättigten und billigst und einfach zuzubereiten waren. Kochbuchautoren und Ratgeber rieten den sparsamen Frauen dringend zur sogenannten Hausmannskost, die auf dem Zusammenkochen von Gemüse und etwas Fleisch beruhte. Als Fleisch wurden dazu die billigeren Klein- und Innenteile, wie Füße, Kehle, Maul, Lunge, Leber, Herz, Nieren, Hirn und Därme verwendet. Nach H. J. Teuteberg wurden auch „in besseren Häusern die Kutteln nicht verschmäht."[39] Folgerichtig beschäftigten sich gerade die Kochbücher, die sich an die zur äußersten Sparsamkeit gezwungenen bürgerlichen Schichten wandten, in ihrem Rezeptteil ausgiebig mit Gerichten aus billigeren Fleischstücken.[40] Sie beschrieben die Herstellung schmackhafter Gerichte aus Hammelkaldaunen, Hirn, Schweineschwarten, Därmen. In einigen Kochbüchern bestanden zwei Drittel der vorgeschlagenen Fleischrezepte aus Gerichten für billige Klein- und Innenteile. Ein Rezept für Kalbsgekröse lautete:

„Die eßbaren Eingeweide des Kalbs werden mit Salz abgerieben und so lange mit heißem und kaltem Wasser gewaschen, bis sie nicht mehr schleimig sind. Hiernach in Wasser mit getheilten Zwiebeln, Salz und Pfeffer weich gekocht, wird das Gekröse mit einem Schaumlöffel aus der Brühe genommen und nach dem Erkalten in gliedlange Stücke geschnitten. Nun dünstet man 3 Löffel Mehl in Butter, verrührt es mit der Butter, giebt eine Prise gestoßenen Pfeffer und soviel Essig und Zucker hinzu, daß die Sauce angenehm sauer schmeckt. Man läßt das Gekröse hierzu noch etwas schmoren und macht, wenn nöthig, das Ganze mit etwas in Fett gedünstetem Mehl seimig."[41]

Entscheidend für billiges Kochen war auch die Weiterverarbeitung aller Lebensmittel- und Speisereste. „Bei der Anordnung unserer Mahlzeiten muß immer auf die Überbleibsel der früheren Rücksicht genommen werden; aus vielen derselben lassen sich sehr schmackhafte Umwandlungen bereiten ... Was sich nicht zu einer anderen Speise verwenden läßt, kann man am anderen Tage unbeschadet der Gesundheit aufwärmen ...".[42]

Die Bratenreste vom Sonntag wurden grundsätzlich am Dienstag oder Mittwoch aufgewärmt; Gemüsereste ergaben zusammen mit dem Wasser, in dem sie ursprünglich gekocht wurden, die Suppe des nächsten Tages; Wurst- oder Pfannkuchenreste ließen sich als Suppeneinlagen verwenden; hartes Brot ergab als Brotauflauf eine neue Mahlzeit. Aus Hasen- und Geflügelrippen wurden schmackhafte Suppen, gesammelte Gemüsestrünke und -stiele kamen als falsche Schwarzwurzeln wieder auf den Tisch. Gänsemägen ergaben, lange genug eingelegt, gekocht und anschließend gebraten, eine gute Beilage zum Abendbrot; die Schalen von Zitronen und Apfelsinen wurden feingehackt, in Essig destilliert und anschließend mit Zuckerwasser zur Limonade aufgefüllt.[43]

Selbst Abfälle von Nahrungsmitteln, die zum Verzehr nicht mehr geeignet waren, fanden im Haushalt noch weitere Verwendung. Wasserglas diente zunächst zum Konservieren von Eiern, dann zum Reinigen von schmutzigen Steinfließen; feuchte gebrauchte Teeblätter säuberten die Teppiche, Sauerkrautbrühe war ein vortreffliches Putzmittel für Messingsachen und frischer Kaffeesatz reinigte trübe Gläser. Die ausgekochten Fettschwarten und Knochenabfälle wurden in dem hierfür bereitgestellten Seifentopf kühl aufbewahrt, bis der Topf voll war mit Fettresten, Speckschwarten, abgezogenen Wursthäuten etc.[44] Dann wurde der Inhalt entweder an einen Seifenhändler verkauft oder die Frauen kochten daraus noch um die Jahrhundertwende ihre Seife selbst. So beschrieb 1890 eine Abonnentin der Zeitschrift „Daheim“, wie sie aus diesen Fettabfällen Seife kochte, die billiger und besser sein sollte als die gekaufte.

„Das Rezept aber wonach ich (Seife, S.M.) koch ist so einfach, daß man überall, in Stadt und Land, wo man nur einen Waschkessel hat, ohne nennenswerte Mühe seine Seife davon herstellen kann; und es ist so vorzüglich, daß mir in der ganzen Zeit die Seife noch nie mißraten ist; endlich ist das Produkt des Rezepts so befriedigend und billig zugleich, daß ich noch nie eine bessere Seife kennengelernt habe.“[45]

Mit ihren Tips stieß sie in den folgenden Nummern auf kräftigen Widerhall.

Nichts durfte verkommen, nichts weggeworfen werden. Leere Kakaobüchsen ergaben Behälter für Putzpulver, Lichtenden, Streichhölzer. Kleine Pappschachteln nahmen später Kräuter oder

Pulver auf. Altes Papier konnte zum Auslegen von Schränken, zum Säubern von Messern und Gabeln und vor allem zum Putzen der Lampen und der Herdplatte verwendet werden.

„Von mancherlei Überbleibseln des Haushalts geben leere Fleischextractbüchsen die besten Gewürzbehälter, man befreit sie von der Etikette, bronziert sie, näht ein breites farbiges Band – kleine Bandreste sind hier trefflich – um den Hals der Büchsen fest und schreibt auf diesen mit unauslöschlicher Zeichentinte den Inhalt der Büchsen ...“[46]

Eine möglichst vollständige Resteverwertung verlangte von den Frauen Überlegung und Erfahrung, aber vor allem aufwendige Arbeit.

Die finanzielle Grundlage der hauswirtschaftlichen Arbeiten der Ehefrau war das vom Ehemann ausgezahlte Wirtschaftsgeld, über dessen Verwendung sie ihm gegenüber rechenschaftspflichtig war. Alle Ausgaben mußten nachgewiesen werden, nicht einmal Pfennigbeträge durften bei ihrer Buchführung fehlen. Das Haushaltsgeld war zumeist die einzige Geldquelle, über die die Hausfrau verfügte, den Hauptteil des Einkommens und evtl. Vermögens, sogar die Mitgift der Frau verwaltete der Ehemann.[47] Die von ihr geforderte Buchführung sicherte die finanzielle Kontrolle des Ehemannes ab[48] und kennzeichnet die innerfamilialen Machtverhältnisse bzw. verdeutlicht die vollständige finanzielle Abhängigkeit der Ehefrau.

Der Ehemann war nicht verpflichtet der Ehefrau Einblick in seine Einkommens- bzw. Vermögensverhältnisse zu geben, was die Hausfrauen in vielen Beiträgen der Familienzeitschriften bitter beklagten. Oftmals konnte der Ehemann die Kosten der Hauswirtschaft nicht beurteilen und bemaß das Wirtschaftsgeld zu knapp. Da vertragliche Regelungen über die Höhe des Wirtschaftsgeldes undenkbar waren, blieben die Hausfrauen vielfach seinem Gutdünken ausgeliefert und mußten oft um jeden zusätzlichen Pfennig bitten.[49]

Eine weit verbreitete Möglichkeit, das knappe Haushaltsgeld aufzubessern, war die auch im mittleren Bürgertum weit verbreitete Frauen-Heimarbeit. Nur so waren in vielen Fällen die hohen

Alltags- und Repräsentationskosten aufzubringen. Bürgerliche Frauen fertigten in Heimarbeit kunstvolle Stickereien, häkelten Spitzen und Einsätze oder nähten für die Konfektion. Zahlreiche Frauen suchten über die Frauenbeilagen der Zeitschriften Käufer für ihre textilen Handarbeiten und selbstgefertigten kunstgewerblichen Produkte. In der Zeitschrift „Daheim" las man z. B.:

„Könnte mir jemand Fabriken nennen, für welche ich auf Holz, Atlas, Leder etc. in Öl und Aquarelle malen könnte?"[50] „Es dürfte für viele Damen, welche durch mancherlei Gründe auf einen Nebenerwerb angewiesen sind, von Interesse sein zu erfahren, daß das Spezialgeschäft für Handarbeiten von Rudolph Moser & Sohn in Leipzig, Humboldtstr. 5, jederzeit zur Effekturierung ihrer Aufträge Arbeitskräfte annimmt. Besonders in Kunsthandarbeiten geübte Damen finden dort lohnende und dauernde Nebenbeschäftigung ...".[51]

Das erarbeitete Geld floß in die Haushaltskasse, um die laufenden Kosten oder Sonderausgaben zu bestreiten. Gegenüber der Öffentlichkeit und häufig wohl auch gegenüber dem Ehemann mußte die Heimarbeit bürgerlicher Frauen peinlich verborgen werden. Galt schon jede grobe hauswirtschaftliche Arbeit als nicht standesgemäß, so erst recht jede Form der Erwerbsarbeit.

„Heimlich, ganz heimlich, daß ja niemand es merke, holen sie (gemeint sind Beamtenfrauen, S. M.) sich Handarbeiten aus den Geschäften; heimlich, ganz heimlich tragen sie das Fertige wieder hin – Niemand soll und darf es wissen: ‚Registrators arbeiten für ein Geschät', – denn *das ist nicht standesgemäß!*"[52]

Das Auseinanderfallen der Arbeitsbereiche von Mann und Frau in die außerhäusliche, bezahlte Lohnarbeit des Mannes und die innerhäusliche, unbezahlte Reproduktionsarbeit der Frau und die scharfe Trennung von Öffentlichkeit und Privatheit prägten den bürgerlichen Lebensstil grundsätzlich.[53]

Die bürgerlichen Hausfrauen leisteten durch ihre Arbeit die physische und psychische Reproduktion der Familienmitglieder und unterstützten zusätzlich die berufliche Karriere des Ehemannes in zweifacher Weise. Einerseits erwirtschafteten sie Einsparungen im Familienalltag, die die hohen Repräsentationskosten dekken halfen und andererseits stellten sie Teile der Repräsentationsausstattung selbst her. Sie nähten oft die Familienkleidung selbst, fertigten große Teile der Salonausstattung und arrangierten mit Sorgfalt und Mühe innerhäusliche Geselligkeiten. Diese Handlungsweise der Hausfrauen folgte einer immanenten Rationalität, die durch die Zwänge der bürgerlichen Lebensweise determiniert wurde. Ohne die tägliche Hausarbeit der bürgerlichen Hausfrauen für den Familienalltag und die Repräsentationsaufgaben wäre der Nachweis der Gesellschaftsfähigkeit und in dessen Folge ein beruflicher Aufstieg des Ehemannes und eine materielle Besserstellung der Familie nicht möglich gewesen.

Die Trennung von Öffentlichkeit und Privatheit erlaubte gleichzeitig das Verstecken der Hausarbeit vor der Öffentlichkeit. Die Aufteilung der bürgerlichen Wohnung in einen privaten und einen öffentlichen Bereich ermöglichte es, die tägliche Arbeit der Hausfrau hinter dem schönen Schein des Salons verschwinden zu lassen. Nur so konnte es gelingen, den Schein des demonstrativen Müßigganges der bürgerlichen Frau aufzubauen.

Der demonstrierte Müßiggang bürgerlicher Frauen war Bestandteil bürgerlicher Repräsentation und wurde durch die Vorschriften der ‚guten Gesellschaft' und des ‚guten Tons' festgeschrieben. Dieses Bild von der untätigen bürgerlichen Salondame des ausgehenden 19. Jahrhunderts sollte nicht länger als soziale Wirklichkeit angenommen werden, denn eine solche Sichtweise sitzt dem für die Öffentlichkeit arrangierten Schein auf und verstellt den Zugang zur Arbeitsrealität bürgerlicher Frauen; die Vorschriften des ‚guten Tons' verloren spätestens an der Küchentür ihre Geltung.

Bürgerliche Repräsentation erzwang die Unsichtbarkeit der Hausarbeit. Das Unsichtbarmachen dieser Arbeit selbst wurde zu einer Arbeit, die im bürgerlichen Haushalt zusätzlich zu den hauswirtschaftlichen Tätigkeiten geleistet werden mußte. Diese Verschleierung von Hausarbeit wurde zu ihrem Strukturelement und determinierte neben dem Sparzwang und den Bedürfnissen der Familienmitglieder den Arbeitstag der Hausfrauen. Was auf den ersten Blick als Müßiggang erscheinen mochte, entpuppt sich bei näherem Hinsehen als schwierige und mühsame Arbeit.

Anmerkungen

1 Ausnahmen sind die durch die Frauenbewegung angeregten Beiträge: vgl. G. Bock, B. Duden, Arbeit aus Liebe – Liebe als Arbeit. Zur Entstehung der Hausarbeit im Kapitalismus, in: Frauen und Wissenschaft, Berlin 1977, S. 118–199; P. Branca, Image and Reality. The Myth of the Idle Victorian Woman, in: M. Hartmann, L. W. Banner (Hg.), Clio's Consciousness Raised. New Perspectives on the History of Women, New York 1974, S. 179–191; dies., Silent Sisterhood. Middle Class Women in the Victorian Home, London 1975; B. Duden, E. Meyer-Renschhausen, Landarbeiterinnen, Näherinnen, Dienstmädchen, Hausfrauen. Frauenarbeit in Preußen, in: P. Brandt u. a. (Bearb.), Preußen. Zur Sozialgeschichte eines Staates, Bd. 3, Reinbek 1981, S. 265–285; G. Kittler, Hausarbeit. Zur Geschichte einer ‚Natur-Ressource', München 1980.

2 Vgl. hierzu: D. Claessens, K. Claessens, Kapitalismus als Kultur, Frankfurt 1979, S. 150 ff.; J. Habermas, Strukturwandel der Öffentlichkeit. Untersuchung zu einer Kategorie der bürgerlichen Gesellschaft, 5. Aufl. Neuwied 1971, S. 60 ff.

3 Vgl. z. B. J. F. Schulte, Lebenserinnerungen, Bd. 3, Gießen 1908/09, S. 57 f.

4 G. Tornieporth, Studien zur Frauenbildung. Ein Beitrag zur historischen Analyse lebensweltorientierter Bildungskonzeptionen, Weinheim 1979, S. 42 ff.; J. Zinnecker, Sozialgeschichte der Mädchenbildung, Weinheim 1973.

5 K. H. Walraf, Die bürgerliche Gesellschaft im Spiegel deutscher Familienzeitschriften, phil. Diss. Köln 1939, S. 58 ff.; Walraf untersucht deutsche Familienzeitschriften aus der 2. Hälfte des 19. Jahrhunderts, vor allem „Die Gartenlaube" 1860–1890 und „Daheim" 1864–1890 im Hinblick auf die Entwicklung des Bürgertums und dessen Stellung zu Adel, Arbeiterschaft, Judentum.

6 Claessens/Claessens, S. 147.

7 Vgl. U. Herrmann, G. Friedrich, Qualifikationskrise und Schulreform. Berechtigungswesen, Überfüllungsdiskussion und Lehrerschwemme. Aktuelle bildungspolitische Probleme in historischer Perspektive, in: H. Blankertz (Hg.), 13. Beiheft der Zeitschrift für Pädagogik, Weinheim 1977, S. 309 ff.; D. K. Müller, Qualifikationskrise und Schulreform, in: U. Herrmann (Hg.), 14. Beiheft der Zeitschrift für Pädagogik, Weinheim 1977, S. 13 ff.

8 H.-G. Herrlitz, H. Titze, Überfüllung als bildungspolitische Strategie. Zur administrativen Steuerung der Lehrerarbeitslosigkeit in Preußen 1870–1914, in: Die deutsche Schule 68, 1976, S. 351 ff.; bes. Tabelle 3, Spalte 2. und 8.

9 D.K. Müller, u.a., Modellentwicklung zur Analyse von Krisenphasen im Verhältnis von Schulsystem und staatlichem Beschäftigungssystem, in: U. Herrmann (Hg.), S. 47 ff.

10 Vgl. z.B. Habermas, S. 63.

11 Vgl. E. Schulze, Trautes Heim – Glück allein. Über die Domestizierung der Frau im Biedermeier, in: Beiträge zur feministischen Theorie und Praxis 4, München 1980, S. 64 ff.

12 L. Otto-Peter, Frauenleben im deutschen Reich. Erinnerungen aus der Vergangenheit mit Hinweis auf Gegenwart und Zukunft, Leipzig 1876, S. 145.

13 Vgl. O. v.Leixner, Soziale Briefe aus Berlin 1888–1891, Berlin 1891, S. 21: „Es gehört viel Begabung dazu, wenn die Hausfrau es fertig bringt, auch aus Wohn- und vielleicht auch Schlafzimmer für einen Abend Gesellschaftsräume herzustellen ... Da kommt es sogar vor, daß der Flur, falls er etwas größer ist als gewöhnlich, in Berlin zu einem Zimmer umgestaltet wird."

14 C. Ernst, Der feine Ton im gesellschaftlichen und öffentlichen Leben, Mühlheim/Ruhr 1885, S. 76.

15 Walraf, S. 57.

16 J. Döring, Das Buch des Anstands und der feinen Lebensart. Ein Ratgeber für alle Stände, 11. Aufl. Mühlheim 1899, S. 81.

17 Ernst, S. 56.

18 Döring, S. 64, 66.

19 J. v. Wedell, Im Haus und am Herd, Stuttgart 1897, S. 196.

20 H. Fallada, Damals bei uns daheim. Erlebtes, Erfahrenes und Erfundenes, Reinbek 1955, S. 15.

21 v. Wedell, S. 200.

22 Ebd., S. 202.

23 Vgl. z.B. Gartenlaube 1878, Beilage zu Nr. 5, 33, 36.

24 E. Dronke, Berlin, Berlin/Darmstadt 1974, S. 57 (= Neuauflage in gekürzter Fassung der zweibändigen Erstauflage von 1846).

25 v. Wedell, S. 202.

26 Ebd., S. 197.

27 Ebd., S. 196.

28 Illustrierte Frauenzeitung. Unterhaltungsblatt 16, 1889, S. 56.

29 Bürgerliche Hausfrauen tauschten vielfach Vorschläge für Festmenüs in den Frauen- und Haushaltsecken der Familienzeitschriften aus; vgl. bes. die Frauenbeilage der Familienzeitschrift „Daheim" 1886 ff. In der Beilage zu Nr. 30, 1887, gab es ein Preisausschreiben für ein festliches Abendessen, das bei 12 Personen nicht mehr als 60 Mark kosten sollte. Der prämierte Vorschlag von Frau Hoffmann aus Halle zog vielfache Resonanz in den nächsten Nummern nach sich.

30 Fallada, S. 8.

31 Vgl. die zahlreichen Zuschriften bürgerlicher Hausfrauen in den Frauen- und Haushaltsecken der Familienzeitschriften. Aus den Fragen, Tips und Vorschlägen der Frauen wird deutlich, welches Problem und wieviel Arbeit es war, große Teile der Salonausstattung selbst herzustellen; vgl. bes. Daheim 1880 ff.

32 Vgl. auch die Zeitschriften „Fürs Haus“ und „Mode und Haus“.

33 So die Idee einer „Alten Lene“ in: Daheim 1890, Beilage zu Nr. 5.

34 Daheim 1890, Frauenbeilage zu Nr. 2.

35 Daheim 1888, Frauenbeilage zu Nr. 32.

36 Vgl. Daheim 1888, Frauenbeilage zu Nr. 24, 19, 17, 4 und Daheim 1890, Frauenbeilage zu Nr. 50.

37 E. J. Hohsbawm, Blützeit des Kapitals, München 1977, S. 288.

38 F. W. Eckhardt, Der sparsame Haushalt, Stuttgart, 1854, S. 71.

39 H. J. Teuteberg, H. Wiegelmann, Der Wandel der Nahrungsgewohnheiten unter dem Einfluß der Industrialisierung, Göttingen 1972, S. 97.

40 Vgl. H. Davidis, Die Hausfrau. Praktische Anleitung zur selbständigen und sparsamen Führung des Haushalts. Mitgabe für junge Hausfrauen, 2. Aufl. Leipzig 1863, S. 128; Kochbuch für Bürgerfamilien. Bearb. von A. Richter, seinen Kunden gewidmet von Theodor Fricke, Berlin o. J. (um 1890); Die 50 Pfennig-Küche oder die Kunst billig und gut zu kochen von der Großmutter in Thüringen, o. O., o. J. (um 1890), empfohlen für bürgerliche Hausfrauen in: Fürs Haus 12, 1894, S. 405.

41 Kochbuch für Bürgerfamilien (nicht paginiert).

42 M. S. Kübler, Das Hauswesen nach seinem ganzen Umfange dargestellt in Briefen an eine Freundin, 8. Aufl. Stuttgart 1880, S. 94.

43 E. Becker, Der städtische Haushalt. Ratgeber für junge Frauen und Jungfrauen, Hannover 1885, S. 139 f.

44 Solche und ähnliche Tips findet man in den Frauenecken fast jeder Nummer der Zeitschrift „Daheim“.

45 Daheim 1890, Frauenbeilage zu Nr. 19.

46 Haus und Welt 1900, Nr. 17.

47 Vgl. dazu U. Gerhard, Verhältnisse und Verhinderungen. Frauenarbeit, Familie und Rechte der Frauen im 19. Jahrhundert, Frankfurt 1978, S. 154 ff.

48 A. Tröger, Ich komme da mit den feministischen Gedanken nicht mit . . ., in: Beiträge zur feministischen Theorie und Praxis 5, München 1981, S. 46 f.

49 Kübler, S. 20 ff.; v. Wedell, S. 133.

50 Daheim 1887, Frauenbeilage zu Nr. 19.

51 Daheim 1890, Frauenbeilage zu Nr. 31.

52 Die Gartenlaube 1885, S. 564.

53 Vgl. K. Hausen, Historische Familienforschung, in: R. Rürup (Hg.), Historische Sozialwissenschaft, Göttingen 1977, S. 83 ff.

IV

Organisation und Politik

Ute Gerhard

Über die Anfänge der deutschen Frauenbewegung um 1848. Frauenpresse, Frauenpolitik, Frauenvereine

Die Geschichte der deutschen Frauenbewegung beginnt um 1848; sie ist Teil der sozialen und demokratischen Bewegung in Deutschland um die 1848er Revolution und zugleich in ihrer Organisationsweise und in ihren politischen Zielen autonom. Obgleich es Hinweise und Quellen gibt, die die Teilnahme der Frauen an der Revolution, ihren gemeinsamen Aufbruch zur Organisierung ihrer Interessen und für ein freies und geeinigtes „Mutterland“[1] belegen, ist diese von Frauen bewegte Vergangenheit weitgehend unbekannt.[2] In der Regel wird bis heute[3] die Gründung des Allgemeinen Deutschen Frauenvereins im Jahr 1865 in Leipzig als Anfang der deutschen Frauenbewegung bezeichnet. Danach beginnt ihre Geschichte fast gleichzeitig mit neuen organisatorischen Schritten der Arbeiterbewegung, doch wesentlich später als die Frauenbewegungen des westlichen Auslandes.

Der Vorwurf der Verspätung und besonderen Zaghaftigkeit der deutschen Frauen geriet in der Geschichtsschreibung zum immer wiederholten Klischee, das schon in der alten Frauenbewegung, u.a. von Helene Lange und Clara Zetkin verbreitet wurde. Obgleich beide um die frühen Anfänge wußten und den Zusammenhang zwischen Frauenemanzipation und revolutionärer Erhebung thematisierten, reduzierten sie in ihren Darstellungen die Rolle der Frauen in der 48er Revolution auf die Biographie einzelner oder ihrer Führerin Louise Otto.[4]

Erst neuerdings, seitdem sich die neue Frauenbewegung um ihre eigene Geschichte kümmert, wird dieses Geschichtsbild in wesentlichen Zügen korrigiert. Zahlreiche Einzelforschungen sind erforderlich, um neue Informationen zu einem Mosaik zusammenzusetzen, das heute zwar schärfere Konturen, aber immer noch viele „blinde" Flecken aufweist. Margrit Twellmann verwies bereits 1972 auf eine „Bewegung" der Frauen in den 1840er Jahren. Sie kritisierte die nur auf Louise Otto bezogene „mehr biographische Behandlung" dieses Zeitabschnittes in der Geschichte der Frauenbewegung und bedauerte das Fehlen umfassender Belege „für Art und Umfang der um 1848 ff. entstehenden Frauenvereine".[5]

Daß Louise Otto nicht nur eine „einzelne, eine Vorläuferin" war,[6] die Ausnahme einer im übrigen unpolitischen „Hälfte des Menschengeschlechts", bezeugen die Biographien anderer Achtundvierzigerinnen. Malwida von Meysenbug veröffentlichte 1875 ihre „Memoiren einer Idealistin", eines der mitreißendsten Zeugnisse politischen Bewußtseins einer Achtundvierzigerin. Helene Langes abfälliger Kommentar, daß die „vielgenannte ‚Idealistin' ... selbst keinen Finger zur Durchführung ihrer Prophezeiung gerührt" habe, verdeutlicht allenfalls unterschiedliche Erfahrungen und Zielvorstellungen der Frauengenerationen des 19. Jahrhunderts.[7] Mathilde Franziska Anneke, die ihren Mann Fritz Anneke 1849 hoch zu Roß als „Ordonnanz" bei den revolutionären Truppen im badisch-pfälzischen Feldzug begleitete, ist inzwischen nicht nur als „Amazone des Kostüms",[8] sondern „der Tat", darüber hinaus aber auch als Herausgeberin einer ersten Frauen-Zeitung in Köln im September 1848 und nach ihrer Emigration als Pionierin der amerikanischen Frauenbewegung wiederentdeckt worden.[9] Auch die Schriftstellerinnen Luise Mühlbach, Ida Hahn-Hahn, Fanny Lewald oder Louise Aston z.B. begnügten sich nicht, wie noch die Romantikerinnen, mit einer „Emanzipation der Herzen", sie waren vielmehr nach den Worten des Zeitgenossen Robert Prutz „zu einer Macht in unserer Literatur geworden", weil „in den vierziger Jahren zum erstenmal eine repräsentative Anzahl schreibender Frauen auf den Plan tritt, die selbständig und selbstbewußt ihre eigenen Interessen verkündet."[10]

Noch wichtigere Informationen über die Geschichte der deutschen Frauenbewegung aber finden sich an weiter entlegenen Orten. Catherine M. Prelinger hat kürzlich den organisatorischen und ideologischen Zusammenhang zwischen kirchlicher Opposition in den Freien Gemeinden und den Gleichberechtigungsbestrebungen der Frauen am Beispiel der Hamburger Hochschule für das weibliche Geschlecht aufgezeigt.[11] Das Familienarchiv von Emilie Wüstenfeld, der Initiatorin dieser Hochschule, die nur von 1850 bis Anfang 1851 ihr Reformmodell weiblicher Bildung erproben konnte, hat inzwischen Christiane Hartwig in einer bislang ungedruckten Studie ausgewertet.[12]

Eine ähnliche Fundgrube verschütteter Nachrichten, wissenswerter Korrespondenzen und Kontakte ist der Nachlaß von Kathinka Zitz-Halein, der Schriftstellerin und Vorsitzenden des Frauenvereins „Humania" in Mainz. Die Geschichte dieses vermutlich mitgliederstärksten demokratischen Frauenvereins um 1848, sowie die Biographie seiner faszinierenden Vorsitzenden hat Stanley Zucker recherchiert.[13] Eindrucksvoll ist nicht zuletzt die Fülle der Dokumente, die Gerlinde Hummel-Haasis in ihren „Zeugnissen zur Geschichte der Frauen in der Revolution von 1848/49"[14] durch Archivarbeiten in Mainz und im übrigen süddeutschen Raum zu Tage gefördert hat. Das reichhaltige Quellenmaterial aus zeitgenössischen Zeitungen, Aufrufen, Denkschriften, Petitionen und Memoiren zeigt überdeutlich, daß es mit mühevoller Kleinarbeit sehr wohl möglich ist, Licht in das „Dunkel" der Frauengeschichte zu bringen.

Alle diese Forschungen bestätigen und vervollständigen die These von den Anfängen der deutschen Frauenbewegung schon um 1848, für die die wiederaufgefundenen ersten beiden Jahrgänge der Frauen-Zeitung, von Louise Otto von 1849 bis 1850 in Sachsen herausgegeben,[15] bereits einen eindrucksvollen Beleg lieferten. Diese beiden ersten Jahrgänge galten lange Zeit als verschollen. In dem gründlich recherchierten „Handbuch der Frauenbewegung" aus dem Jahr 1901 berichtete Gertrud Bäumer, daß kein Exemplar dieser Zeitschrift mehr zugänglich sei.[16] Um 1927 hatte offenbar ein glücklicher Zufall Helene Lange beide Jahrgänge in die Hände gespielt, als sie schrieb: „Es ist ein eindringliches Erlebnis, wenn eine Zeitschrift, die fast der Welt der Legende angehört, plötzlich in ihren beiden wohlerhaltenen Bänden vor einem liegt."[17] Aber auch diese Entdeckung blieb für unser Geschichtsverständnis ohne

Folgen, nicht zuletzt deshalb, weil der Nationalsozialismus auch die Politik und kulturelle Tradition der deutschen Frauenbewegung für mehr als 12 Jahre unterbrach. Das Original beider Jahrgänge ist heute in der sächsischen Landesbibliothek in Dresden einsehbar.

Die Frauen-Zeitung als wichtigstes Dokument und Sprachrohr einer politischen Bewegung von Frauen um 1848 soll im folgenden unter Ergänzung der anderen genannten Quellen die Grundlage meiner Erörterungen bilden, in denen ich versuchen will, die Merkmale und Ausdrucksformen dieser sozialen Bewegung, ihre Anlässe und ihre Organisationsweise herauszuarbeiten.

1. Die Frauen-Zeitung als Dokument und Organ der Frauenbewegung um 1848.

Als Louise Otto im April 1849 das Wagnis unternahm, eine eigene Frauenzeitschrift unter dem Motto „Dem Reich der Freiheit werb' ich Bürgerinnen" herauszugeben, war sie bereits eine bekannte Journalistin und Schriftstellerin. Sie hatte im Vormärz in den Journalen der demokratischen Presse, in Robert Blum's „Vaterlandsblättern", im Volkstaschenbuch „Vorwärts", in Ernst Keils Zeitschriften „Wandelstern" und „Leuchtturm", sowie in der „Verbrüderung", dem Organ „sämtlicher Arbeitsvereine Deutschlands", geschrieben und mit ihren Artikeln über das Verhältnis der Frauen zur Politik, über ihre Rechte und Pflichten die öffentliche Diskussion zu Frauenfragen angeregt.[18] Sie hatte außerdem mehrere sozialkritische Romane und Gedichtsammlungen veröffentlicht. Über die Grenzen Sachsens hinaus bekannt und als politische Tat gefeiert aber wurde ihre „Adresse eines deutschen Mädchens" vom März 1848, eine Eingabe an das sächsische Innenministerium und die sich dort konstituierende Arbeiterkommission, in der die Verfasserin „die Herren, die zur Prüfung und Regelung der Arbeiterverhältnisse berufen sind" und „die ganze große Schar der Arbeiter" aufforderte, „bei der Organisation der Arbeit die Frauen nicht zu vergessen".[19]

Beim Erscheinen der ersten Nummer der Frauen-Zeitung am 23. April 1849 war der revolutionäre Aufschwung der März-

Bewegung bereits durch die Gegenwehr der reaktionären Mächte gebrochen, doch die Hoffnung auf eine grundlegende Veränderung der Verhältnisse noch nicht aufgegeben. Der König von Preußen hatte die ihm von der ersten deutschen Volksvertretung angetragene Kaiserwürde bereits am 3. April hinhaltend abgelehnt, doch die Volkserhebungen in Sachsen, Württemberg und in der Pfalz von Mai bis Juni 1849 standen noch bevor. Frauen, die die langwierigen Debatten über die „Grundrechte des deutschen Volkes" und das „Reichswahlgesetz" in der Frankfurter Nationalversammlung verfolgt hatten, mußten enttäuscht feststellen:

„... aber sie denken bei all' ihren endlichen Bestrebungen nur an eine Hälfte des Menschengeschlechts – nur an die Männer. Wo sie das Volk meinen, da zählen die Frauen nicht mit." (Frauen-Zeitung 1/1849)[20]

Diese Erfahrung veranlaßte Louise Otto, eine Zeitung herauszugeben. Im Programm der ersten Nummer schrieb sie:

„die Geschichte aller Zeiten, und die heutige ganz besonders, lehrt, daß diejenigen auch vergessen wurden, welche an sich selbst zu denken vergaßen." (Frauen-Zeitung 1/1849)

Gegen zunehmenden reaktionären Druck, aber getragen von der Zustimmung ihrer Leserinnen und der wachsenden Zahl gleichgesinnter, vorwiegend weiblicher Mitarbeiter, schaffte sie es, von April 1849 bis Dezember 1850 wöchentlich eine Nummer herauszugeben. Auf acht Seiten waren darin neben Noveletten und Gedichten mit sozialkritischer Tendenz, neben Nachrichten und Kommentaren zum Zeitgeschehen und Korrespondenzen aus vielen Städten des Deutschen Bundes Abhandlungen zu frauenspezifischen, kulturellen und religiösen Fragen zu lesen, sowie in der Rubrik ‚Blick in die Runde' Verschiedenes aus dem Alltag der Frauen. Nachdem zum Ende des Jahres 1850 wie in vielen anderen deutschen Staaten auch in Sachsen ein reaktionäres Pressegesetz die verantwortliche Redaktion von Zeitschriften durch Frauen verbot, versuchte Louise Otto der Repression zu entkommen, indem sie ihre Zeitschrift in das liberalere Thüringen, nach Gera, verlegte und ihren revolutionären Elan zügelte. „Eine harmlose Zeitung", schrieb sie selbst im Jahr 1851, hatte sie auf diese Weise „aus dem allgemeinen Schiffbruch gerettet";[21] nur diese beiden Jahrgänge hat Margrit Twellmann in ihrer Geschichte der „Deutschen Frauenbewegung" ausgewertet.

In der Revolutions-Geschichtsschreibung wird die Frauen-Zeitung ebensowenig erwähnt wie in den Standardwerken zur Geschichte der Publizistik.[22] Wissenswerte publizistische Daten über die Zeitschrift, über ihre Verbreitung, ihren Abonnentenkreis und das Leserpublikum, sowie ihre Resonanz und öffentliche Wirkung lassen sich allenfalls aus den in der Frauen-Zeitung abgedruckten Angaben erschließen.[23] Leider ist nichts über ihre Auflagenhöhe bekannt. Anonym bleiben auch viele Schreiberinnen, die ihre Artikel lediglich mit ihren Vornamen oder einem Kürzel unterschrieben haben.

Die Nachrichten, Aufrufe und Berichte aus dem Frauenleben lassen erkennen, daß sich die Frauen-Zeitung immer erfolgreicher zum Sprachrohr und Vereinigungsorgan bisher isolierter und disparater Fraueninteressen und -aktivitäten entwickelte. Louise Otto beanspruchte 1850 wohl zu Recht:

„Die Frauen-Zeitung vertritt die Rechte der Frauen und dient ihren besonderen Interessen, wofür es eben an einem Organ fehlte." (Frauen-Zeitung 13/1850)

Die französische Zeitschrift „Le Travailleur. Journal du Peuple" vom 10. Mai 1850 nannte die Frauen-Zeitung „eines der vorzüglichsten Organe der deutschen Demokratie ... ein Aufschwung der öffentlichen Meinung, ein politischer Fortschritt." (Frauen-Zeitung 29/1850) Daran wird deutlich, daß zumindest im demokratischen Lager die Frauen-Zeitung von den Zeitgenossen als Organ für Fraueninteressen akzeptiert wurde.

2. *Die Frauenbewegung um 1848 als soziale Bewegung.*

In der Frauen-Zeitung wird in zahlreichen, spontanen Zuschriften aus allen Gebieten des Deutschen Bundes und aus vielen Städten der Welt wie New York oder London bestätigt, daß die Frauen jetzt, „wo der Boden selbst wankt und bebt", aus ihrem „lethargischen Schlummer" aufgerüttelt wurden (Frauen-Zeitung 32/1849+ und 2/1849).

Emmy, eine regelmäßige Korrespondentin aus Marggrabowa in Ostpreußen z. B. schrieb dazu:

„Diese letzten Jahre sind vielleicht den Frauen noch heilsamer gewesen als den Männern; sie haben in ihnen einen Ton geweckt, der nicht mehr verstummen könne, der immer lauter und voller sein Recht fordert, in der Harmonie der Weltgeschichte mitzutönen." (Frauen-Zeitung 3/1850)

Die *Teilnahme der Frauen an der Revolution* aber beschränkte sich nicht auf Worte und Beteuerungen oder fürsorgende Hilfsdienste: „Da ist es nicht getan mit Charpie-Zupfen, Verwundete pflegen, Kleidernähen und Kochen für das Heer" (Frauen-Zeitung 14/1849). Die Frauen blieben nicht länger Zuschauer, die um die Helden der Revolution trauerten und ihre Toten beweinen durften. Sie legten selbst Hand an. Wir erfahren, daß Frauen auf den Barrikaden Dresdens gekämpft, daß sie die Festungen Rastatts, jenen letzten vergeblichen Kampfplatz zwischen Revolutionstruppen und preußischem Militär, mit ihren Männern gemeinsam verteidigt haben. „Wenn die Geschichte dieser Tage einst mit historischer Treue geschrieben wird, dann werden die ‚Frauen Rastatts' einen ehrenvollen Platz in ihr einnehmen." (Frauen-Zeitung 24/1850) Auch die hohe Beteiligung der Frauen am ungarischen Aufstand wird mehrfach betont.

Frauen auf den Barrikaden der Revolution, ihre Mitwirkung an den Kämpfen und im Kriegsgeschehen hat immer wieder die Phantasie beflügelt, vor allem aber den Spott der Emanzipationsgegner hervorgerufen. In der Karrikatur einzelner Frauen als ‚Amazone' oder ‚Flintenweib' wird die Teilnahme, der Protest und das mutige Aufbegehren der vielen anderen unterschlagen, der Lächerlichkeit preisgegeben. Es scheint so, als ob es vor allem die Reithosen waren, die man den bekanntesten Freischärlerinnen Emma Herwegh, Amalie Struve oder Elise Blenker und Mathilde Franziska Anneke übelnahm.[24] Derartige Angriffe tilgten aber zugleich die Erinnerung an die namenlosen Mitstreiterinnen, die Barrikaden bauten, im Kugelhagel die Verwundeten versorgten und sich auf vielfältige, oft listige Weise für die Sache des Volkes nützlich machten (vgl. Frauen-Zeitung 5 und 35/1849; 5/1850). Wo die Gegner ihrer habhaft werden konnten, bestraften sie die Frauen für ihren Ausbruch aus der Frauenrolle mit besonderer Härte. An der Barrikadenkämpferin Pauline Wunderlich wurde ein Exempel statuiert; sie wurde zu lebenslänglich Zuchthaus verurteilt und erst später zu einer sechsjährigen Haftstrafe begnadigt. Die Frauen-Zeitung kommentierte, daß gerade durch dieses erste harte Urteil P.W. zur Märtyrerin geworden sei (Frauen-Zeitung 7/12/1849 u. 12/1850).[25] In Bruchsal wurde eine Frau als Aufrührerin verhaftet, weil sie der Volkswehr eine Fahne überreichte und dabei eine lange Rede hielt, „in der sie das Volk zum offenen Aufstand anfeuerte“ (Frauen-Zeitung 28/1849). Über den gleichen Fall berichtete der „Kasteler Beobachter“, ein Frauenzimmer sei verhaftet worden, weil es „in einer fast einstündigen Rede das Volk zur Empörung und Lossagung von Gesetz und Ordnung aufforderte.“[26]

Aus dem „Anzeiger für die politische Polizei“, einem „Handbuch für jeden deutschen Polizeibeamten“ von 1855 erfahren wir die Namen vieler prominenter, aber auch bisher unbekannter Frauen, die des „Aufruhrs, Landfriedensbruchs, der Verbreitung staatsverbrecherischer Schriften“, ja, nur des „notorischen, innigen Verkehrs mit den bedeutenden Individuen der deutschen Revolution“ beschuldigt wurden.[27] Neben dem Beweis fraulichen Mutes und der aktiven Teilnahme an der Revolution hat die Hervorhebung der Wehrhaftigkeit von Frauen und der auch literarisch groß aufgemachten Barrikaden-Kämpferinnen für die Schreiberinnen und Leserinnen der Frauen-Zeitung eine besondere Bedeutung: Jahrhundertelang war die Unmündigkeit der Frauen in allen geschäftlichen und prozessualen Angelegenheiten, die sog. Geschlechtsvormundschaft, mit der Fehde- bzw. Waffenunfähigkeit begründet worden. Diese Argumentation, die auch heute noch geläufig ist, wenn die Bereitschaft, das Vaterland zu verteidigen, zum Maßstab staatsbürgerlicher Rechte dient, sollte widerlegt werden. Deshalb hielt die Redaktion der Frauen-Zeitung nichts von den

„Heulereien mancher, auch demokratischer Blätter, über solche Frauen-Verfolgungen und Verhaftungen. Was die Männer für ihre Überzeugung leiden und dulden, werden die Frauen auch zu ertragen wissen" (Frauen-Zeitung 5/1850).

Trotzdem lag den Achtundvierzigerinnen nichts ferner als die Verherrlichung des Krieges. „Wir kämpfen mit anderen Waffen", wird immer wieder betont. Louise Otto unterschied zwischen den Kriegen der Fürsten und Söldnerheere und einem „Volkskreuzzug", in dem es um die „Erhebung des ganzen Volkes" geht, „in einen solchen Volkskreuzzug gehören die Frauen". Gegen sentimentale Einwände fragte sie nur: „Ist es denn einem Mann gleichgültig zu töten?" Ihre sarkastische Antwort lautete: „O, ein echter Mann wird schon Antwort haben!" (Frauen-Zeitung 14 und 2/1849).

Die anderen Waffen der Frauen kommen in *Widerstandsformen* zum Ausdruck, deren politische Bedeutung nicht ohne weiteres erkennbar ist, weil sie dem Alltagsleben entstammen. Dazu gehören Farben und Abzeichen, rote Nelken oder rote Schals, das Tragen von Trauerkleidung „um das Vaterland" und demonstrative Handlungen, die in der frühen Arbeiterbewegung zur Tradition wurden, wie das Schmücken von Gräbern der Freiheitskämpfer. Daß sich die politische Opposition in diesen Alltäglichkeiten eine Gegenöffentlichkeit schuf, die den Regierenden gefährlich erschien, wird in den scharfen Repressionen deutlich. Wiederholt wurden Frauen für das „Demonstrationsmachen" und für die Unterstützung der „Aufrührer" mit Gefängnis bestraft (Frauen-Zeitung 18 und 28/1849 usw.).

Ende Mai 1849 wurde ein Aufruf zu einem Frauenstreik, dessen Radikalität und feministische Solidarität die öffentliche Meinung beunruhigen mußte, nicht nur in der Frauen-Zeitung, sondern in zahlreichen Journalen abgedruckt und erwidert (Frauen-Zeitung 6/1849).[28] Angefangen hatten die Frauen und Jungfrauen des Königreichs Württemberg, ihnen schlossen sich die norddeutschen und sächsischen Frauen begeistert an. Sie forderten die deutschen Krieger auf, nicht gegen die Demokraten und Freiheitskämpfer, ihre Söhne und Brüder zu kämpfen, und schworen, nie „einem

Söldner oder Fürstenknecht ... die Hand am Altare zu reichen," „nie Gemeinschaft zu haben mit einem solchen". Die Aufrufe fanden Beifall und Spott.[29] Niemand weiß, inwieweit die Verweigerungsstrategie befolgt oder wirksam wurde, beachtlich aber ist, welchen politischen Einfluß die Frauen ihrer Gunst zu lieben und zu heiraten, dem Privileg ihres häuslichen Herdes zutrauten:

„Auf unserem häuslichen Herde sollen nur Flammen reiner Vaterlandsliebe und echten Freiheitsmutes brennen, und keiner erhalte an ihm Freistatt, der nicht bereit ist, in den Kampf zu gehen für ... des Volkes Ehre und Recht." (Frauen-Zeitung 6/1849)

Ein ganz neues politisches Selbstbewußtsein, sowie das Wissen um die Möglichkeiten einer anderen Politik kommen in einer öffentlichen Kritik „sämtlicher Frauen und Jungfrauen" Bonns zum Ausdruck, die diese an den „75 teutschen Professoren der Frankfurter Paulskirche" übten. Sie kritisierten die Redseligkeit, Unentschlossenheit und die mangelnde Einigungsfähigkeit der Reichstagsmitglieder und baten,

„die betreffenden Räte nach Hause zu kommen, ihre Sorgfalt der Kinderstube, der Küche, der Waschküche und dem Keller nur einige Zeit zu widmen, während wir Frauen rascher das bedrohte Vaterland zu einigen und zu rüsten denken ... Wir Frauen halten viel vom Fortschritt, bequemen uns viel eher ... zu der Bewegung des Tages, wohingegen die Mehrzahl der verehrlichen Parlamentsmitglieder im Gestern, im Vorgestern, in der Rumpelkammer, Gott weiß wo steckt; ... wieder ein Grund mehr, der uns zur Schlichtung der Angelegenheiten befähigen würde."[30]

Louise Otto hat ihren *politischen Standort* und den ihrer politischen Freunde als den von „sozialen Demokraten" oder auch „sozialistischen Republikanern" umschrieben in dem weiten, um die Mitte des Jahrhunderts geltenden Sinn, der nicht unterscheidet zwischen „demokratisch" als gesetzlich und friedlich und „sozialistisch" als revolutionär und klassenkämpferisch.[31] Wie die frühe Arbeiterbewegung haben auch die Frauen soziale, demokratische und nationale Bewegung noch als Einheit verstanden. Sie plädierten für einen

„Staat, in dem das Volk keine höhere Herrschaft über sich erkennt als die eines Gesetzes, das es sich zuvor selbst gegeben" und „in dem auch das

Mißverständnis von Kapital und Arbeit aufgehoben und die Arbeit organisiert ist" (Frauen-Zeitung 7/1849).

Das politische Meinungsbild der Frauen-Zeitung ist gemäß dem Grundsatz der Redaktion, auch abweichende Meinungen zuzulassen, nicht einheitlich. Es findet sich schwärmerische Augenwischerei, die die sozialen Gegensätze im nationalen Einheitstaumel zu überwinden glaubt, neben Resignation und Kompromißbereitschaft oder kleinmütiger, im Hergebrachten befangener Selbstbeschränkung gerade auch unter Frauen. Dennoch gingen selbst unter dem Druck der sich verschärfenden Reaktion die grundlegenden Forderungen nach Emanzipation und sozialer Reform/Revolution nicht verloren.

Emanzipation meinte die Einlösung der Forderungen der Französischen Revolution, speziell der Menschenrechte auch für die Frauen. Im „Programm" der Frauen-Zeitung wurden sie definiert als

„das Recht, das Rein-Menschliche in uns in freier Entwicklung aller unserer Kräfte auszubilden und das Recht der Mündigkeit und Selbständigkeit im Staat" (Frauen-Zeitung 1/1849).

Für die Frauen war wichtig, daß sie diese Rechte nicht nur „fordern", sondern „sich verdienen" wollten. Die Begriffe Reform und Revolution wurden synonym verwendet in dem Sinn einer grundlegenden Veränderung der Gesellschaft. Sie verbanden „mit dem Begriff der Demokratie den der Revolution" (Frauen-Zeitung 12/1850⁺).

„Die Revolution, die an uns vorübergegangen ist, war eine soziale . . . sie ist mit Gewalt der Waffen zum Stillstand gebracht, aber nicht getötet, . . ." (Frauen-Zeitung 43/1850⁺).

Die Frauen hatten nun gelernt, „wie man eine Revolution macht, nämlich nicht durch Barrikaden-Bauen und den Straßenkampf einiger Tage – nicht durch den Rausch der Begeisterung, der nach ein paar Stunden verfliegt, sondern durch die friedliche Demokratisierung des ganzen Volkes" (Frauen-Zeitung 1/1849).

Der Aufbruch der Frauen in der 48er Revolution war somit Teil der gesellschaftlichen Bewegung des 19. Jahrhunderts, die Lorenz von Stein auf den Begriff der „sozialen Bewegung" gebracht hat:

„... die sozialen Bewegungen in den verschiedenen Völkern sind die Bewegungen der Gesellschaft ... Diese Gesellschaft daher, als eine Gesellschaft der Ungleichen, bildet einen fortwährenden Widerspruch mit dem Begriffe des Menschen, der die Gleichheit fordert ..."[32]

Frauen und Arbeiter. Der enge Zusammenhang zwischen allgemeiner sozialer und der Frauenfrage bzw. zwischen Organisation von Arbeiterinteressen und Fraueninteressen wird in der Frauen-Zeitung vielfältig angesprochen und von der Herausgeberin programmatisch gefordert. Im emphatischen Stil der Zeit liest sich das bei dem Sozialisten Hermann Semmig, einem Mitarbeiter der Zeitschrift, so:

„Die Frauen und die Proletarier sind die einzigen, die diese Hebel (einer Revolution) bewegen, die uns retten können, die Frauen, die das reine Menschentum in ihrem Herzen bewahrt, und die Proletarier, die die ganze Freiheit verloren haben und daher auch die ganze Freiheit, die volle, wahre Menschlichkeit zu erringen haben" (Frauen-Zeitung 28/1849).

Dennoch war dieses als notwendig erachtete Bündnis wohl zu keiner Zeit unproblematisch. „Assoziation für alle" war ein Leitartikel Louise Otto's überschrieben, der im Februar 1849 in der „Verbrüderung", dem Organ der Arbeitervereine, erschien, und in dem sie schrieb:

„Es ist nicht genug, daß die Männer sich assoziieren, auch die Frauen müssen es tun; sie müssen entweder mit den Männern vereint handeln oder, wo die Interessen auseinandergehen, sich unter sich verbinden." (abgedruckt in der Frauen-Zeitung 4/1849)

Verblüffen mag die Nüchternheit, mit der L. Otto die selbständige Organisation der Arbeiterinnen, das Auseinanderfallen der Interessen zwischen Männern und Frauen erwog, obgleich sie sich immer wieder für ein gemeinsames Handeln eingesetzt hatte. So hatte sie z. B. in dem vielzitierten „Sendschreiben an alle ‚Verbrüderten'" die Einbeziehung der Rechte der Arbeiterinnen in die Beschlüsse des Berliner Kongresses von 1848 begrüßt und bekräftigt (vgl. Frauen-Zeitung 3/1849). Dennoch erfuhren die Arbeiterinnen auch in der Folgezeit wenig Solidarität. Die Schreiberinnen der Frauen-Zeitung geißelten den Eigennutz und die Inkonsequenz der Männer wiederholt in scharfen Worten. Aus offensichtlich aktuellem Anlaß schrieb Georgine „An die Arbeiter“:

„... welche Begriffe müßt ihr, die ihr euch selbst das stärkere Geschlecht nennt, von *Menschenrecht* und Menschenpflicht haben, wenn solche *Ungerechtigkeit* Entschuldigung finden kann oder wohl gar *Recht* genannt wird ... Ihr verlangt Organisation der Arbeit, d.h. Befreiung derselben vom Kapital und geht doch nur darauf aus, die Macht, welche dem Kapital entzogen wird, an euch zu reißen und zur Bedrückung der Schwächeren zu brauchen! Dann hätten wir ja nur den Herrn gewechselt, und wahrlich beim Tausche nichts gewonnen. Ihr sprecht von *Brüderlichkeit* und nehmt nicht Anstand, eure *Schwestern* nicht allein von eurer Assoziation auszuschließen, sondern ihnen auch planmäßig die Arbeit und damit die Existenzmittel zu verweigern und zu entziehen!“ (Frauen-Zeitung 37/1849).

Dies waren Einsichten, hinter die nicht nur die Lassalleaner in den 1860er Jahren noch einmal weit zurückfallen sollten.

Die große Konkurrenz ist in der Frauen-Zeitung bei allen Berichten über die Situation der Arbeiterinnen der Anlaß vieler Klagen und Verbesserungsvorchläge.

„Welche Konkurrenz, welches Angebot der Arbeitskräfte im Verhältnis zu ihrem Verbrauch, und daher welch geringer Lohn!“ (Frauen-Zeitung 20/1849).

Es fällt auf, daß die Frauen die Notwendigkeit weiblichen Erwerbs niemals in Zweifel zogen. Sie unterschieden lediglich zwischen den Proletarierinnen, unter denen „jeder arbeiten muß, der nicht verhungern will“ und den Frauen der „höheren Stände“, „die sich nur einen kleinen Verdienst schaffen wollen“, was „ihnen nicht zu verargen ist“ (Frauen-Zeitung 20/1849). Sie beklagten,

„daß die Schranken für die Tätigkeit der Frauen viel zu eng gezogen sind. ... Tausende unseres Geschlechts haben bis jetzt bei der Unmöglichkeit, sich selbst eine sichere Existenz zu gründen, die Ehe als Versorgungsanstalt betrachtet ... Zwietracht, Unglück und Demoralisation sind die traurigen Folgen ...“ (Frauen-Zeitung 11/1849).

Tatsächlich hatten die Frauen der höheren Stände außerhalb der Ehe keine Berufsperspektive, wenn sie nicht das traurige Los einer Gouvernante oder Erzieherin ziehen wollten. Daneben wird von vielen „verschämten Armen“ berichtet, die aus „Stolz und Dünkel“

verheimlichen, „daß sie einen Verdienst brauchen." Es sind die typisch weiblichen Arbeiten wie Sticken, Stricken oder Nähen, die sich verheimlichen lassen und „die sich gegenseitig erdrücken durch die Last der Konkurrenz" (Frauen-Zeitung 21/1849).

Bereits um 1850 zeichneten sich die Strukturen eines geteilten und spezifisch weiblichen Arbeitsmarktes ab, die von nun an die kapitalistische Wirtschaftsweise charakterisieren: Die Frauen wurden abgedrängt oder verblieben in schlecht bezahlten und von Arbeitslosigkeit bedrohten Beschäftigungen. Ihre hauptsächlichen Arbeitsgebiete waren bis in das 20. Jahrhundert hinein die Land- und Hauswirtschaft, Gesindedienst, Tagelohn und Heimarbeit, erst zum Ende des 19. Jahrhunderts die Fabrikarbeit und die sozialen Dienste.

Fast die Hälfte aller in der preußischen Statistik von 1849 gezählten weiblichen Arbeitnehmer waren Dienstboten.[33] Entsprechend wurde auch in der Frauen-Zeitung bei der Schilderung weiblicher Erwerbstätigkeit das Elend und die Rechtlosigkeit der Dienstboten an erster Stelle genannt. Da wird der Schacher um die Berliner Dienstmädchen als „Sklavenmarkt" angeprangert (Frauen-Zeitung 11/1850) und die Einberufung einer Dienstmädchenversammlung in Leipzig durch die Dienstboten selbst als „gutes Beispiel ... für die Klassen weiblicher Arbeiterinnen" angeführt (Frauen-Zeitung 20/1849).

Ein Arbeitsgebiet, das nach Ansicht der männlichen Kollegen eine Gleichberechtigung der Frauen nicht zuließ, war das Handwerk. Schon nach Einführung der Gewerbefreiheit in Preußen im Jahre 1810 hatte sich zwischen Handwerksmeistern und preußischer Bürokratie eine Kontroverse um die Frage entzündet, ob auch Frauen zum selbständigen Betrieb eines Gewerbes berechtigt seien. Sie ist symptomatisch für den Überhang traditioneller Vorrechte und für die Widersprüchlichkeit bürgerlicher Freiheiten. Noch auf dem 1848 in Frankfurt tagenden Handwerkerparlament verlangten die Handwerker „aus Sorge um den letzten Rest von Tüchtigkeit und Wohlstand" vor allem „die Beschränkung der Arbeit der Frauenzimmer."[34] Beklagenswert war die Lage der Frauen im Handwerk vor allem in den Staaten des Deutschen Bundes, in denen wie z. B. in Sachsen um 1850 noch die alte Zunftverfassung galt. In der Frauen-Zeitung kamen wiederholt die Probleme der Schneiderinnen zur Sprache, „auf welche Jagd zu machen das größte Vergnügen der Herren Schneider-Meister zu sein scheint, obgleich eben diese Herren nicht verschmähen, Mädchen das Schneidern zu lehren und das Lehrgeld anzunehmen" (Frauen-Zeitung 11/1849). Da Frauen die Schneiderei nach den zünftlerischen Regelungen nicht im eigenen Betrieb, sondern allenfalls im Tagelohn, d.h. im Hause der Kunden ausüben durften, waren sie vielfältigen Schikanen ausgesetzt. Bei Arbeit zu Hause mußten sie jederzeit damit rechnen, kontrolliert zu werden und durch Konfiskation der Waren ihre Arbeit und ihren Verdienst zu verlieren.

Heimarbeit und Tagelohn als Mischform zwischen handwerklicher und fabrikmäßiger Arbeit, aber auch zwischen Hausarbeit und Lohnarbeit wurde von den meisten nicht als familienfreundlicher Kompromiß gewählt, sondern aus Not. In diesem Rückzugsgebiet weiblicher Arbeiten war der Kampf gegen die viel profitablere Maschinenproduktion auch bei erschöpfender Mehrarbeit und Hungerlöhnen nicht zu gewinnen.

„Bei der anstrengendsten Arbeit von täglich 12 bis 14 Stunden verdient eine solche arme Arbeiterin, oft Ernährerin einer ganzen Familie, kaum 4–5 Ngr. (= Neugroschen). – Von diesen wenigen Groschen muß sie die teure Miete bezahlen, sich anständig kleiden, sonst würde man ihr keine Arbeit anvertrauen, davon Holz und Licht kaufen, und doch will sie die Ihrigen nicht verhungern sehen" (Frauen-Zeitung 10/1849).

Die Frauen-Zeitung hat in vielfältiger Weise für die Interessen der Arbeiterinnen Partei ergriffen und ihre Not zur Sprache gebracht. Obgleich Bildungsbarrieren und finanzielle Schranken den Kreis der Leserinnen und Schreiberinnen auf bürgerliche, kleinbürgerliche Schichten beschränkten, gibt es in der Zeitung selbst wie auch in anderen Quellen[35] zahlreiche Hinweise, daß die Beteiligung der Frauen an der März-Bewegung, an Lohnkämpfen und Assoziationsgründungen die soziale Frage auch als Frauenfrage ins öffentliche Bewußtsein gerückt hat.

Es war die Erfahrung konkreter Widersprüche zwischen den Arbeitsbedingungen der Frauen und einer zumindest auch für sie denkbaren Freiheit und Gleichheit, die der Bewegung der Frauen den Anstoß gab.

3. Vereine zur Organisation von Fraueninteressen.

Überraschend ist die große Zahl der Frauenvereine um 1848, die aufgrund der neuen Quellen aus dem „Dunkel der Geschichte" aufgetaucht sind. Durch die mehrfachen Aufrufe in der Frauen-Zeitung zur Gründung von Frauenvereinen, insbesondere das Angebot der Redaktion, „den Vereinen als Organ zu dienen" und ihre Angelegenheiten zu besprechen (Frauen-Zeitung 11/1850), wurde eine große Zahl von Frauen-Zusammenschlüssen bekannt. Ausführlich und regelmäßig wurde über Vereinsgründungen aus Sachsen, Thüringen und Schlesien berichtet, aber auch aus den größeren Städten Wien, Berlin und Hamburg. Informationen über andere Gegenden wurden eher zufällig oder verspätet erwähnt, z. B. die Frauenvereine in Mainz oder Heidelberg. Neuere Untersuchungen vor allem für Süddeutschland[36] zeigen inzwischen ein farbigeres, wenngleich immer noch lückenhaftes Bild.

So pathetisch im Stil der Zeit war die Redeweise der Breslauerin nicht, die von einem „festen und schönen Band" der Frauenvereine träumte, das wie ein „diamantener Gürtel das ganze Vaterland umgeben soll" (Frauen-Zeitung 9/1850). Ein Blick auf die Landkarte aller genannten Orte bestätigt, daß sich die Frauenvereine über den ganzen Deutschen Bund verteilten; berichtet wird aus Wien, Berlin, Hamburg, Chemnitz, Breslau, Mainz oder Heidelberg, um nur einige zu nennen. Schon vor dem „März" gab es Frauenvereine in Deutschland. Sie waren in den Befreiungskriegen entstanden, als Frauen aus patriotischer Gesinnung Lazarett- oder Wohltätigkeitsvereine gegründet hatten. Neu an den Vereinigungen von 1848 war ihre politische Zielsetzung, die schon in ihrer Bezeichnung als „demokratische Frauenvereine" zum Ausdruck kommt, aber nicht in allen Zusammenschlüssen der Frauen mit gleicher Intensität verfolgt wurde.

Der Schritt zur Vereinsgründung ist sicherlich nicht ohne den allgemeinen Zug der Zeit zum Vereinswesen als Vorstufe politischer Parteiungen zu verstehen. Dennoch war eine derartige Initiative für Frauen in der männlichen Öffentlichkeit in jedem Fall ein persönliches Wagnis, das Mut und Organisationstalent erforderte.

Georgine, die sich in der Frauen-Zeitung wiederholt für die Gründung von Vereinen, insbesondere für die Assoziation der Arbeiterinnen einsetzte, schrieb:

„... lassen wir uns aber durch das Geschrei der am ‚alt Hergebrachten' festhängenden Menge über Emanzipation nicht irre machen, verlieren wir den Mut nicht, wenn man uns lächerlich zu machen sucht, sondern legen wir kräftig Hand an, um die veralteten Schranken niederzureißen ... Viele werden mir entgegenhalten, daß es in diesen unruhigen Tagen nicht an der Zeit sei, solche Neuerungen und Reformen zu beginnen, doch ich halte die Jetztzeit gerade für die passendste, weil die Not der Arbeiterinnen jetzt einen so hohen Grad erreicht hat, daß Zögerung Sünde wäre ..." (Frauen-Zeitung 11/1849).

Motiv für die Vereinsgründungen war für die einen die soziale Not, für andere eine politische Erfahrung, für die es in dieser Zeit nicht an Gelegenheiten mangelte. Wie die vielen Solidaritätsadressen und Teilnahmebriefe an Eugenie Blum belegen, muß die Hinrichtung Robert Blums, des linken Demokraten und Abgeordneten der Frankfurter Nationalversammlung, im Oktober 1848 in Wien für viele Frauen wie ein Signal gewirkt haben.[37] Das Schicksal der Witwe des Freiheitskämpfers bot Identifikationsmöglichkeiten, die zur Teilnahme und Mitwirkung drängten.

Demokratische Frauenvereine zur Unterstützung hilfsbedürftiger Familien. Als Beispiel für einen Anfang soll ein Aufruf zur Vereinsgründung in Altenburg in Sachsen zitiert werden:

„Alle Frauen, Jungfrauen und Mädchen, denen ein warmes Herz für Freiheit und Vaterland im Busen schlägt, die ihren Beruf erkennen und die große Not des edlen deutschen Vaterlandes mitfühlen, sie alle, die gern Tränen trocknen, werden hiermit nochmals dringend unter Hinweisung auf den Zuruf: ‚Die Aufgabe der Frauen in unserer Zeit' in Nr. 50 des Altenburger Volksblattes ersucht, ein jedes nach Kräften sein Scherflein beisteuern zu wollen, und erbieten sich die Unterzeichneten, eine jede Gabe mit dem innigsten Danke entgegenzunehmen ..." (Frauen-Zeitung 15/1849).

Obgleich diese Frauenvereine auf den ersten Blick wie traditionelle Wohltätigkeitsvereine wirkten und mit zunehmender Behinderung durch die Reaktion zur Tarnung so wirken wollten, war ihre Zielsetzung doch eine politische, ja, ihre Mitglieder verwahrten sich ausdrücklich gegen die Festlegung der Frauenaktivitäten auf die „den Menschen niederdrückende Wohltätigkeit" (Frauen-Zeitung 10/1849) oder das „Wohltätigkeitsprinzip" (Frauen-Zeitung 10/1850). Sie nahmen mit ihrer praktischen Hilfe Partei zunächst für die Aufständischen – sie nannten sie „Freiheitskämpfer" oder „Vaterlandsfreunde" – und nach der Niederschlagung der Revolution für die politisch Verfolgten, die Flüchtlinge und deren Angehörige. Sie finanzierten ihre Hilfe durch Vereinsbeiträge, Sammlungen, Geld- und Sachspenden und durch öffentliche Veranstaltungen (Konzerte, Banquette und Bazare). Mit Beginn der Reaktion wurden diese Vereinstätigkeiten behindert. Für manche Vereine wurde die politische Stellungnahme immer problematischer, Austritte oder Auflösung waren die Folge, andere betonten nun stärker ihre unpolitische Tendenz als Wohltätigkeitsvereine.[38]

Einer der konsequentesten Vertreter der demokratischen und politischen Richtung war der Dresdener Frauenverein, über den die Frauen-Zeitung wiederholt und ausführlich berichtete. Mit einem ähnlichen Aufruf wie der Altenburger Verein gegründet, mußten die Frauen bald feststellen, daß die an sie gerichteten Anforderungen und Hilfeersuchen ihre Möglichkeiten und Mittel weit überstiegen. Immer wieder wurde zu tätiger Teilnahme aufgefordert, wurden mit viel Mut und Phantasie neue Geldquellen erschlossen. Mit dem Jahresbeginn 1850 begann die Repression:

„Das Verbot der Versammlungen des ‚Frauen-Vereins für hilfsbedürftige Familien' ist bereits keine Neuigkeit mehr, über die ich zu berichten hätte. Man geht jetzt so weit, nicht nur Vereine, sondern auch einzelne Personen zu überwachen und sie für alles, was sie reden und tun, verantwortlich zu machen ..." (Frauen-Zeitung 17/1850).

Selbst Konzerte „zum Besten der hilfsbedürftigen Familien" wurden von der Polizeibehörde untersagt (Frauen-Zeitung 40/1850).

Ein anderer, für kurze Zeit sehr erfolgreicher Frauenverein dieser Art war der Mainzer Frauenverein „Humania" unter seiner rührigen Präsidentin Kathinka Zitz. Ihr Nachlaß sowie ihre Lebensskizzen geben wertvolle Auskünfte über das Ausmaß der Hilfeleistungen und Aktivitäten.[39] K. Zitz brachte in einer gefährlichen Reiseunternehmung ihre Hilfsgüter persönlich zu den Gefangenen in den badischen und pfälzischen Festungen und zu den Flüchtlingen in der Schweiz und verhandelte selbst mit dem Kommandanten der Festung Rastatt über eine Sendung „Leibweißzeug" (= Unterwäsche) für die Mainzer und rheinhessischen Gefangenen. Nachdem sie wegen interner Differenzen mit anderen Vorstandsmitgliedern ihr Amt niedergelegt hatte, schmolz der Verein von anfangs 1700 Frauen rasch auf 200 Mitglieder zusammen. Die Frauen-Zeitung kommentierte im November 1850 das absehbare Ende des Vereins:

„Der demokratische Frauen-Verein in Mainz teilt das Schicksal der meisten derartigen Frauenvereine ... er ist jetzt so gut wie aufgelöst, da in Hessen alle politischen Vereine verboten sind" (Frauen-Zeitung 46/1850).

Erziehungs- und Fortbildungsvereine. Die Parole „Wissen ist Macht" mußte gerade Frauen, die bisher von aller Bildung ausgeschlossen waren, überzeugen. Insbesondere die bürgerlichen Frauen kritisierten ihre Erziehung und die „Redensart von der weiblichen Bestimmung", die schuld daran sei, daß die Frauen „nur hinter verschlossenen Türen" von der Freiheit „flüstern" (Frauen-Zeitung 2/1850). Sie begehrten auf gegen „die Schranken für die Tätigkeit der Frauen", gegen die „beengenden Fesseln" und die „mannigfaltigen hemmenden Familienverhältnisse der Gegenwart" (Frauen-Zeitung 2/1850). Daran wird deutlich, daß sich das neue politische Bewußtsein der Frauen nicht nur aus den Behinderungen im Erwerbsleben, im Bereich sog. gesellschaftlicher Produktion, konstituierte, vielmehr auch durch ihre Erfahrungen im engeren Kreis der Familie geprägt und gebildet wurde. Dabei ging es ihnen nicht nur um die eigene Freiheit und Selbständigkeit. Gerade mit zunehmender Reaktion versuchten viele, ihre politische Enttäuschung über das Scheitern aller Reformbestrebungen mit der Hoffnung auf eine bessere Zukunft zu trösten. „Die Freiheit – wir ziehen sie groß zu Haus!“ war das ein wenig trotzige, aber doch zweischneidige Resümee, das Louise Otto zu Beginn des Jahres 1850 zog (Frauen-Zeitung 1/1850).

Die in vielen Orten auf Initiative der Frauen gegründeten Bildungsvereine und Erziehungsanstalten verschiedenster Art, unter ihnen die im Sinne Karl Fröbels eingerichteten Kindergärten, entsprachen also einem von vielen Frauen artikulierten Bedürfnis, selbst zu lernen bzw. sich als Erzieherin des künftigen Geschlechts zu betätigen (vgl. Frauen-Zeitung 31/1849^{+}).

Der profilierteste Verein dieser Art wirkte in Hamburg.[40] Das Modell einer Hochschule für das weibliche Geschlecht wurde getragen vom „Frauenverein zur Unterstützung der Freien Gemeinde“ und einem „Sozialen Verein Hamburger Frauen zur Ausgleichung konfessioneller Unterschiede“, in dem die beiden christlichen Konfessionen sich zusammen mit jüdischen Frauen um eine Verständigung bemühten. Beide Gruppen vereinigten sich 1849 zur Gründung des Hamburger Bildungsvereins, der als Zentralverein eines „Allgemeinen Bildungsvereins deutscher Frauen“ das ehrgeizige Projekt einer Hochschule für Frauen entwickelte und bis zum Einbruch der Reaktion Anfang des Jahres 1851 mit Erfolg durchführte. Der Plan dieser Lehranstalt für erwachsene Mädchen, die als Pensionat mit angegliedertem Kindergarten theoretische und praktische Ausbildung ermöglichte, umfaßte alles, „was das praktische, gesellige und geistige Leben in seinen höchsten Sphären von gebildeten Frauen verlangen kann“;[41] wissenschaftlichen Unterricht von Philosophie, über Sprachen bis zu den Naturwissenschaften, sowie die praktische Übung in Haushaltsgeschäften, Buchhaltung und erziehender Beschäftigung mit Kindern.

Interesant ist die Kontroverse, die sich um den Vorschlag entspann, den Hamburger Bildungsverein als Zentralverein aller disparaten Fraueninitiativen zu etablieren. Johannes Ronge, Mitbegründer des Deutschkatholizismus und Vorsteher der Freien Gemeinde in Hamburg, versuchte, sich mit einem perfekten Plan zu einer straff und hiearchisch gegliederten Organisation aller Frauenvereine an die Spitze dieser Initiative zu stellen, die „den

Rat und die Hilfe ... wissenschaftlich gebildeter Männer ... nicht entbehren könne“ (Frauen-Zeitung 3/1850). Die Frauen wehrten sich gegen diese Bevormundung mit dem Hinweis, daß die Unterstützung der Hamburger Hochschule

„nicht die einzige Aufgabe der deutschen Frauenvereine sein darf und daß besonders in der jetzigen Zeit die nächste Aufgabe derselben ist, das Elend der Flüchtigen, Verfolgten, Gefangenen und das der Angehörigen lindern zu helfen ...“ (Frauen-Zeitung 17/1850).

Ein wichtiges Prinzip sowohl der demokratischen wie der Bildungsvereine jener Zeit war im Gegensatz zu vielen Vereinsgründungen nach der Mitte der 60er Jahre ihre demokratische Verfassung und das Selbstvertretungsrecht der Frauen. Da Frauen die Möglichkeit zu gleichberechtigter Mitwirkung erstmals in den freireligiösen Gemeinden erhielten, kann es nicht verwundern, daß sich an Orten einflußreicher Freier Gemeinden auch die aktivsten Frauenvereine befanden, z. B. in Breslau, Hamburg und Altenburg in Sachsen. Ebenso wichtig war den engagierten Frauen die Überwindung gesellschaftlicher Schranken. Die Korrespondentinnen betonten, daß die Mitglieder ihrer Vereine „die Frauen aus dem Volke, schlichte Bürgerinnen, Arbeiterinnen, Bäuerinnen“ waren (Frauen-Zeitung 1/1849) oder daß die „politischen Vereine und Feste fast nur von Frauen der niederen Stände“ besucht wurden (Frauen-Zeitung 10/1849). Sie schwärmten von einem „Schwesternbund“, in dem jeder „Kastengeist“ aufgegeben sei, „dann würden wir aufhören, ein schwaches Geschlecht zu sein und durch uns selbst groß, stark und frei werden“ (Frauen-Zeitung 12/1849).

Vor allem anderen aber verfolgten die Frauenvereine das Ziel, die Frauen „in größerer Selbständigkeit und Selbstachtung“ zu üben (Frauen-Zeitung 27/1850). Die Zweckmäßigkeit einer gesonderten, autonomen Vereinigung für Frauen bei grundsätzlich gleichen politischen Zielen mit der demokratischen Opposition wurde also reflektiert. Die Frauen kamen zu dem Schluß, daß da, wo ihre Interessen mit denen der Männer nicht identisch sind, sie sich untereinander assoziieren müßten (Frauen-Zeitung 4/1849); auch sie machten bereits die bittere Erfahrung, daß die „Linken“

die Frauen nicht unbedingt unterstützten (Frauen-Zeitung 5/1850).

Der Gedanke der Selbsthilfe war ausschlaggebend auch für die Assoziation. Es wird in der Frauen-Zeitung von verschiedenen Assoziationsgründungen für Arbeiterinnen berichtet, z. B. einer Assoziation der Strumpf-Arbeiter und Arbeiterinnen in Berlin (Frauen-Zeitung 2/1849), einem Assoziations-Magazin von Stuhlwaren aller Art in Altenburg (Frauen-Zeitung 9/1849) und einer offensichtlich sehr gut organisierten Schneider-Assoziation im Bielefelder Raum, die jedoch nur den Frauen als Angehörigen der Familie eines Schneiders eine Versorgung zusicherte (Frauen-Zeitung 48/1850). Offensichtlich ist das Assoziationswesen in der kurzen Zeit bis zum Erstarken der Reaktion über zaghafte Anfänge nicht hinausgekommen.

Die Frauenvereine ereilte das Schicksal aller Arbeiterassoziationen und -vereine, sie wurden mit gleicher Härte verfolgt. Seit der Mitte des Jahres 1850 wurden sie aufgelöst, zunehmenden Repressalien ausgesetzt durch Haussuchungen, Beschlagnahmungen der Vereinskassen, Verhaftungen der Vorstände und schließlich ganz verboten (Frauen-Zeitung 17, 22, 30, 40/1850) usw.). Als die ersten Versammlungen in Gegenwart von Polizisten stattfanden, lästerten die Frauen noch:

„Die bewaffnete Macht wird sich doch unmöglich vor den Frauen fürchten?“ (Frauen-Zeitung 13/1850).

Doch wie sehr die Regierungen vor dieser ersten organisierten Frauenbewegung in Deutschland das Fürchten gelernt hatten, wird an ihren Reaktionen deutlich. Pressegesetze schlossen ab 1850 Frauen von der verantwortlichen Redaktion einer Zeitschrift aus (in Sachsen deshalb „Lex Otto“ genannt). Die in nahezu allen Bundesstaaten nach 1850 erlassenen Vereinsgesetze verboten „Frauenspersonen“ und Minderjährigen nicht nur die Mitgliedschaft in politischen Vereinen, sondern sogar den Besuch politischer Versammlungen. Insbesondere die Vereinsgesetze, die mehr als ein halbes Jahrhundert gültig waren (in Preußen bis 1908), nahmen den Frauen alle öffentlichen Rechte und Einwirkungsmöglichkeiten und trugen wesentlich dazu bei, die ersten Anfänge einer deutschen Frauenbewegung zu zerstören. Die scharfe staatliche Repression gegen die Vereinigung von Frauen und Organisation von Fraueninteressen liefert jedoch nicht zuletzt einen Beleg für die politische Bedeutung der deutschen Frauenbewegung um 1848.

*Anmerkungen**

* Als wichtige neue Publikation zum Thema sei verwiesen auf: C. Lipp (Hg.), Schimpfende Weiber und patriotische Jungfrauen. Frauen im Vormärz und in der Revolution 1848/49, Moos u. Baden-Baden 1986.

1 M. F. Anneke, Mutterland. Memoiren einer Frau aus dem badisch pfälzischen Feldzuge 1848/49 (Newark 1853) Nachdr. Münster 1982.

2 Vgl. V. Valentin, in dessen „Geschichte der deutschen Revolution von 1848–1849“, Bd. 2 (1931), Frankfurt-Wien-Zürich 1977, S. 579–583, der „erste deutsche Kampf um Frauenrechte“ noch zu einer eher kuriosen Nebenbemerkung gerät, für die auf den mehr als 1000 Druckseiten insgesamt nur 4 Seiten zur Verfügung stehen.

3 Vgl. z. B. H.-U. Bussemer, Bürgerliche und proletarische Frauenbewegung (1865–1914), in: Frauen in der Geschichte, hg. von A. Kuhn/G. Schneider, Düsseldorf 1979, S. 34–55; R. Evans, The Feminist Movement in Germany 1894–1933, London 1976, S. 24 f.

4 Handbuch der Frauenbewegung, hg. v. H. Lange u. G. Bäumer, 1. Teil, Berlin 1901, S. 34 f.; H. Lange, 1848 und die Frauenbewegung, in: Die Frau 30, 1923, S. 195 f.; C. Zetkin, Zur Geschichte der proletarischen Frauenbewegung, Frankfurt 1971, S. 15.

5 M. Twellmann, Die deutsche Frauenbewegung. Ihre Anfänge und erste Entwicklung 1843–1889, Meisenheim 1972, S. 1 f.

6 So Lange, 1848, S. 203; dagegen A. Blos, Die Frauen der deutschen Revolution von 1848, Dresden 1928.

7 Die „Memoiren“ erschienen 1875 zuerst anonym; zur 47. Aufl. vgl. H. Sveistrup u. A. v. Zahn-Harnack, Die Frauenfrage in Deutschland, Burg b. M. 1934, S. 91; vgl. Lange 1848, S. 203.

8 So abschätzig Zetkin, S. 18.

9 M. Henkel/R. Taubert, Das Weib in Conflict mit den sozialen Verhältnissen. Mathilda Franziska Anneke und die erste deutsche Frauen-Zeitung, Bochum 1976.

10 R. Möhrmann, Die andere Frau. Emanzipationsansätze deutscher Schriftstellerinnen im Vorfeld der Achtundvierziger-Revolution, Stuttgart 1977, S. 2; vgl. auch Frauenemanzipation im deutschen Vormärz, Texte und Dokumente, hg. v. Renate Möhrmann, Stuttgart 1978.

11 C.M.Prelinger, Religious Dissent, Womens Rights, and the Hamburger Hochschule für das weibliche Geschlecht in midnineteenth-century Germany, in: Church history 45, 1976, S.42–55; vgl. auch Jacques Droz, Die religiösen Sekten und die Revolution von 1848, in: Archiv für Sozialgeschichte 3, 1963, S.109–118.

12 C.Hartwig, Frauenbewegung und Frauenbildung in Hamburg während und nach der Umbruchszeit von 1848/49, Staatsexamensarbeit Hamburg 1981, Staatsarchiv Hamburg, Handschriftensammlung.

13 S.Zucker, German Women and the Revolution of 1848: Kathinka Zitz-Halein and the Humania Association, in: Central European History 13, 1980, S.237–254.

14 G.Hummel-Haasis, Schwestern zerreißt eure Ketten, Zeugnisse zur Geschichte der Frauen in der Revolution von 1848/49, München 1982.

15 Auswahl und Neudruck: „Dem Reich der Freiheit werb' ich Bürgerinnen". Die Frauen-Zeitung von Louise Otto, hg. v. U.Gerhard, E.Hannover-Drück u. R.Schmitter, Frankfurt 1979.

16 Handbuch der Frauenbewegung, S.38; vgl. auch Lange, 1848, S.203.

17 H.Lange, Louise Otto und die erste deutsche Frauen-Zeitung, in: Die Frau 34, 1927, S.17.

18 Vgl. E.-R.Boetcher Joeres, Louise Otto und her Journals: A Chapter in Nineteenth-Century German Feminism, in: Archiv für Sozialgeschichte der deutschen Literatur 4, 1979, S.100–129; F.Balser, Sozial-Demokratie 1848/49–1863, 2.Aufl. Stuttgart 1965, Textband, S.80f.

19 Leipziger Arbeiterzeitung Nr.4 vom 20.5. 1848, zit. n. H.Lange, Die Anfänge der Frauenbewegung, Berlin 1927, S.37; vgl. auch A.Schmidt/H.Rösch, Louise Otto-Peters. Ein Lebensbild, Leipzig 1898.

20 Die Ziffern bezeichnen die Heft-Nummer im Jahrgang, ein + bedeutet, nicht in der Neuausgabe abgedruckt.

21 Twellmann, Bd.2, S.41.

22 V.Valentin, Bd.2, S.580 enthält dagegen einen Hinweis auf die Probenummer einer Berliner Frauen-Zeitung vom 12.Dez. 1849 und die nur in drei Nummern erschienene Frauen-Zeitung von F.Anneke.
J.Kirchner, Das Deutsche Zeitschriftenwesen, seine Geschichte und seine Probleme, Teil 2, Wiesbaden 1962, S.114; ebenso keine Erwähnung bei K.Koszyk, Deutsche Presse im 19.Jahrhundert, Berlin 1966.
J.Kirchner erwähnt in seiner Bibliographie, Die Zeitschriften des Deutschen Sprachgebietes von 1831–1870, Bd.2, Stuttgart 1977 unter der Titel-Nr.11 425 lediglich die Jge.3 und 4.

23 Vgl. dazu ausführlicher die Einleitung zu „Dem Reich der Freiheit ...", S.23f.

24 Vgl. Anneke, S.47; Hummel-Haasis, S.185–239.

25 ebd. Dokument Nr.143 u. S.130.

26 ebd. Dokument Nr.147.

27 ebd. Dokument Nr. 143.
28 ebd. Dokument Nr. 13–15.
29 ebd. Dokument Nr. 1 u. 14.
30 ebd. Dokument Nr. 30.
31 C. Stephan, „Genossen, wir dürfen uns nicht von der Geduld hinreißen lassen!“, Aus der Urgeschichte der Sozialdemokratie, Frankfurt 1977, S. 25 f.
32 L. v. Stein, Die socialen Bewegungen der Gegenwart (1848), in: ders., Schriften zum Sozialismus 1848, 1852, 1854, Darmstadt 1974, S. 2 und 3.
33 Zur Frauenarbeit vgl. ausführlicher U. Gerhard, Verhältnisse und Verhinderungen. Frauenarbeit, Familie und Rechte der Frauen, Frankfurt 1978, S. 41 f.
34 Zit. nach G. Schmoller, Zur Geschichte der deutschen Kleingewerbe im 19. Jahrhundert, Halle 1870, S. 83 f.
35 Hummel-Haasis, Dokumente Nr. 173–184.
36 Vgl. Hummel-Haasis und S. Zucker.
37 Frauen-Zeitung 21/1849 et passim; Briefe im Nachlaß K. Zitz, Stadtarchiv Mainz sowie im Archiv E. Wüstenfeld, Familienarchive, Staatsarchiv Hamburg.
38 Zum Mainzer Frauenverein vgl. Zucker, S. 247, dagegen Hummel-Haasis, Dokument Nr. 231, die die unpolitische Argumentation nur als Taktik versteht.
39 K. Zitz, „Skizzen aus meinem Leben“, K. Zitz Nachlaß, Hessische Landesbibliothek, Wiesbaden. Ausführlich zitiert bei Hummel-Haasis, Dokument Nr. 238.
40 Hierzu ausführlich Hartwig und Prelinger, vgl. auch M. v. Meysenbug, 3. Aufl. Bd. 1, S. 233 ff.
41 K. Fröbel, Hochschulen für Mädchen und Kindergärten als Glieder einer vollständigen Bildungsanstalt, welche Erziehung der Familie und Unterricht der Schule verbindet, Hamburg 1849, S. 55.

Irene Stoehr

„Organisierte Mütterlichkeit". Zur Politik der deutschen Frauenbewegung um 1900

„Mütterlichkeit" hatte in allen deutschen Frauenbewegungen vor 1933 – einschließlich der sozialistischen – einen guten Klang. Zum politischen Programm wurde dieser Begriff aber erst für die „gemäßigte" Hauptrichtung der deutschen Frauenbewegung, die sich 1894 im Bund Deutscher Frauenvereine (BDF) unter der Leitung Helene Langes – später Gertrud Bäumers, Marianne Webers u. a. – organisierte. Damit wurde er auch zum Stein des Anstoßes für viele heutige Kritiker an der Frauenbewegung, die verschiedenen linken oder feministischen Emanzipationsansätzen verpflichtet sind. Ihr gemeinsamer Nenner ist die Entlarvung dieser programmatischen Mütterlichkeit als Unterwerfung unter die bürgerliche oder männliche Zuschreibung *der* „Frauenrolle".[1] Im Zusammenhang mit einer zeitweise nationalen Orientierung der „gemäßigten" Frauenbewegung sowie ihrem „prüden" Kampf um die Sittlichkeit[2] gilt ihr Bekenntnis zur „Mütterlichkeit" als wesentliches Element eines mystisch-politischen Konservatismus, der schließlich dem Nationalsozialismus den Weg bereitet habe.[3]

Es geht im folgenden nicht darum, die Frauenbewegung von einem generellen Konservatismusvorwurf zu reinigen. In der Logik linker politischer Theorien wäre er in der Tendenz mit einiger Einschränkung[4] korrekt. Die Neue Frauenbewegung und die von ihr angeregte historische Frauenforschung ermöglicht es aber inzwischen, die Geschichte in einen anderen Blick zu nehmen. Dabei werden die Begriffe „konservativ" und „fortschrittlich" als Bewertungsmaßstäbe in dem Maße fragwürdig, in dem sich zeigt, daß sich der gesellschaftliche Fortschritt bis heute nicht auf die Befreiung der Frauen hin bewegt hat. Ich will daher die „konservative"

Frauenbewegung nicht erneut mit den Bewerungsmaßstäben einer „fortschrittlichen" oder „richtigen" Politik konfrontieren, sondern ihre Intentionen unter gesellschaftliche Bedingungen der Jahrhundertwende und vor dem Hintergrund eines heute brüchig gewordenen Gleichberechtigungs-Optimismus neu verstehen.

Der Ausgangspunkt für diese Untersuchung ist die Entdeckung, daß „organisierte Mütterlichkeit" als politische Theorie und Praxis von der „gemäßigten" Frauenbewegung im Zusammenhang mit einer Geschichtsinterpretation entwickelt wurde, die selbst bereits nicht nur den technisch-ökonomischen Fortschritt, sondern auch das sozialistische und liberale Fortschrittsdenken problematisiert hatte. Erst mit dieser Bestimmung des sozialen Ortes der Frauen im historischen Prozeß wurde es möglich, Vorstellungen von „Weiblichkeit" und „Mütterlichkeit", die schon lange vorher zum positiven Gedankengut der deutschen Frauenbewegung gehörten, offensiv zu wenden und zu einer Politisierung der verschiedenen Lebensbereiche von Frauen zu verdichten. Konkreter Anlaß hierfür war die Auseinandersetzung mit einer „radikalen", „linken" Opposition im BDF, die sich 1898 im „Verband Fortschrittlicher Frauenvereine" organisierte.[5] Meine Analyse vor allem theoretischer und programmatischer Dokumente der „gemäßigten" Frauenbewegung von 1890–1914 geht von folgenden Hypothesen aus:

1. Mit dem Programm der „Mütterlichkeit" wurde ein Abwehrkampf gegen eine ökonomische und politische Entwicklung geführt, die als „geschlechtsneutral" erschien, aber tatsächlich die ungleiche Machtverteilung und die unterschiedlichen Lebenssituationen der Geschlechter verschleierte oder sogar verschärfte. Die „Vergesellschaftung" als Zugriff des von Männern beherrschten Staats- und Wirtschaftssystems auf den Wirkungsbereich der Frauen, die tendenzielle Auflösung der „Privatsphäre", wurde als Entstehungsgrund der Frauenbewegung genannt.[6]

2. „Organisierte Mütterlichkeit" ist eine Metapher für den Versuch von Frauen, gleichberechtigt an der Entwicklung und den Privilegien der männlichen Kultur teilzunehmen, ohne ihre weibliche Identität aufgeben zu müssen. Seit 1905 setzte die Frauenbewegung offiziell das Leitziel, „den Kultureinfluß der Frau zur

vollen inneren Entfaltung und freien sozialer Wirksamkeit zu bringen",[7] gegen die Einseitigkeit des gesellschaftlichen Fortschritts.

3. Die Rede von einem weiblichen „Kultureinfluß" ist nur vordergründig als „Beschränkung" auf Bereiche außerhalb der „Politik" zu interpretieren.[8] In dem Maße, wie diese Forderung tatsächlich den Kampf um „politische" Rechte – u. a. das Wahlrecht – in den Hintergrund drängte, erweiterte sie zugleich den Politikbegriff der Frauenbewegung auf prinzipiell alle weiblichen Lebensbereiche. Es handelte sich um ein umfassendes Programm zur Politisierung der „Privatsphäre".

4. Die Frauenbewegung wollte die Arbeitsteilung zwischen Männern und Frauen nicht aufheben, sondern neu organisieren und damit die ungleiche Machtverteilung zwischen den Geschlechtern überwinden. Im Unterschied zu sozialistischen und radikalfeministischen Prinzipien war die gemäßigte Frauenbewegung nicht davon überzeugt, daß geschlechtsspezifische Arbeits- und Machtverteilung prinzipiell identisch seien. Im Gegenteil: Einfluß sei für Frauen nur dann durchzusetzen, wenn sie zur „Kulturentwicklung" etwas beitrügen, was Männer nicht könnten. Auf der Ebene des politischen Rechtskampfes wurde zum ersten Mal die Forderung nach vollständiger Gleichberechtigung in Staat und Gesellschaft mit der „Ungleichheit" der Geschlechter begründet. So wurde eine in der deutschen Frauenbewegung seit den 1860er Jahren bestehende Tradition, „erweiterte Mütterlichkeit" als Ausbau einer weiblichen Sphäre zu verstehen, offensiv gewendet.[9] Ein auf der „kulturellen Mission" der Frau bestehender Machtanspruch verstand sich als weiterreichende Alternative zu einem Verlangen nach Gleichberechtigung, das mit gleicher Leistungsfähigkeit von Männern und Frauen begründet wurde.

5. Mütterlichkeit „organisieren" sollte auch heißen, Frauen aus ihren isolierten Beziehungen zu jeweils einem Mann zu befreien, in die von der „bürgerlichen" Frauenbewegung repräsentierte Frauen bereits seit etwa 100 Jahren eingesperrt waren und in die Frauen anderer Sozialschichten zunehmend hineingezogen wurden. Das Ziel war, unter veränderten Bedingungen wieder eine Frauenöffentlichkeit herzustellen[10] – nicht nur als Organisations-

zusammenhang der Frauenbewegung selbst, sondern auch in den Berufen und in der Politik.

6. Zentrale Voraussetzung der Konstitution einer weiblichen Öffentlichkeit in den höheren – bisher männlichen – Berufen, war die Organisation einer einheitlichen Mädchenbildung zur Herausbildung einer „erweiterten Mütterlichkeit". Diese sollte in allen Berufen ebenso praktiziert werden wie den eigenen Kindern gegenüber. Auch die nicht erwerbstätige Mutter bedurfte der Ausbildung. Die Selbstorganisation der Mädchenbildung durch die Frauenbewegung war gleichzeitig ein Versuch, Frauenöffentlichkeit herzustellen.

7. Das Konzept der erweiterten Mütterlichkeit war zugleich universal und spezifisch. Es war universal, insofern es auf alle Lebens- und Aktionsbereiche von Frauen anwendbar war. Zunächst sollte die Mütterlichkeit der nicht erwerbstätigen Hausfrau über den familiären Rahmen hinaus wirksam werden als soziale Hilfsarbeit oder politische Betätigung. Darüberhinaus bedeutete Mütterlichkeit in Beruf und Politik die Akzentuierung der „Menschlichkeit" gegen die einseitige Herrschaft der Sache, d.h. die ausschließliche Ausrichtung jeder Tätigkeit auf ihren Nutzen für das menschliche Leben, für den Kampf gegen Armut, Elend und Krankheit. Ihre spezifische Ausprägung fand die erweiterte Mütterlichkeit in der von der Frauenbewegung organisierten sozialen Hilfsarbeit, aus der später der soziale Frauenberuf hervorging. Ihre besondere Bedeutung liegt darin, daß sie das wichtigste Ziel einer mütterlichen Politik – die Lösung der „sozialen Frage" – mit der Herstellung eines konkreten Hilfs- und Kommunikationszusammenhanges zwischen Frauen unmittelbar verknüpfte.

1. „Mütterlichkeit" statt „Weiblichkeit".

„Weiblicher Kultureinfluß" als Konzept der gesellschaftlichen Machtentfaltung beinhaltete ein Dilemma: Einerseits wollten seine Vertreterinnen verhindern, daß Frauen in – noch zu erkämpfenden – gesellschaftlichen Entscheidungspositionen als Frauen unsichtbar werden. Frauen sollten einen geschlechtsspezifischen Beitrag leisten, dessen Fehlen zu bestimmten Fehlentwicklungen der männlichen Kultur geführt habe. „Mütterlichkeit“ bezeichnete die Richtung, in die sich die Gesellschaft durch den Einfluß der Frauen verändern sollte. Andererseits waren geschlechtsspezifische Unterschiede in den vorgefundenen Erscheinungsformen Gegenstand heftiger Kritik. Die Frauenbewegung wies vor allem Bestimmungen des weiblichen Wesens zurück, wie sie von Männern Ende des 19. Jahrhunderts in großer Zahl publiziert wurden. Emphatisches Frauenlob war ihr verdächtig als Legitimation des Bestehenden oder als Versuch, Frauen für männliche Interessen zu funktionalisieren:

„Das vom Mann gebildete Ideal spezifisch weiblicher Vollkommenheit erstrahlt immer auf dem Hintergrund männlicher Bedürftigkeit“.[11]

Das Problem war offenbar, die Inhalte der angestrebten Weiblichkeit möglichst wenig festzulegen und dennoch eine Orientierung zu erlauben:

„Diese innerste Natur des Weibes auf eine knappe Formel bringen, ist schon darum eine nicht zu lösende Aufgabe, weil der Frau noch nie die Freiheit der Entwicklung geworden ist, die sie ganz zutage treten ließ, weil wir sie ebenso oft in der durch Zwang einerseits und Furcht andererseits hervorgebrachten Verzerrung kennengelernt haben als in der schönen Freiheit der Erscheinung. Daß aber die Worte: Mütterlichkeit, Helferin, Liebe, ein gut Teil, ja den besten Teil ihres Wesens umgrenzen, soviel dürfte die ungeschriebene Geschichte der Frau wohl schon verraten haben“.[12]

Die relative Offenheit im Neuentwurf des weiblichen Geschlechtscharakters war conditio sine qua non, um die ausschließliche Zuordnung der Frauen zum familiären Binnenraum zu überwinden und ihre Einmischung in die Politik und das höhere Berufssystem zu ermöglichen. In dieser bisher ausnahmslos männlichen Sphäre sollten Männer und Frauen durchaus unterschiedliche Aufgaben haben. Helene Lange nannte diese – noch nicht vorfindbare – Arbeitsteilung „organisch“ und wendete sie gegen eine allenthalben praktizierte „mechanische“, welche die Gesellschaft in männliche und weibliche Institutionen einteilt.[13] Bereits 1889 gab sie einen Hinweis auf die Richtung beruflicher und politischer Fraueninteressen:

„Wer wäre unter uns, die nicht weit lieber zum sittlichen als zum industriellen oder politischen oder selbst rein intellektuellen Fortschritt der Menschheit beitrüge; die nicht lieber Menschen als Maschinen leiten möchte, die nicht lieber mit Personen als mit abstrakten Ideen verkehrte?"[14]

Auch wenn die Begriffe oft synonym gebraucht wurden, bezeichnete „Mütterlichkeit" offenbar besser als „Weiblichkeit", worauf es bei einer zukünftigen geschlechtsspezifischen Arbeitsteilung ankommen sollte. Im konkreten Sprachgebrauch des 19. Jahrhunderts reduzierte der Begriff Weiblichkeit die Frau auf ein Geschlechtswesen, das nicht ohne Zuordnung zum Mann vorstellbar war. Die Polemik der Frauenbewegung gegen eine solche Bestimmung der Frauenexistenz[15] läßt den Schluß zu, daß die Betonung der „Mütterlichkeit" auch die Bedeutung der Mann-Frau-Beziehung für das Leben der Frauen relativieren sollte. Hatte Lorenz von Stein (1890) „der Frauen Bildung und Lebensaufgabe" ausdrücklich auf die „Gemahlin und Genossin des Mannes" bezogen und die Schriftstellerin Laura Marholm den „erotischen Grundtrieb" zum wesentlichen Geschlechtsmoment der Frau erklärt, so weisen Bezeichnungen wie „soziale", „geistige" oder „organisierte Mütterlichkeit"[16] darauf hin, daß die „gemäßigte" Frauenbewegung nicht vorrangig eine Verbesserung des individuellen Geschlechterverhältnisses und der ehelichen Sexualität anstrebte:

„So ist die Frauenfrage in Bezug auf Liebe und Ehe nicht als solche unmittelbar lösbar. Sie wird – nur in unendlich langsamer Entwicklung – sich lösen, d. h. das weibliche Prinzip wird neben dem männlichen zu Wort kommen, in dem Maße, indem die Frau überhaupt an Bedeutung in der Menschheit gewinnt."[17]

Allen Frauen „Mütterlichkeit" zuzuschreiben, bedeutete nicht, sie auf Mutterschaft festzulegen. Mütterlichkeit in die Welt zu tragen, war gerade auch eine Perspektive für kinderlose Frauen. Dieses Programm bezog sich also weniger auf das Verhältnis der Frauen zu Männern und Kindern als auf das zwischen Frauen und konkretisierte sich in den verschiedenen Vereinsgründungen und institutionalisierten Hilfeleistungen für andere Frauen.[18]

Mit „Mütterlichkeit" sollte außerdem weibliche Stärke assoziiert werden. Helene Lange mokierte sich über „das Frauenideal des Durchschnittsdeutschen", das sich durch „Passivität", „Weich-

wände gegen die „Frauenemanzipation“ in der zweiten Hälfte des heit“, „Nachgiebigkeit“ und „Aufgehen in der Sorge für das körperliche Wohl des Mannes und der Kinder“ auszeichne. Sie setzt ihm ein Frauenideal entgegen

„... von kräftiger Menschlichkeit; die feste, in sich geschlossene Individualität, die mit Verständnis der Welt und den Ihren gegenübersteht, die weiß, was sie will und was sie tut. Eine solche Frau ist freilich unbequemer, wie es Individualitäten immer sind.“[19]

Die Verbindung von Kraft und Liebe, die das Wesen der Mütterlichkeit ausmachen sollte, erschien abstrakt genug, um die Frauen nicht auf Familienarbeit zu beschränken, und konkret genug um anzudeuten, welche Art von Leistungen Frauen in der Öffentlichkeit erbringen werden und wie notwendig die Menschheit ihrer bedürfe.

Es ist bezeichnend für diese Frauenbewegung, daß sie sich zu der Frage, wie konkret weibliche „Kulturaufgaben“ zu bestimmen seien, nicht eindeutig äußerte. Wenn es um Mißstände ging, für die auch sozial gesinnte Männer keine Lösung fanden, wurde – unter Berufung auf bereits geleistete Arbeit der Frauenbewegung in eigenen Organisationen – ein verstärkter öffentlicher Einfluß der Frauen gefordert, um Fehlentwicklungen der modernen Gesellschaft wie Alkoholmißbrauch, Prostitution, Zerfall der Familie, Wohnungselend, Klassenspaltung, Krieg, Bürokratisierung, Entpersönlichung, Reduktion des Menschen auf seine „objektive Nutzbarkeit“ etc. zu beseitigen. Wenn es aber wichtiger erschien, die Festlegung der Frau auf eine abgegrenzte „Sphäre“ abzuwehren, wurde darauf bestanden, nicht zu wissen, ob eine zukünftige Arbeitsteilung der Geschlechter überhaupt mit der Unterscheidung von Aufgabenbereichen einhergehen würde. Diese Argumentation ließ dann allenfalls gelten, daß es bei der Erfüllung weiblicher „Sonderaufgaben“ mehr auf das „Wie“ als auf das „Was“ ankäme.[20]

2. *Fraueneinfluß und Männerfortschritt.*

Die offensive Wendung der „Ungleichheit“ von Männern und Frauen in den 1890er Jahren war eine neue Antwort auf die häufigsten und massivsten, aus der „Natur“ der Frau abgeleiteten Ein-

19. Jahrhunderts. Die „gemäßigte" Frauenbewegung nahm die Vorstellung eines „natürlichen" Unterschiedes der Geschlechter auf, wendete sie aber gegen die Feinde der Emanzipation. Denjenigen, die befürchteten, daß Frauen „wie Männer" werden wollten, bot sie – scheinbar versöhnlich – die „innerste Natur des Weibes" an, um gleichzeitig deren vorgegebene Existenz zu bestreiten und zur Entwicklung der weiblichen „Natur" uneingeschränkte Freiheit für die Frauen zu fordern. Dieses Denken enthielt eine verschlüsselte Dialektik und Radikalität. Anders als z. B. eine naturrechtlich begründete egalitäre Emanzipationstheorie, wie sie in Deutschland am eindringlichsten von Hedwig Dohm vertreten wurde,[21] unterstellte es die bestehenden gesellschaftlichen Institutionen nicht als geschlechtsneutral. Eine bruchlose Integration von Frauen in männliche Berufe und die politische „Sphäre" wurde nicht etwa aus „Konkurrenzfurcht"[22] abgelehnt, sondern für nicht möglich gehalten, es sei denn um den Preis des Identitätsverlustes.

Entsprechend hat sich diese Frauenbewegung auch nicht als zeitlich begrenztes Kampfinstrument zur Durchsetzung der „Gleichberechtigung" verstanden.[23] 1921 beantwortete Helene Lange in „Die Frau", dem Organ der „gemäßigten" Frauenbewegung, ihre Frage: „Steht die Frauenbewegung am Ziel oder am Anfang?" mit einer eindeutigen Option für den „Anfang": Das Frauenstimmrecht sei erst der „Raum, die bloße Möglichkeit" zur Verwirklichung des Hauptziels, der Durchsetzung eines deutlichen Einflusses der Frauen auf die Entwicklung der Gesellschaft.[24] Die Absicht, auch noch als „Gleichberechtigte" autonome Frauenpolitik fortzusetzen, war Ausdruck eines weiblichen Identitätsbewußtseins, das sich auch auf die Vergangenheit bezog. So wurde z. B. die Durchsetzung des Frauenwahlrechts selbst als „Errungenschaft" der Arbeit von Frauen „durch ein halbes Jahrhundert" gewertet[25] und nicht als Geschenk sozialdemokratischer Männer oder als Folge „objektiver" Notwendigkeiten. Diese Deutung war – und ist – gegen eine Denkart gerichtet, die Frauen – wenn überhaupt – nur als Opfer in der Geschichte findet und oft gleichzeitig einen linearen gesellschaftlichen Fortschritt zur Emanzipation der Frau unterstellt.

Im Festvortrag anläßlich der 50-Jahr-Feier des Allgemeinen Deutschen Frauenvereins wurde 1915 formuliert, daß

„es sich überhaupt in der Frauenbewegung weniger um eine Neueroberung als um eine Rückgewinnung von Einflußsphären handelt, die die Frau ehemals selbstverständlich besaß“.[26]

Dieses Geschichtsverständnis machte den Verlust weiblicher „Einflußsphären“ an der Entstehung der modernen Industriegesellschaft fest. Das „Hinauswandern einer menschlichen Tätigkeit nach der anderen aus dem primitiven Bereich der Familie hinaus in die soziale Gemeinschaft“[27] wurde gleichgesetzt mit der Entstehung einer „objektiven Kultur“,[28] an der die Frauen keinen Anteil hatten. Anders als die Männer wurden sie für den „kleinere(n) Kreis der Familie“ zuständig, der im Verlaufe dieser Entwicklung

„an Bedeutung verloren hat gegenüber dem weiteren der sozialen Gemeinschaft, die als industrielle Unternehmung, als Gemeinde, Staat, freiwilliger Verband, der Familie eine Funktion nach der anderen entzieht“.[29]

Nicht die in solchen Formulierungen anklingende (angebliche) Entlastung der Hauswirtschaft von Arbeit bis hin zum „Müßiggang“ der bürgerlichen Frauen[30] war dieser Geschichtsdeutung das wesentliche Konstituens der Frauenfrage, sondern der Machtverlust der Frauen bei der Herausbildung einer Öffentlichkeit, der die Frauensphäre als „Privatsphäre“ erst gegenübergestellt wurde.[31]

Solchen Überlegungen blieb nicht verborgen, daß Frauen gerade in dem neuen Bereich der industriellen Produktion, wo sie den Männern untergeordnet waren, in hohem Maße als Arbeitskräfte „beteiligt“ wurden. Vor allem ihre Einschätzung der „Arbeiterinnenfrage“ veranlaßte deshalb die Frauenbewegung, von einem formalen Gleichberechtigungspostulat abzurücken. Die Art, wie die „Großindustrie“ Tausende von Frauen „als willenlose, widerstrebende Beute“[32] zur Fabrikarbeit heranzog, ohne auf „die Bedürfnisse ihrer eigenen Natur“ Rücksicht zu nehmen, führte zu der Einsicht, „daß es mit dem Recht auf Arbeit nicht allein getan sei“.[33]

In der „Sphäre des Objektiven“ galt die Industrie aus zwei Gründen gewissermaßen als der „männlichste“ Bereich – der „mütterlichen Wesenskraft“ geradezu entgegengesetzt.[34] Einmal nahm sie die „ganze Kraft" der Frau in Anspruch, „als wenn die Hauswirtschaft gar nicht existierte, als wenn es keine Familienpflichten für die Frau gäbe".[35] Sie täuschte vollständige „Gleichberechtigung" vor, indem sie an weibliche Arbeitskraft ein männliches Maß anlegte.[36] Zum anderen wurde angenommen, daß „mechanische, eintönige und stumpfmachende Arbeit"[37] der „innersten Natur" der Frau, die sie „auf die Beseelung ihres Tuns mit ihrem persönlichen Sein" hinweise, „noch stärker widerstrebt als der des Mannes".[38]

Diese Kritik führte zwar nicht zum Kampf gegen die Frauenfabrikarbeit, doch wurde die Freigabe der „Arena der Arbeit" nicht mehr nur als Errungenschaft begrüßt.[39] Die gemäßigte Frauenbewegung glaubte, den weiblichen „Kultureinfluß" in der industriellen Produktion nicht zur Geltung bringen zu können. Wenn

> „die Bedeutung der Frauenleistung, das was sie der Gesamtheit an wirklichen Werten schenkt, in ihrer *Eigenart*, in dem ... was sie als *Frau* ist und gibt ..."[40]

liegen sollte, so wurde die weibliche „Eigenart" der Fabrikarbeiterin nur negativ – als schutzbedürftig – bestimmt. Entsprechend läßt sich die Politik der Frauenbewegung in diesem Bereich als Abwehrkampf gegen die Folgen der Industrialisierung auf zwei Ebenen beschreiben: als Durchsetzung eines Arbeiterinnen- und Mutterschutzes und als Unterstützung der Arbeiterinnen bei ihren Familienaufgaben.[41]

Die Einsicht, daß sich hinter den neuen mächtigen gesellschaftlichen Institutionen neue Männerherrschaften verbargen, wurde zuweilen durch eine Geschlechterpsychologie gedeutet, die etwa der männlichen Natur zuschrieb, „die Sache" über „das Leben" zu stellen. So konnte der Ausschluß der Frauen dafür verantwortlich gemacht werden, daß die „Kulturbewegung" eine Eigengesetzlichkeit zu entfalten drohte, die sie ihrem eigentlichen Zweck – dem Menschen – entfremdete, die aber mit ihrer „Sachlichkeit" zugleich ihre Gebundenheit an das männliche Geschlecht verschleierte.[42]

Als Fazit und Perspektive ihrer historischen Überlegungen

schwebte der Frauenbewegung vor, zurückgedrängte Einflußmöglichkeiten von Frauen in veränderter Form erneut zu mobilisieren. Es ging gleichsam um eine Synthese zwischen den positiven Seiten vorindustrieller Gesellschaften und dem anerkannten Niveau der neuen „objektiven Kultur".[43] Die Durchsetzung des Frauenwahlrechtes und gleicher Bildungschancen sollten dafür nur den formalen Rahmen sichern.

Die „gemäßigte" Frauenbewegung gab grundsätzlich der „Pflicht" die Priorität vor dem „Recht". Sie hätte die vorgebliche Geschlechtsneutralität der „objektiven Kultur" – des Staates und der Wissenschaft ebenso wie der Industrie – nicht infrage zu stellen brauchen, um für Frauen lediglich männliche Privilegien zu ergattern. Wenn sie im Kampf um öffentliche Positionen seit der Jahrhundertwende den Akzent immer weniger darauf setzte, „was die Frau *kann*", sondern darauf, „was die Frau *soll*",[44] so war dies auch ein Appell an Frauen, sich nicht als „eine Art minderwertiger Mann"[45] in solche Positionen einzufügen. Statt dessen sollten sie ihre „Sonderaufgabe" erkennen und durchführen, nämlich „Mütterlichkeit" öffentlich zur Geltung bringen. Von der Möglichkeit, diese weibliche Kulturleistung aus ihrer Gebundenheit an das „Haus" zu befreien und auf das Organisationsniveau der männlichen Kulturleistungen zu „objektivieren", hing es ab, ob der Rückbezug der „Kultur" auf menschliche Bedürfnisse gelingen würde.[46]

3. Politisierung der Hausarbeit.

Die Durchsetzung und spezifische Ausprägung „höherer Berufe" war nur *eine* Möglichkeit, „Mütterlichkeit" zu erweitern. Das Konzept beanspruchte Geltung für prinzipiell *alle* Frauen und seine Anwendung auf Mütter von Kindern wurde der Frauenbewegung in dem Maße wichtig, als sie im Widerstand gegen die ihr von wohlmeinenden Männern eingeräumte Zuständigkeit auch den Anspruch erhob, sich nicht nur auf alleinstehende Frauen zu beziehen. Lag der Schwerpunkt ihrer Strategie zunächst in der Legitimation der Berufstätigkeit von Nicht-Müttern – auf der Abstraktion der „Mütterlichkeit" von der konkreten Mutterschaft also –, so zielte dieser Schlüsselbegriff immer schon auf eine allen Frauen gemeinsame Identität.

Das Angebot einer solchen gemeinsamen Orientierung war die Alternative zur Kreation eines Typus „emanzipierte Frau“. Im Unterschied zu den meisten „radikalen“ Feministinnen lehnten die Vertreterinnen der „gemäßigten“ Frauenbewegung eine Verbindung von Beruf und Ehe bzw. Mutterschaft für die individuelle Lebenspraxis der „Durchschnittsfrau“ als nicht zumutbar ab. Sie bekämpften das Leitbild der berufstätigen Ehefrau wegen seiner diskriminierenden Folgen. Es deklassiere Frauen zu „halben Menschen“, wenn sie nicht das Doppelte leisteten wie Männer,[47] und setze damit sowohl Nur-Hausfrauen als auch Nicht-Verheiratete ins Unrecht. Auch befürchteten die „gemäßigten“ Frauen, daß Doppelbelastung zu Halbherzigkeiten führen müsse.[48] Dabei sorgten sie sich übrigens vornehmlich um das mütterliche Engagement verheirateter Frauen in ihren Berufen. Die Ehelosigkeit von Ärztinnen, Juristinnen, Lehrerinnen und Sozialarbeiterinnen hatte zweifellos Vorteile für die Herstellung und Festigung „der Solidarität aller Frauen“, die Bestandteil der weiblicher Berufsauffassung sein sollte.[49]

Auf der anderen Seite wurde u.a. mit dem Postulat der Trennung von Beruf und Ehe auch der verbreitete Vorwurf zurückgewiesen, die Frauenbewegung wolle die Familie schädigen.[50] Dennoch wäre es falsch zu unterstellen, der Frauenbewegung sei es mit ihrem zunehmenden Interesse für die weibliche Familienarbeit darum gegangen, die „traditionelle Frauenrolle“ zu festigen. Schließlich hatte sich das Phänomen „private Hausarbeit“ erst seit dem Ende des 18. Jahrhunderts herausgebildet.[51] Es war allerdings auch nicht das Anliegen der „gemäßigten“ Frauen, gegen diese relativ neue Formbestimmung von Frauenarbeit zu kämpfen, sondern es ging ihr darum, die Verallgemeinerung und Veränderung der Hausarbeit so zu beeinflussen, daß die Frauen selbst Subjekte dieses Prozesses werden konnten.[52]

Ansatzweise hatten Frauen bereits früher in diesem Sinne zur Etablierung einer „modernen“, auf die Arbeiterfamilie zugeschnittenen Hausarbeit beigetragen: Ihre Beteiligung an den Bestrebungen zur Institutionalisierung hauswirtschaftlichen Unterrichts „für arme Mädchen“[53] ab ca. 1870 wollte u. a. erreichen, daß Arbeiterfrauen und -töchter sich der volkswirtschaftlichen Bedeutung ihrer Hausarbeit bewußt würden, um so Ansprüche z. B. gegenüber dem Ehemann besser geltend zu machen.[54]

Im Zusammenhang mit der öffentlichen, vorwiegend von Männern geführten Diskussion über Säuglingssterblichkeit und Geburtenrückgang richtete sich um die Jahrhundertwende das allgemeine Interesse verstärkt auf die Kinderpflege- und Erziehungsarbeit der Frauen. Zur gleichen Zeit erhielt Mutterschaft für viele Frauen offenbar erhöhte Attraktivität. Das anbrechende „Jahrhundert des Kindes“[55] signalisierte womöglich neuartige Aufgaben und Reize der Mütterarbeit. Aus Frauenkreisen wurde der Ruf nach dem „Recht auf Mutterschaft“ (ohne Ehe) laut und erhielt erhebliche Resonanz.[56] Vor diesem Hintergrund bezog die „gemäßigte“ Frauenbewegung Position für die Institution der Ehe.[57] Von einer „neuen Ethik“ der „freien Liebe“ befürchtete sie für die Frauen eine Verschärfung der sexuellen und ökonomischen Abhängigkeit von den Männern, weil „schrankenlose Freiheit zwischen Starken und Schwachen zur Unterdrückung und Ausnutzung des schwächeren Teils“ führen müsse.[58] Der Wunsch nach Mutterschaft ohne Ehe unterschätze außerdem die Anforderungen an Kinderpflege und -erziehung, die sich aus den übrigen häuslichen Pflichten nicht einfach herausnehmen und auf den Feierabend verschieben ließen.[59]

Die sozialistische und radikalfeministische Hoffnung auf den technischen Fortschritt, der die Frauen von der Hausarbeit befreien würde, erschien den „gemäßigten“ Frauen nicht nur illusionär, sondern auch als Verzicht auf ein Machtpotential, das gerade für diejenigen Frauen wichtig war, die in untergeordneten Erwerbsberufen ihre weibliche „Sonderaufgabe“ – die Kraft ihrer Mütterlichkeit – selbst kaum zur Geltung bringen konnten.[60] Darüber hinaus deutet später die Beobachtung, daß

„die Arbeit . . . mit der Innerlichkeit des Menschen immer weniger zu tun hat“, daß sie „in ihrer steigenden Mechanisierung dem Ganzen seiner Persönlichkeit, dem Verlangen nach Lebenserfüllung immer weniger zu bieten vermag",[61]

Skepsis an ob Mütterlichkeit überhaupt in der Erwerbsarbeit realisiert werden könne.[62] Diese Einschätzung hat sicherlich zu der neuen Bedeutung der Familienarbeit für die Frauenbewegung erheblich beigetragen.

Für die „Erweiterung" der Mütterlichkeit gegenüber den eigenen Kindern hatte Erziehung und Ausbildung wiederum eine Schlüsselfunktion. Es ging um Anpassung der mütterlichen Kompetenz an die mit zunehmender „Vergesellschaftung" wachsenden Anforderungen der Kindererziehung und deren steigende Bedeutung innerhalb der weiblichen Hausarbeit.[63] Die Frauenbewegung versuchte allerdings in ihrer Bildungskonzeption, die geforderte Erziehungskompetenz zu einer Emanzipationskompetenz zu erweitern.

Ihr Kampf um die Reform des allgemeinen Mädchenschulwesens richtete sich nicht deshalb gegen das von männlichen Pädagogen definierte Frauenideal, um an dessen Stelle eine Art „Curriculum" zur Ausbildung von Müttern zu setzen.[64] Nach dem Grundsatz, daß Weiblichkeit im besten Sinn – nämlich Mütterlichkeit – sich nur in Freiheit entfalten könne, wurden vielmehr die zukünftigen Mutterpflichten der Schülerinnen zum Anlaß genommen, deren Bildung zur autonomen Persönlichkeit zu fordern. Die konkrete Unterrichtsgestaltung sollte weitgehend an den spontanen Interessen und Bedürfnissen der Schülerinnen anknüpfen.[65] Eine direktere Ziel-Mittel-Bestimmung zwischen Mütterlichkeit und Allgemeinbildung als etwa die, daß für seine eigene Entwicklung sorgen müsse, wer selber andere entwickeln wolle, wurde selten ins Auge gefaßt.

Die Einsicht allerdings, daß sich eine starke weibliche Persönlichkeit kaum unter männlicher Herrschaft entfalten könne, wurde umgesetzt zur wichtigsten konkreten Forderung: Ausdehnung des „Fraueneinflusses" auf die Mädchenbildung und Abschaffung der männlichen Leitung von Mädchenschulen.[66] Die Autonomie der Mädchenbildung als „Frauensache" wurde offenbar auch gegen

Reform-Pädagogen gewendet, die gelegentlich die Frauenbewegung für ihr Programm der Persönlichkeitsbildung zu vereinnahmen suchten:

„Die Frauen haben dagegen ganz entschieden das Gefühl, daß das Beste und Wichtigste zur Herausbildung der weiblichen Persönlichkeit im Augenblick von ihnen selbst getan werden muß".[67]

Ohne das Bildungskonzept im einzelnen festzulegen, wurde erwartet, daß sich in einem autonomen, kommunikativen Bildungsprozeß zwischen Frauen eine spezifisch weibliche Verarbeitung des Bildungsstoffes ergibt, deren Richtung in aller Vorsicht z. B. als „Praxis- oder Anwendungsorientierung", Neigung zum Konkreten, „Erfahrungsmäßigen", „intuitive Erfassung des Wesens" angedeutet wurde.[68]

Die hohe Priorität der allgemeinen Mädchenbildung im Programm der gemäßigten Frauenbewegung hatte verschiedene Gründe: 1. Bildung eröffnete Frauen die Möglichkeit, aus der ihnen zugewiesenen „Privatsphäre" hinauszutreten. 2. Der Mangel an staatlichen Mädchenschulen zwang dazu (und erlaubte), autonome Bildungseinrichtungen von Frauen für Frauen selbst zu organisieren. 3. Die dort mögliche Frauenbildung bot eine Chance, im Individuum die Trennung von „persönlicher" und „sachlicher Kultur" zu überwinden. Diese Aufgabe sollte Allgemeinbildung ohnehin haben, bei Männern vollzog sie sich jedoch tendenziell einseitig als Integration in die „sachliche Kultur".

Mit einer von der Allgemeinbildung konzeptionell unterschiedenen direkten Fort- und Berufsbildung zur Mütterlichkeit reagierte die Frauenbewegung auf jenen Prozeß, der von oben die Trennung des „Privaten" (Weiblichen) und „Öffentlichen" (Männlichen) zu überbrücken begann. Mit der Expansion von Sozialpolitik und staatlichem Fürsorgeapparat wurden die häuslichen Tätigkeiten der Frauen in großem Maße öffentlicher Einflußnahme ausgesetzt. Die „gemäßigte" Frauenbewegung schaltete sich auf ihre Weise ein: Frauenschulen, soziale Frauenschulen und die Pläne für ein weibliches Dienstjahr sollten nicht in erster Linie bestimmte Fertigkeiten zur Bewältigung des familiären und gesellschaftlichen Haushalts ausbilden,[69] sondern vor allem verhindern, daß Frauen sich die Kontrolle über ihre alltägliche Arbeit aus den Händen nehmen ließen. Unter dem Stichwort: „man hat nur auf die Sphäre Einfluß, die man beherrscht“[70], wurde z. B. die Vorbereitung auf eine ökonomische und wissenschaftliche Haushaltsführung mit der Vermittlung pädagogischer und psychologischer Kenntnisse kombiniert.

Den inhaltlichen Schwerpunkt dieser Bildungseinrichtungen konzentrierte die Frauenbewegung zunehmend auf eine *staatsbürgerliche* Schulung mit dem Ziel, daß die zukünftige Hausfrau, Mutter, Sozialarbeiterin als *solche* – und nicht etwa zusätzlich – Staatsbürgerin wird.[71] Das ist ein bedeutender Unterschied. Denn die Erweiterung der Mütterlichkeit in die Öffentlichkeit zielte auf die Aufhebung der „Privatsphäre“ selbst, und zwar als Prozeß, der von den betroffenen Frauen getragen wird. Mütterlichkeit in diesem Sinne zu entwickeln, bedeutete einmal, sie über die Familie hinaus als soziale und politische Arbeit zur Geltung zu bringen; zum anderen sollte auch mütterliches Handeln in der Familie für das „Gemeinwohl“ wirksam werden, indem es sich seiner politischen Bedeutung bewußt wird.

Von dieser „Politisierung“ der Hausarbeit[72] schien der Schritt zur staatsbürgerlichen Gleichberechtigung der Frauen nicht mehr groß. Sie wurde für die „gemäßigte“ Frauenbewegung aber erst zur unabweisbaren Forderung, als sich gegen Ende des I. Weltkrieges eine weitere Stufe der „Verflechtung von Einzel- und Staatsleben“ abzeichnete und damit die Gefahr akut wurde, daß sich die „Demokratisierung“ des Staates hinter dem Rücken der Frauen vollziehen könnte.[73]

4. Sozialarbeit als Frauenpolitik.

Die beiden Prozesse von „Vergesellschaftung“ – Entstehung einer männlichen, „objektiven“ Kultur und „Politisierung“ der Hausarbeit – versuchte die Frauenbewegung durch „Organisation“ der Mütterlichkeit im engeren Sinn miteinander zu verbinden. Es ging dabei um die Verstaatlichung und Veröffentlichung sozialer Arbeit, an der Frauen selbst aktiv mitwirkten.

Vertreterinnen der Frauenbewegung vor 1933 würden heute mit Verwunderung sozialwissenschaftliche Forschungen zur Kenntnis nehmen, die mit großem begrifflichen Aufwand die „These" zu verifizieren suchen, daß die Arbeitsinhalte von Sozialarbeit und Hausarbeit etwas miteinander zu tun haben. Die Selbstverständlichkeit, mit der Sozialarbeiterinnen als „Volksmütter", ihr Arbeitsbereich als „Volkshaushalt" bezeichnet wurden, spiegelt nicht nur das z.T. noch vorprofessionelle Stadium dieser Arbeit vor 1914, sondern auch eine „soziologische" Einsicht aus politischem Willen. Am Beispiel der Sozialarbeit ließe sich am besten zeigen, daß zwischen der „Kulturaufgabe der Frau" in der Öffentlichkeit und der politisch verstandenen häuslichen Frauenarbeit kein grundsätzlicher Unterschied bestehen sollte. So sah der Lehrplan der 1908 gegründeten „Sozialen Frauenschule Berlin" vor, daß die Unterstufe „der Fortbildung junger Mädchen für den Pflichtenkreis der Familie dienen" und „gleichzeitig die Grundlage für eine Ausbildung von besoldeten und freiwilligen Kräften zur sozialen Hilfsarbeit bieten" sollte.[74]

Die Professionalisierung der Frauensozialarbeit seit Beginn des 20. Jahrhunderts wurde von der Frauenbewegung als „Rückgewinnung" eines weiblichen Einflußbereiches gewertet. In der Form privater Liebestätigkeit war soziale Arbeit seit Jahrhunderten eine Domäne der Frauen. Die Zulassung zur staatlich-kommunalen Armenpflege, die Mitte des 19. Jahrhunderts entstanden war, mußte die Frauenbewegung jedoch erst gegen erbitterten männlichen Widerstand für die Frauen erkämpfen.[75] Dabei ging es darum, „auf einem weiten persönlichen Umwege ... an anderer Stelle" das wiederaufzunehmen,[76] was bei der Verstaatlichung verloren gegangen war: „Individuelle Hilfe; ein warmherziges, verständiges Helfen von Mensch zu Mensch".[77]

Mit der Gründung der „Mädchen- und Frauengruppen für Soziale Hilfsarbeit" 1893 erhielt die „organisierte Mütterlichkeit" der Frauenbewegung im Bereich der Sozialarbeit eine institutionelle Basis. Der Aufruf des Gründungskomitees betonte die *Mitschuld* der bürgerlichen Frauen und Mädchen für die sich immer mehr verschärfenden Klassengegensätze – durch ihren „Mangel an Interesse und Verständnis für die Anschauungen und Empfindungen der unbemittelten Klassen, durch den Mangel jedes persönlichen Verkehrs mit diesen Volkskreisen",[78] – um ihnen ihre Pflicht zur Veränderung der sozialen Verhältnisse vor Augen zu führen. Angestrebt wurde das Novum einer systematischen Ausbildung, die eine *praktische* Einführung in soziale Hilfsarbeit bei verschiedenen Wohlfahrtseinrichtungen mit der *theoretischen* Einordnung dieser Tätigkeiten als „soziale Reformen" verbinden sollte.[79]

Der erstmals erhobene Anspruch, daß Frauen auf der Ebene der sozialen Arbeit einen eigenständigen Beitrag zur Lösung der „sozialen Frage" leisten können, verweist auf verschiedene Dimensionen des Politikbegriffs der Frauenbewegung:

(1) Frauenpolitik konnte auf einer weiblichen Sonderaufgabe bestehen, ohne an „Allgemeinheit" einzubüßen, denn die „soziale Frage" war Ende des 19. Jahrhunderts als das wichtigste Problem der nationalen Politik „allgemein" anerkannt.

(2) Die der sozialen Hilfsarbeit unterstellte Reichweite als „Mitarbeit" an „großen sozialen Reformen"[80] wurde der Trennung von politischer und praktischer Arbeit entgegengehalten, die die Radikalfeministinnen vollzogen und gegen die „Gemäßigten" gewendet hatten. Diese Arbeit als „politisch" zu erklären, war sicherlich nicht nur Ergebnis „reiner" feministischer Reflexion, sondern auch Arrangement mit gesellschaftlichen Bedingungen: In staatlichen Entscheidungsgremien durften Frauen zu dieser Zeit noch nicht Politik „machen"; auf dieser Ebene mußten sie sich mit Öffentlichkeitsarbeit – Petitionen, Frauenpresse etc. – bescheiden. Aber auch später wurde dieses erweiterte Politikverständnis nicht revidiert.

Im Gegensatz dazu zog sich der „linke Flügel" der Frauenbewegung, deren prominente Vertreterin Minna Cauer selbst Initiatorin der „Mädchen- und Frauengruppen" gewesen war, seit der Jahrhundertwende immer mehr von der praktischen Sozialarbeit zurück und wandte sich vorwiegend dem publizistischen Kampf um das Frauenwahlrecht zu.[81] Damit verblaßte auch der früher gelegentlich gerade von dieser Seite emphatisch vertretene Glaube an eine weibliche Sonderaufgabe in der Politik. Noch 1896 war Minna Cauer sicher, daß

„hunderte von Schäden in der Jetztzeit ... verschwinden" würden, „wenn nur eine einzige Frau mit warmen Herzen und erbarmungswürdiger Liebe im Parlament (oder) inmitten unserer bureaukratischen Behörden" das Recht hätte, „für die Bedrückten einzutreten."[82]

Solch radikaler Optimismus scheint allerdings selbst nur lose an einen Unterbau gleichgerichteter praktisch-sozialer Frauenaktivitäten gebunden. Deshalb war in dieser Aussage die Möglichkeit einer Abwendung des *politischen* Interesses von Bereichen außerhalb der politischen „Sphäre" schon angelegt. „Politik" geriet dann zusehends zum Aktionsfeld von „Menschen", dem „das Soziale" als Ort der Frauenprobleme gegenübergestellt wurde. Entsprechend reduzierte dieses von der sogenannten Praxis getrennte Politikverständnis den politischen Anspruch „erweiterter Mütterlichkeit". Es ging nicht mehr um Machterweiterung für alle Frauen, sondern erweiterte Mütterlichkeit hieß nur noch Politik von *Müttern,* oder wie es eine dem „linken Flügel" nahestehende Repräsentantin der Frauenbewegung *radikaler* formulierte: daß „die Hand, die die Wiege bewegt, die Welt regiert".[83] Demgegenüber blieb für die „Gemäßigten" Sozialarbeit als praktische Politik das Bindeglied zwischen einem selbst zunehmend als „politisch" begriffenen Frauenalltag und einer erst während der Weimarer Republik sich abzeichnenden parlamentarischen Frauenpolitik.

(3) Die „Mädchen- und Frauengruppen für soziale Hilfsarbeit" präzisierten eine autonome Frauenpolitik als Prinzip der Selbsthilfe zunächst auf drei Ebenen: Als Ausbildungsprojekt für das eigene Geschlecht, als Zentralstelle zur Neugründung von Selbsthilfeorganisationen für Frauen auf dem Gebiet der Wohlfahrtspflege und insbesondere als Einsatz der ausgebildeten „erweiterten Mütterlichkeit" für andere Frauen. Hinter der angestrebten Autonomie eines Frauenhilfszusammenhanges stand die Grundauffassung, daß Frauen verschiedener „Stände" mehr Gemeinsamkeiten und Verständigungsmöglichkeiten hätten oder herstellen könnten als Männer.[84] „Frauen gegen Frauen, Mütter gegen Mütter, das darf es in der Geschichte der Menschheit nicht geben."[85] Deshalb wurde die organisierte Begegnung von Frauen als günstiger Ansatz zur Lösung der „sozialen Frage" gesehen.

Die in den „Mädchen- und Frauengruppen" organisierten Töchter und Ehefrauen bürgerlicher Männer haben sich nicht mit Kontakt zu armen Frauen und sporadischer Hilfe begnügt, sondern besonders in den ersten Jahren versucht, die unterschiedlichen Lebenssituationen anzunähern, indem sie von dem „abgegeben" haben, woran die anderen den größten Mangel litten: Geld und Zeit. So wurde z.B. das erste der von ihnen gegründeten Arbeiterinnenheim von „Toiletten- resp. Taschengeld einiger Mädchen" mitfinanziert. Durch die Arbeit in diesen Heimen zur Erholung und Unterkunft junger Arbeiterinnen hatten – wie es hieß – die z.T. aus wohlhabenden Familien stammenden Mädchen „ihr gesellschaftliches Milieu ... völlig verlassen" und enge Freundschaften mit den Arbeitermädchen geschlossen.[86] Die Intention, Frauensolidarität zu praktizieren, führte Mitglieder der „Gruppen" auch mehrfach zu aktiver Beteiligung an Arbeiterinnenstreiks.[87]

Wenn aber Anteilnahme als „mütterliche Kraft"[88] in der sozialen Arbeit auf Dauer gestellt werden sollte, mußte „leidenschaftliches Mitgefühl" und der „unklare Wunsch, Gleichheit der Lebensmöglichkeiten zu schaffen", einem „verstehenden Mitgefühl" und dem „ehrlichen und konsequenten Verlangen nach sozialer Nützlichkeit" bei der folgenden Generation der „Mädchen- und Frauengruppen" Platz machen.[89]

Diese Modifikation der solidarischen Haltung in Richtung auf eine größere Distanz war eine Voraussetzung für die methodische Weiterentwicklung der Frauensozialarbeit. Es waren Frauen, die vor dem I. Weltkrieg *Familienfürsorge* als Alternative zur fortschreitenden Bürokratisierung und Spezialisierung der Fürsorgebereiche initiierten.[90] Anstatt Teilfunktionen des Menschen zu verwalten, sollte Sozialarbeit das Individuum als Einheit in seinen unmittelbaren familiären Bezügen zu ihrem Adressaten und zum Subjekt der Selbsthilfe machen. „Die Einzigartigkeit und Einmaligkeit und Unteilbarkeit jeder besonderen, auf Menschen bezogenen Aufgabe"[91] lasse sich nicht an die Grenzen von Fachbehörden binden.

Gemäß diesen Prinzipien der Sozialarbeit engagierten sich die Frauen später für eine interdisziplinäre und praxisbezogene Wissenschaft. Zwischen 1930 und 1933 wurde in einer eigenen Frauen-Hochschule zur Fortbildung sozialer Berufe ein „frauenspezifisches" empirisches Forschungsprogramm weitgehend von praktizierenden Sozialarbeiterinnen durchgeführt. Die dreizehnbändige Forschungsreihe über „Bestand und Erschütterung der Familie in der Gegenwart", die in der „Deutschen Akademie für soziale und pädagogische Frauenarbeit"[92] erarbeitet wurde, ist ein nach wie vor eindruckvolles Dokument dieser Arbeiten.

Mit der Einrichtung dieser Akademie „von Frauen für Frauen"[93] im Jahre 1925 wurde der Autonomiegedanke neu belebt, der in den ersten Jahren der Weimarer Republik in den Hintergrund gedrängt worden war. Auf der einen Seite hatten sich junge Frauen und Mädchen im Versuch, Gleichberechtigung und „Partnerschaft" zu praktizieren, stärker an zwischengeschlechtliche Kommunikationszusammenhänge gebunden. Dieses war einer der Gründe für ein Nachwuchs- bzw. „Generationsproblem" in der organisierten Frauenbewegung, das in „Die Frau" und anderen Frauenzeitschriften während der 20er Jahre immer wieder diskutiert wurde.

Aber als Solidaritäts- und Lebenszusammenhang war die organisierte Frauenbewegung offenbar auch „von oben" gefährdet. Die politische Gleichberechtigung erlaubte prominenten Vertreterinnen, sich auf parlamentarischer und administrativer Ebene für Fraueninteressen einzusetzen. Dabei zeigte sich, daß die „mütterliche Politik" – z.B. beim Reichsjugendwohlfahrtsgesetz und in der Familienfürsorge – in offenbar nicht vorausgesehenem Maße auf den Widerstand männlicher Interessen und erstarrter Bürokratien stieß. So entstand ein Potential von Konflikten, die nicht von ungefähr auf dem Rücken von Frauen – z.B. der völlig überlasteten Fürsorgerinnen – ausgetragen wurden.[94]

Die negativen Erfahrungen der „Beteiligung" an staats- und kommunalpolitischen Entscheidungen und der Grenzen ihrer Einflußmöglichkeit führten viele Vertreterinnen der Frauenbewegung zu einer Zuspitzung ihrer Kritik am Männerstaat, die ihnen heutzutage von einem männlichen Experten den Vorwurf einträgt, sie hätten in nostalgischem Rückblick auf das Kaiserreich der Republik eine „generelle Feindseligkeit" entgegengebracht.[95] Solche in das Spektrum des „Politischen" eingebundene Bewertung verfehlt die gesellschaftliche Realität dieser Frauen ebenso wie die Behauptung, die Frauen hätten sich selbst auf einen zugewiesenen und angeblich unveränderten weiblichen Wirkungsbereich beschränkt.

Angesichts des bisher ausgebliebenen Machtzuwachses von Frauen könnten andere Fragen gegenüber der hier skizzierten Programmatik der „gemäßigten" Frauenbewegung interessieren, z. B. die Frage nach dem (nur schwach thematisierten) Verhältnis zwischen Macht, Arbeit und Geld.[96] Aus heutiger Sicht erstaunt auch der Optimismus der „gemäßigten" Frauenbewegung hinsichtlich der Durchsetzungschancen ihrer Politik. Die Existenz oder zumindest die Möglichkeit der Herstellung einer umfassenden Frauensolidarität wurde ebenso vorausgesetzt, wie eine gewisse Einsicht von Männern – und nicht gerade der einflußlosen – in ihre eigenen Grenzen. Auch eine Umkehrung des Verfahrens wäre denkbar: Anstatt nachträglich zu belehren, könnte die heutige Frauenbewegung ihrerseits Fragen der „Alten" an die eigene politische Praxis zulassen, wie sie z. B. in den einleitenden Thesen implizit enthalten sind.

Anmerkungen

1 So Margrit Twellmann, Die deutsche Frauenbewegung. Ihre Anfänge und erste Entwicklung 1843–1889, Meisenheim 1972; Richard Evans, The feminist movement in Germany 1894–1933, London 1976; Ulrike Bussemer, Bürgerliche und proletarische Frauenbewegung (1865–1914), in: Annette Kuhn, Gerhard Schneider (Hg.), Frauen in der Geschichte, Düsseldorf 1979, S. 34–59. Einige neuere Arbeiten berücksichtigen dagegen stärker die Ambivalenz, daß die Frauenbewegung mit der programmatischen Verwendung von „Mütterlichkeit" einen Machtanspruch anmeldet; so Barbara Greven-Aschoff, Die bürgerliche Frauenbewegung in Deutschland 1894–1933, Göttingen 1981; Herrad Schenk, Die Problematik der Akzentuierung des „Weiblichen" am Beispiel der Idee der „Mütterlichkeit" in der ersten Frauenbewegung, unveröff. Vortrag in der Sektion „Frauenforschung in den Sozialwissenschaften", 19. Deutscher Soziologentag Berlin 1979; Barbara Brick,

Christine Woesler, Maschinerie und Mütterlichkeit, in: Beiträge zur feministischen Theorie und Praxis 5, München 1981, S. 61–68; Bettina Heintz, Claudia Honegger, Zum Strukturwandel weiblicher Widerstandsformen im 19. Jahrhundert, in: dies. (Hg.), Listen der Ohnmacht, Frankfurt 1981, S. 7–68; Monika Simmel, Erziehung zum Weibe. Mädchenbildung im 19. Jahrhundert, Frankfurt 1980, bes. S. 110–160.

2 Vgl. dazu Elisabeth Meyer-Renschhausen, Der Männerhaß der Polizeimatronen, in: Courage 1983, H. 5.

3 So behauptet z. B. Evans, S. 259, daß aufgrund der „ideological similarities" der Frauenbewegung mit dem Nationalsozialismus „the women's movement could do nothing but extend a warm welcome to Adolf Hitler and the Third Reich"; vgl. auch Ulrike Prokop, Die Sehnsucht nach Volkseinheit. Zum Konservatismus der bürgerlichen Frauenbewegung vor 1933, in: Gabriele Dietze (Hg.), Die Überwindung der Sprachlosigkeit. Texte aus der neuen Frauenbewegung, Darmstadt 1979, S. 176–202.

4 Die Einschränkungen betreffen die Reichweite und Interessenschwerpunkte der „bürgerlichen" Frauenbewegung, so z. B. das Vorurteil, als „Klassenbewegung" sei es ihr vorrangig um Gleichberechtigung mit den Männern der eigenen Klasse und nicht um Veränderung der Gesellschaft gegangen.

5 Das Bewußtsein, gesellschaftliche Entwicklungstendenzen im Interesse des weiblichen Geschlechts differenzierter und angemessener zu beurteilen, veranlaßte die Mehrheit des BDF zu einer provokativen Umkehrung der Selbst- und Fremdeinschätzung der fortschrittlich-radikalen Minderheit, die sich selbst die „jüngere" Richtung der deutschen Frauenbewegung nannte. Indem Gertrud Bäumer 1905 und Alice Salomon 1908 diesen Titel für sich und ihre Gesinnungsfreundinnen beanspruchten und sich zugleich als „gemäßigt" bezeichneten, gaben sie zu erkennen, daß sie die „Fortschrittlerei" und „Frauenrechtlerei" gewissermaßen für altmodisch hielten. Gleichberechtigung aufgrund gleichen Könnens einzuklagen, sei nur zu einer Zeit vernünftig gewesen, als noch nicht abzusehen war, daß im Zuge einer solchen Gleichberechtigung Frauenkraft mißbraucht bzw. verschenkt werde; vgl. Gertrud Bäumer, Was bedeutet in der deutschen Frauenbewegung „jüngere" und „ältere" Richtung?, in: Die Frau 1904/05, S. 321–329; Alice Salomon, Literatur zur Frauenfrage, Berlin 1908.

6 So u. a. Gertrud Bäumer, Weiblicher Aktivismus, in: Die Frau 1922/23, S. 166.

7 Ziele und Aufgaben der Frauenbewegung. Flugblatt des Allgemeinen Deutschen Frauenvereins, angenommen auf der 23. Generalversammlung Halle 1905, abgedruckt in: Die Frau 1904/05, S. 65–68.

8 So Bussemer, S. 36.

9 Zum Begriff vgl. Simmel, S. 115 ff.

10 Zur Frage der Auflösung einer „realen Frauenwelt" mit der Entstehung einer isolierenden „Frauensphäre" liegen für Deutschland noch keine Untersuchungen vor, vgl. dazu auch in diesem Band allgemein Gisela Bock und zur Bedeutung der „Mütterlichkeit" für die Frauenöffentlichkeit im „katholischen Milieu" Doris Kaufmann.

11 Marianne Weber, Die Frau und die objektive Kultur (1913), in: dies., Frauenfragen und Frauengedanken, Tübingen 1919, S. 103; vgl. auch Helene Lange, Altes und Neues zur Frauenfrage, in: Die Frau 1894/95, S. 536–541, 581–586.

12 Helene Lange, Pietätswerte, in: Die Frau 1898/99, S. 517.

13 Helene Lange, Organisches oder mechanisches Prinzip in der Mädchenbildung? (1911), in: dies., Kampfzeiten, Bd. 2, Berlin 1928, S. 67–82.

14 Helene Lange, Die ethische Bedeutung der Frauenbewegung (1889), in: dies., Kampfzeiten, Bd. 1, Berlin 1928, S. 79.

15 Vgl. z. B. Helene Lange, Intellektuelle Grenzlinien zwischen Mann und Frau, in: Die Frau 1896/97, S. 326.

16 Der Begriff „organisierte Mütterlichkeit" wird erst seit 1918 häufiger verwendet, vgl. z. B. Gertrud Bäumer, Die Frau im Staat, in: Frauenaufgaben im künftigen Deutschland, Jahrbuch des Bundes Deutscher Frauenvereine 1918, Leipzig 1918, S. 75; Agnes von Zahn-Harnack, Die Frauenbewegung. Geschichte, Probleme, Ziele, Berlin 1928, S. 77; Gertrud Bäumer, Gestalt und Wandel, Berlin 1939, S. 685.

17 Gertrud Bäumer, Die Frau in der Kulturbewegung der Gegenwart, Wiesbaden 1904, S. 19.

18 Frauenbildungs- und erwerbsvereine, Rechtsschutzstellen, Arbeiterinnenheime, Frauenkliniken u. a.

19 Lange, Ethische Bedeutung, S. 77.

20 So Gertrud Bäumer, Die alte und die neue Macht der Frauen, in: Die Frau 1920/21, S. 138.

21 Gertrud Bäumer, Die Geschichte der Frauenbewegung in Deutschland, in: Helene Lange, Gertrud Bäumer (Hg.), Handbuch der Frauenbewegung, Bd. 1, Berlin 1901, S. 66 f.

22 So Greven-Aschoff, S. 53 ff.

23 Dagegen begründete Minna Cauer (25 Jahre. Ein Abschluß, in: Die Frauenbewegung, Dezember 1919, S. 127) das Einstellen der von ihr seit 1895 herausgegebenen Zeitschrift der „fortschrittlichen" Frauenbewegung damit, daß das Ziel der Frauenbewegung, die politische Gleichberechtigung der Frau, mit der „Erteilung" des Stimmrechts erreicht sei; nun gelte es, sich „allgemeineren politischen Fragen" zuzuwenden, die „in einem Frauenblatt nicht den nötigen Resonanzboden finden dürften".

24 Helene Lange, Steht die Frauenbewegung am Ziel oder am Anfang? (1921), in: dies., Kampfzeiten, Bd. 2, S. 254.
25 Bäumer, Die alte und die neue Macht, S. 137.
26 Helene Lange, Fünfzig Jahre deutscher Frauenbewegung (1915), in: dies., Kampfzeiten, Bd. 2, S. 207.
27 Helene Lange, Die Frauenbewegung in ihren gegenwärtigen Problemen, 3. Aufl. Leipzig 1924, S. 10.
28 Wer sich durch die in dieser Frauenbewegung gebräuchliche Begrifflichkeit (objektive, persönliche, sachliche Kultur; Vergesellschaftung, Rationalisierung etc.) angeregt fühlen sollte, über einen Einfluß Max Webers auf die Frauenbewegung nachzudenken, der möge dabei zweierlei in Rechnung stellen: 1. die Möglichkeit einer fundamentalen Änderung des Erklärungsgehaltes von Begriffen, wenn sie aus einem „geschlechtsneutralen" Rahmen herausgenommen werden; 2. die Möglichkeit einer Wechselwirkung, die nicht nur an der „Äußerlichkeit" festgemacht werden muß, daß Max Weber während seiner gesamten fast 30jährigen Schaffensperiode von einer prominenten Repräsentantin der Frauenbewegung „reproduziert" wurde; siehe dazu Marianne Weber, Max Weber. Ein Lebensbild, Tübingen 1926.
29 Lange, Frauenbewegung, S. 9.
30 Vgl. dazu Sibylle Meyer in diesem Band.
31 Vgl. Anm. 10.
32 Lange, Frauenbewegung, S. 11.
33 Bäumer, Was bedeutet, S. 323.
34 Weber, Die Frau und die objektive Kultur, S. 122.
35 Salomon, Literatur, S. 464.
36 Lange, Frauenbewegung, S. 15 dazu: „Man kann die Frau nur nach den Maßen der Manneskraft beschäftigen oder gar nicht."
37 Salomon, Literatur, S. 464.
38 Weber, Die Frau und die objektive Kultur, S. 121.
39 Frances Magnus-Hausen, Ziel und Weg in der deutschen Frauenbewegung des 19. Jahrhunderts, in: Paul Wentzcke (Hg.), Deutscher Staat und deutsche Parteien, Berlin 1922, S. 201–226 schrieb dazu S. 207: „Wie konnten die Arbeiterinnen, die von der Last des Doppelberufs, der häuslichen und der Fabrikarbeit, zermürbt waren, einen Nutzen darin erkennen, wenn die bürgerliche Frau die Arbeit für eine Pflicht und Ehre des weiblichen Geschlechts erklärte, wenn sie begeistert forderte, daß die Arena der Arbeit für sie und ihre Schwestern geöffnet wurde?"
40 Bäumer, Was bedeutet, S. 324.
41 Mit ihrer Parteinahme für den Arbeiterinnenschutz unterschied sich die deutsche Frauenbewegung von der angelsächsischen und skandinavischen, vgl. Zahn-Harnack, Die Frauenbewegung, S. 245 ff. Eine Unter-

stützung bei Familienaufgaben erfolgte u. a. durch Hauswirtschaftsunterricht, Hausarmenpflege, Säuglingsfürsorge.

42 Diese Einschätzung der „männlichen Kulturbewegung" zielte weniger auf eine Kritik an „Naturbeherrschung", der die eigene „Naturverbundenheit" gegenübergestellt wurde, wie Simmel, S. 139, meint, sondern an der prinzipiell unendlichen „Natur"-Erweiterung. Die Verselbständigung der Produktivität vom Nutzen für die Menschen wurde nicht nur auf die technisch-ökonomische Entwicklung bezogen, sondern auch auf den wissenschaftlichen Fortschritt und die Expansion des Staates (vgl. Anm. 46).

43 Deshalb läßt sich diese Position nicht einfach den „kulturpessimistischen" Strömungen zuordnen (so Greven-Aschoff, S. 41). Dem Rückblick auf „bessere" Einflußchancen von Frauen blieb nicht verborgen, daß sie an eine geringe Differenzierung des sozialen und geistigen Lebens sowie ein engere Begrenzung der Handlungsräume gebunden waren, vgl. z. B. Gertrud Bäumer, Die Frauenbewegung und die Zukunft unserer Kultur, Berlin 1909, S. 8 f.

44 Salomon, Literatur, S. 452.

45 Weber, Die Frau und die objektive Kultur, S. 97 f.

46 Die Fehlentwicklung des modernen Staates schien in diese Richtung korrigierbar, weil seine Expansion in der 2. Hälfte des 19. Jahrhunderts selbst mit dem Ansteigen seiner Pflichten gegenüber den Menschen begründet wurde. Erst die männliche Auffassung des Staates als „gewaltigsten aller Selbstzwecke" führe tendenziell zur Deformation des Sozialstaates in einen sich selbst genügenden Regierungsapparat, vgl. Freudenberg, Die Frau, S. 210 f. Für eine Veränderung der Wissenschaft wurde ein besonderer Beitrag der Frauen zu den „Kulturwissenschaften" erwartet, insofern diese „von den großen Handlungen der Weltbühne zu den Grundlagen" – dem Alltagsleben – vordringen, so Bäumer, Die Frau in der Kulturbewegung, S. 37; vgl. auch Marianne Weber, Die Beteiligung der Frau an der Wissenschaft, in: dies., Frauenfragen, S. 8.

47 Gertrud Bäumer, Materialistische Irrtümer in der Frauenbewegung, in: Die Frau 1905/06, S. 416.

48 Helene Lange, Ein neuer Gesichtspunkt in der Frauenfrage, in: Die Frau 1895/96, S. 259–264.

49 Gertrud Bäumer, Der Wandel des Frauenideals in der modernen Kultur, München 1911, S. 18.

50 Vgl. Helene Lange, Was wir wollen, in: Die Frau 1893/94, S. 1–4.

51 Vgl. Gisela Bock, Barbara Duden, Arbeit aus Liebe-Liebe als Arbeit. Zur Entstehung der Hausarbeit im Kapitalismus, in: Frauen und Wissenschaft, Berlin 1977, S. 118–199.

52 Dieses Motiv entgeht einer Bewertung, die zu dem Ergebnis kommt,

daß „in der Selbstbeschränkung auf echt weibliche Tätigkeiten . . . die Majorität der bürgerlichen Frauenbewegung ihre objektive Funktion zur Sicherung der bürgerlichen Herrschaft" erfüllt habe, Simmel, 138.

53 Zur Geschichte der hauswirtschaftlichen Frauenbildung vgl. Gerda Tornieporth, Studien zur Frauenbildung, Weinheim 1979.

54 So z. B. Freudenberg, Die Frau, S. 166.

55 Bonmot um die Jahrhundertwende und Titel des bekannten Buches der schwedischen Feministin Ellen Key, Das Jahrhundert des Kindes, Berlin 1902, Nachdruck Königstein 1978.

56 Dazu Helene Lange, Die Frauenbewegung und das ‚Recht auf Mutterschaft', in: Die Frau 1903/04, S. 193–197.

57 Gertrud Bäumer u. a., Frauenbewegung und Sexualethik. Beiträge zur modernen Ehekritik, Heilbronn 1909.

58 Anna Pappritz, „Wenn die Menschen reif zur Liebe werden", Rezension von Edward Carpenter, in: Die Frauenbewegung 1903, S. 35.

59 Das für die Frauenbewegung typische Bewußtsein der Unteilbarkeit von „manueller" und „psychischer" Hausarbeit hatte allerdings eine Präferenz für das, was „Vergeistigung" der häuslichen Pflichten genannt wurde. Mit diesem Motiv hat sie sich während der Weimarer Republik in die Diskussion um eine „Rationalisierung der Hausarbeit eingeschaltet. Dabei ging es den Vertreterinnen der Frauenbewegung immer auch um eine Aufwertung der Hausarbeit als Arbeit und Beruf.

60 Bäumer, Die Frau in der Kulturbewegung, S. 30.

61 Ebd., S. 29.

62 1931 gestand Marie Baum auf einer BDF-Konferenz sogar ihre Resignation in dieser Frage: Die Erfahrung habe gezeigt, daß durch die Beteiligung der Frauen am Erwerbsbereich die „Versachlichung" und „seelische Verarmung" dieses Bereichs nicht aufgehalten werden konnte. Frauen seien selbst Opfer der harten, unmenschlichen, nur auf die Wirtschaftlichkeit ausgerichteten Arbeitsbedingungen geworden. Veränderungen seien daher nur von der Familie aus möglich. Die Mehrheit der Konferenzteilnehmerinnen sei anderer Meinung gewesen, bemerkte dazu Gertrud Bäumer, Frau-Familie-Wirtschaftsordnung, in: Die Frau 1930/31, S. 513–521.

63 L. Arm, Mutterschaft, in: Die Frau 1895/96, S. 651, schrieb: Die Frauen „müssen mehr Interesse für die Seele ihres Kindes als für gestickte Gardinen haben" und „lernen, zu jeder Stunde des Tages die Mutterpflichten über die häuslichen zu stellen."

64 Ein solches Verständnis wird in neueren Analysen häufig nahegelegt, z. B. Simmel, S. 110–160; Twellmann, S. 73–95.

65 Lange, Die Frauenbewegung, S. 60.

66 Erstmals gefordert von Helene Lange, Die höhere Mädchenschule und ihre Bestimmung. Begleitschrift zu einer Petition an das preußische Un-

terrichtsministerium und das preußische Abgeordnetenhaus (1887), in: dies., Kampfzeiten, Bd. 1, Berlin 1928, S. 7–58.

67 Freudenberg, Die Frau, S. 235.

68 Ebd., S. 169.

69 Nach Tornieporth, S. 176, lehnten „die großen Frauenorganisationen" bei der Einführung von „Frauenschulklassen" in Berlin 1903 „die Aufnahme von Hauswirtschaftsunterricht in deren Lehrplan ab."

70 Lange, Frauenbewegung, S. 132.

71 Diese Pointierung tritt besonders deutlich bei der während des I. Weltkrieges geführten breiten Diskussion über die Einführung eines „weiblichen Dienstjahres" hervor, an der sich auch die Frauenbewegung beteiligte. Hausarbeit erfuhr im Sinne der „Dienstpflicht" eine prinzipiell grenzenlose Ausweitung in Richtung auf eine allgemeine Arbeitsbereitschaft und staatsbürgerliche Verantwortung, vgl. Leo J. Hohmann, E. Reichel, Die Dienstpflicht der deutschen Frauen. (Gekrönte Preisschrift der Mathilde Zimmer-Stiftung), Berlin-Zehlendorf 1917; Helene Lange, Die Dienstpflicht der Frau (1915), in: dies., Kampfzeiten, Bd. 2, S. 165–189.

72 Unter dem Eindruck der Erfahrungen des I. Weltkrieges wurde als „die wichtigste Aufgabe auf dem Wege weiblichen Staatsbürgertums" formuliert: „die gegenwärtige Lage benutzen, um den Frauen den politischen Charakter und die politischen Beziehungen ihrer einfachsten alltäglichen Angelegenheiten zu zeigen." so Helene Lange, ‚Neuorientierung' in der Frauenbewegung, in: Die Frau 1916/17, S. 3.

73 Vgl. Gertrud Bäumer, Die Frau im Staat, in: Frauenaufgaben im künftigen Deutschland, 1918, S. 68–83.

74 Alice Salomon, Moderne Bildung, in: Centralblatt des Bundes deutscher Frauenvereine, 15. Juni 1908, S. 41.

75 Vgl. dazu Alice Salomon, Soziale Frauenpflichten, Berlin 1902, S. 43, und dies., Die Frau in der sozialen Hilfsthätigkeit, in: Handbuch der Frauenbewegung, Bd. 2, Berlin 1901, S. 38–50.

76 Freudenberg, Die Frau, S. 219.

77 Salomon, Soziale Frauenpflichten, S. 42.

78 Alice Salomon, Zwanzig Jahre soziale Hilfsarbeit, Karlsruhe 1913, S. 8.

79 Ebd., S. 64 ff.

80 Salomon, Soziale Frauenpflichten, S. 16.

81 Lida Gustava Heymann beschreibt ihre Abwendung von der Sozialarbeit in: dies., Anita Augspurg, Erlebtes-Erschautes, Meisenheim 1977, S. 59.

82 Minna Cauer, in: Die Frauenbewegung 1896, S. 40.

83 Marie Stritt, Die Mutter als Staatsbürgerin, in: Adele Schreiber (Hg.), Mutterschaft, München 1912, S. 703.

84 Dieses wurde bereits von Zeitgenossinnen als Harmonisierung des Klassengegensatzes angekreidet: vgl. Dora Peyser, Alice Salomon. Ein Lebensbild, in: Hans Muthesius (Hg.), Alice Salomon. Die Begründerin des sozialen Frauenberufs in Deutschland, Köln/Berlin 1958, S. 28.

85 So Jeannette Schwerin gegen die Position der Sozialistinnen auf dem Internationalen Frauenkongreß 1896, zitiert bei Peyser, S. 27. Jeannette Schwerin war Mitbegründerin der „Mädchen- und Frauengruppen" und deren Vorsitzende bis zu ihrem Tode 1899. Ihre Nachfolgerin wurde Alice Salomon.

86 Alice Salomon, 10 Jahre Arbeiterinnenheime, in: Centralblatt des Bundes deutscher Frauenvereine, 1. Dezember 1908, S. 129.

87 Vgl. dazu Peyser, S. 43.

88 Agnes von Zahn-Harnack, Die arbeitende Frau, Breslau 1924, S. 14 ff.

89 Alice Salomon, Die Stellung der Jugend zur sozialen Frage, in: Die Frau 1912/13, S. 458.

90 Vgl. Marie Baum, Familienfürsorge, Karlsruhe 1927.

91 Alice Salomon, Die Deutsche Akademie für soziale und pädagogische Frauenarbeit im Gesamtaufbau des deutschen Bildungswesens (1929), in: Muthesius (Hg.), S. 245.

92 Vgl. dazu Alice Salomon, in: Muthesius (Hg.), S. 240–252; sowie Monika Simmel, Alice Salomon. Vom Dienst der bürgerlichen Tochter am Volksganzen, in: Christoph Sachße, Florian Tennstedt (Hg.), Jahrbuch der Sozialarbeit 4, Reinbek 1981, S. 369–402; Hans-Dieter Goeschel, Christoph Sachße, Theorie und Praxis in der Sozialarbeit. Ein Rückblick auf die Anfänge sozialer Berufsausbildung, in: ebd., S. 422–443.

93 Salomon, Die deutsche Akademie, S. 248.

94 Siehe dazu z. B. die Auseinandersetzung um Hedwig Stieve, Tagebuch einer Fürsorgerin, Berlin 1925, in: Die Frau 1926/27, S. 355–362, 436, 494–496, unter dem Titel „Abrechnung-Rechenschaft".

95 Evans, S. 237 f.

96 Vgl. dazu Irene Stoehr, Ein sozialpolitischer Treppenwitz? Lohn für Hausarbeit 1905, in: Courage 1981 H. 5, S. 34–39.

Doris Kaufmann

Vom Vaterland zum Mutterland.
Frauen im katholischen Milieu der Weimarer Republik

Vom neu geschaffenen Frauenwahlrecht profitierten in der Weimarer Republik vor allem die christlich-konservativen Parteien.[1] Dies gilt insbesondere für die katholische Zentrumspartei. Die für diese Partei abgegebenen Stimmen stammten zu rund 60% von Frauen.[2] Diesen Befund diagnostizierte schon eine zeitgenössische wahlsoziologische Untersuchung als „politische Krankheit" und rief nach der „Rückgewinnung insbesondere der politisch aktiven Elemente, also der Männer", da deren Votum von „entscheidender Bedeutung für die Einschätzung der politischen Stärke" sei.[3] Ebenso deutet die heutige Katholizismusforschung den durchgehend hohen Anteil der Frauenstimmen für das Zentrum als ein Signal für die abwärts verlaufende „Schicksalskurve der Partei".[4] Auch hier wird der Stellenwert der Frauen für den politischen Katholizismus negativ bewertet, ohne daß bislang danach gefragt wurde, welche Gründe die Wählerinnen möglicherweise für ihre offensichtliche Zentrums-Vorliebe gehabt hatten.

Auch in Untersuchungen zur sozialen und politischen Situation der Frauen in den 20er Jahren geraten Frauen mit ihrer Wahlentscheidung unter das Verdikt, gegen ihre Interessen gehandelt zu haben.[5] Da diese vor allem mit einer positiven Stellung zur außerhäuslichen Erwerbsarbeit identifiziert werden, gilt das Zentrum aufgrund seiner Rolle in der Doppelverdienerkampagne zu Beginn und am Ende der Weimarer Republik als hervorragender Vertreter des Antifeminismus. Zudem erließ der Zentrumskanzler Brüning besonders für Frauen belastende Notverordnungen und verantwortete das 1932 erlassene „Gesetz über die Rechtsstellung der weiblichen Beamten", das die Kündigung der verheirateten Beamtinnen ermöglichte.[6]

Tim Mason spricht von einer „politischen Ideologie“, die geeignet war, regressive Ängste und Ressentiments gegen die Veränderungen der sozialen Position von Frauen zu wecken und diese mit der allgemeinen „Bedrohung“ der natürlichen gesellschaftlichen Ordnung zu verknüpfen. Mason vergleicht in diesem Zusammenhang die Lehre der katholischen Kirche und die Ideologie der Zentrumspartei mit der antifeministischen Mobilisierung der Nationalsozialisten, die mit entsprechenden sozialpsychologischen Mitteln vorgegangen seien.[7]

Die nicht ausgesprochene Schlußfolgerung liegt nahe, daß die Bindung der Frauen an den Katholizismus auf eben diesem Mobilisierungsmechanismus beruht und an jene „regressive“ Bewußtseinsstruktur anknüpft, die die Katholikinnen, wie es ein anderer Autor ausdrückt, zum „Anwalt des Vormodernen“[8] macht. So deckt sich das nie explizit untersuchte Bild der katholischen Frauen in der historischen Forschung mit folgender Beurteilung in einer Dissertation über die Leitbilder der katholischen Frauenbewegung der 1950er und 1960er Jahre:[9] Aufgrund der „unzulänglichen Wahrnehmung“ der sich wandelnden sozialen, ökonomischen und politischen Verhältnisse bewahrt die Katholikin die traditionelle Geschlechterrolle. Sie beharrt auf ihren „antiquierten Funktionen von schrumpfender sozialer Bedeutung“ und bleibt fremden Interessen unterworfen. Als „außengeleitete, ich-schwache Persönlichkeit“ findet sie in den katholischen Frauenverbänden zu „irrational fundierter Sammlung“ und steht, fern jeder politischen und sozialen Selbstbestimmung, den Zielen der Frauenbewegung verständnislos gegenüber.

Der Ungeschichtlichkeit dieser allgemein verurteilenden Festschreibung möchte ich die Frage nach den Interessen der katholischen Frauen entgegensetzen, die ihre besondere Bindung an den katholischen Lebenszusammenhang begründeten. Gerade die spezifische historische Ungleichzeitigkeit des katholischen Milieus soll hier als mögliche Bedingung der Verwirklichung von Fraueninteressen ernstgenommen werden. In einem ersten Schritt will ich das kirchlich-klerikale Frauenleitbild im Zusammenhang mit der veränderten Stellung des Katholizismus in der Weimarer Republik untersuchen. Dabei geht es vor allem um eine in diesem ideologischen Rahmen vorgenommene Veränderung der Position von Frauen im Geschlechterverhältnis und innerhalb des milieuinternen Gruppengefüges. In einem zweiten Schritt will ich herausfinden, welche Art Öffentlichkeit bzw. welche Handlungsräume über den ihnen als Wirkungsraum zugeschriebenen familialen Binnenraum hinaus katholische Frauen ausbilden konnten und welche Funktionen diese Räume für sie erfüllten.

Mit Beginn der Säkularisation Anfang des 19. Jahrhunderts organisierte sich die katholische Bevölkerung in einem von der übrigen Gesellschaft isolierten, geschlossenen Sozialgefüge mit eigenem Kommunikations- und Organisationsnetz und besonderen Symbolen und Feindbildern, die eine ausschließlich durch die kirchen- und kulturpolitischen Interessen des katholischen Milieus vermittelte Wahrnehmung und Interpretation der „Außenwelt" sicherstellten. Dieses katholische Milieu bildete sich zunächst zur Abwehr der staatlichen Angriffe auf die Rechte der Kirche heraus und bezog gegen Ende des 19. Jahrhunderts seine Legitimation zunehmend aus der Gefährdung der katholischen Lebensformen. Die Verteidigung dieses katholischen „Besitzstandes" zentrierte sich um: Sicherung der christlichen (Handwerker- und Bauern-) Familie mit ihrer geschlechtsspezifischen Arbeits- und Machtverteilung; Stärkung der Familienerziehung; Bewahrung des christlichen Charakters der außerfamilialen Erziehungsinstitutionen; Kontrolle der öffentlichen Sittlichkeit. Diese Teilbereiche der Gesellschaft galten den Katholiken als Kernbestand des Gemeinwohls, von dem nicht allein der christliche Glaube, sondern auch die natürliche Volksordnung, die Nation und das Abendland abhingen.

Kurz vor Ende des Ersten Weltkrieges drückte eine programmatische Bestandsaufnahme aus,[10] wie weit die Gefährdung der sittlichen sozialen Ordnung durch jenen gesellschaftlichen, aus der Abkehr von Gott verursachten, geistesgeschichtlich erklärten Entwicklungsprozeß fortgeschritten war. Auch das katholische Milieu hatte der „Moderne Zeitgeist", „Materialismus", „Mammonismus", „Individualismus" schon partiell erfaßt. Im Mittelpunkt der krisenhaften Zeiteinschätzung stand die behauptete „Verwüstung der Familie". Sämtliche „Schäden am deutschen Volkstum"[11] erwüchsen aus der Zerstörung dieser „Urzelle alles Gemeinschaftslebens", die aus der Negierung der gottgewollten natürlichen Aufgaben der Geschlechter in der „Menschheitsökonomie" folgte.[12] Die „modernen Verkehrs- und Erwerbsverhältnisse"[13] hätten den Mann aus den gemeinsamen Arbeitszusammenhängen der Familienwirtschaft in den „brutalen Kampf"[14] aller gegen alle gerissen, ihn der seelenlosen Mechanik zerstückelter Arbeitsvorgänge unterworfen und die Familie der Anonymität der Großstadt ausgesetzt. Deshalb müsse die Familie als das „feste, organische Gefüge"[15] eine stabile Gegenwelt bilden, in der die Frau, kraft ihrer „geheimnisvollen, einer nähern sprachlichen Formulierung unzugänglichen Liebe"[16] nicht den Maßstäben der Vernunft, des Gelderwerbs, der Macht und des Genusses unterworfen, sich ganz dem Mann und den Kindern widmet. Als Gegengewicht zur männlich geprägten Zivilisation, die in keinem „gesunden Fortschritt"[17] begriffen sei und nach weiblicher Beseelung verlange, repräsentiere die Frau die Kultur. Sie allein könne die Menschheit vor dem „Versinken in den Materialismus" bewahren.[18]

Gerade diese notwendige Balance von weiblicher und männlicher Welt wurde nach katholischer Interpretation aber gestört durch das Vordringen der Frauen in die männliche (Erwerbs- und Geistes-) Sphäre, deren „unsittlichen Gesetzen" sie aufgrund ihrer Natur kaum Widerstand entgegensetzen könnten; sie verfielen der „Vermännlichung" und würden dadurch von den Männern beherrschbar.[19] Angesteckt von Machttrieb und Egoismus verließen die Frauen die „Königinnenthrone", zu denen ihnen Liebe und Opferbereitschaft verholfen hatten;[20] sie entzögen sich ihren religiösen Sozialisationsaufgaben, gar ihrer generativen Pflicht.[21] In Übereinstimmung mit der Zeittendenz stellten sie auch noch die unabänderlichen Normen der Moral in Frage, indem sie sich durch „unschamhafte Mode" zum Objekt des Mannes machten, um ihn zu verführen, anstatt „Züglerin der Triebe und Hüterin der Sitte" zu sein.[22]

Um die Hoffnung, der Staat könne mithilfe der Staatsgewalt und Gesetzgebung der christlichen Moral wieder Geltung verschaffen, sah sich die katholische Kirche mit der Errichtung der Weimarer Republik betrogen.[23] Ihrer Ansicht nach herrschte der von allen ethischen Bindungen gelöste, liberalistische Staat, in dem die Kirche allen anderen Interessengruppen gleichgeordnet galt und den gesellschaftlichen Krisenmomenten freier Lauf gelassen wurde. Immer wieder wurden von katholischer Seite die Diskussionen und Initiativen zur Reform der Ehescheidung, der rechtlichen Stellung von unehelichen Kindern, des Abtreibungsverbotes (§ 218) und die erlaubte Verbreitung von „Schmutz- und Schundschriften" angeprangert. Diese Entwicklung erschien umso bedrohlicher, als das katholische Milieu selbst Anteil hatte an der weiterhin sinkenden Geburtenzahl und der außerhäuslichen Erwerbsarbeit von Müttern und steigende Kirchenaustritts- und Mischehenraten verzeichnete.[24] Als 1928 die Zentrumspartei auch noch das schlechteste Reichstagswahlergebnis ihrer Geschichte erzielte, glaubte man die bevorstehende Auflösung des katholischen Milieus nur noch durch klerikales Eingreifen abwenden zu können.

Der Aufruf zur „Katholischen Aktion" auf dem Katholikentag 1928 leitete in Deutschland eine neue klerikale Mobilisierungsstrategie ein. Die Katholiken sollten in entpolitisierter Sammlung als Laienapostolatsgemeinschaft die „Verchristlichung aller Lebensverhältnisse"[25] durchsetzen. Die „Katholische Aktion" ermöglichte zumindest theoretisch die Preisgabe des Zentrums und einen Bedeutungsverlust der Vereine, die sich anhand besonderer Klassen- und Berufsinteressen organisiert hatten. Das Verfolgen eigener Sonderziele, so glaubte man, hatte zur beklagten Trennung von Religion und öffentlichem Wirken der Gläubigen[26] und zur „Verengung der großen apostolischen Weite der Kirche selbst"[27] beigetragen. Das Krisenprogramm sollte demgegenüber das „unmittelbare und ausschließliche" Ziel der „Bildung und Formung des katholischen Menschen"[28] haben und sich inhaltlich und organisatorisch an den vier „Natur-" oder „Pfarrständen", also an der Gruppe der Männer, der Frauen, der männlichen und der weiblichen Jugend ausrichten. Dieser Akzentsetzung dienten die Leitthemen der Katholikentage in der Endphase der Weimarer Republik[29] ebenso wie die Jugend- und Eheenzykliken von 1930 bzw. 1931.

Intendiert wurde damit eine stärkere Bindung des Laien an den Geistlichen als autoritativen Vermittler des göttlichen Sittengesetzes und an die Pfarrei als konkretes Betätigungsfeld der „Katholischen Aktion".

In der Praxis bezweckte dieses Programm u. a. die Entmachtung der weltlich geleiteten Vereinszentralen. Wichtiger für unseren Zusammenhang aber ist, daß die „Katholische Aktion" die Eigenschaften, die der Natur der Frau zugeschrieben wurden, als Maximen für das Handeln im Katholizismus allgemein verbindlich setzte. So wurde aufgerufen zur „Arbeit aus der Kraft einigender, selbstloser Liebe",[30] zu Hingabe und Entsagungskraft; und der Katholizismus als Religion der Opferbereitschaft und Maria als Vorbild christlichen Wirkens[31] beschrieben. Eine starke marianische Bewegung hatte in Deutschland schon vor 1914 begonnen, die Rolle Marias als Mittlerin der Versöhnung zwischen Gott und den Menschen und ihre Miterlöserschaft zu betonen, um sie gewissermaßen gottgleich an die Seite Christi zu stellen.[32] Zwar vertrat Maria die Menschheit und damit beide Geschlechter, doch war die steigende Bedeutung der Marienverehrung Ausdruck der Einschätzung, daß das katholische Milieu sich auch deshalb in der Defensive gegenüber der Zeit befand, weil es zu sehr Männerkultur geworden sei. Die äußere Gestaltung und Institutionalisierung sei vor die ideellen Lebenswerte der Liebe und Opferbereitschaft gestellt worden.[33] Kraft ihrer Mütterlichkeit seien die Frauen nun in besonderer Weise befähigt und „berufen, die Hauptschäden unserer Zeit zu überwinden".[34] Die Rettung Europas sollte auf „Tragen, Gebären, Hüten, Lenken neuen Lebens in jeglicher Form"[35] gründen, d.h. auf geschlechtsspezifisch definierter Arbeit in Familie, Wirtschaft, Politik und Milieu. Die Frau wurde aufgefordert, die Familie, ihr primäres Wirkungsfeld, durch „heimschaffende Kraft",[36] d.h. Pflege- und Erziehungsarbeit für Mann und Kinder, wieder zur „lebenskräftigen Keimzelle, durch die dem ganzen Volkskörper gesunde Lebenskräfte zugeführt werden",[37] zu machen. Sie sollte den Ehemann psychisch instandsetzen, seinen Beruf zu erfüllen, das Familieneinkommen so bewirtschaften, daß ihr Zuverdienst nicht notwendig wurde, und seine sittliche und religiöse Persönlichkeitsentwicklung fördern. Ebenso galt es bei den Kindern, „ganzem Menschtum zum Sieg zu verhelfen", also die Ausbildung der kindlichen gottgegebenen Anlagen zu gewährleisten. Besonders unter den Bedingungen der Weltwirtschaftskrise verlangte der Einsatz von Mütterlichkeit ein „Wunder an Arbeitsleistungen", dessen geldliche Entlohnung, wie ein Pater schrieb, auch den reichsten Staat bankrott machen würde.[38]

Ebensowenig wie die Mutter durfte die außerhäuslich Erwerbstätige einen Lohn- oder Karrierevorteil für ihr religiöses Apostolat, die Entfaltung der fraulichen Eigenart im Berufsleben, erwarten. In welchem Berufsfeld auch immer sollte die Frau ihre seelische Grundhaltung der Mütterlichkeit, die das Recht nach sich zog, „alle Menschen – und mögen sie viel älter sein als sie selbst – in gewissem Sinne als ihre Kinder zu betrachten",[39] praktisch werden lassen, indem sie die geforderte sachbezogene Arbeit mit Fürsorge- bzw. Beziehungsarbeit an den Kollegen, Konfliktharmonisierung und Arbeit zu freundlicher Ausgestaltung des Arbeitsplatzes verband.[40] Das Programm, mit „mütterlicher Stärke" der Versachlichung sozialer Beziehungen Einhalt zu gebieten, zielte auf Umorganisierung des Wirtschaftslebens (im Sinne der Enzyklika Quadragesimo anno 1931), das immer deutlicher um des Gewinns willen den Menschen der Maschine unterwarf und ihn verbrauchte, anstatt seine Gottähnlichkeit zum Zweck zu erheben.[41] Genau diese Aufgabe entspreche dem aus der weiblichen Gebärfähigkeit erwachsenden Formprinzip der weiblichen Seele, der Liebe, die sich überströmend, unbedürftig, frei sich verschenkend äußerte und es der Frau (leichter als dem Mann) ermöglichte, ein göttliches Leben zu führen, d.h. sich ganz Gott hinzugeben und den anderen „lebensspendend" darzubringen.

Diesen Vorstellungen zufolge konstituierte die Gebärfähigkeit die besondere Empfänglichkeit der Frau für das Göttliche und zugleich ihre Verpflichtung, sich jedem bis zur völligen Selbstaufgabe zu opfern, „in erster Linie aber dem, der ihr als sichtbares Oberhaupt gegeben ist: dem Gatten oder auch irgendeiner ihr gesetzten Obrigkeit".[42] Die Festschreibung der Arbeit als Gottesdienst heiligte zunächst einmal jede, mit dem Kreuztragen Christi verglichene

Mehrarbeit. Sie stellte jedoch zugleich den primären Bezug der Frauen zu Gott heraus und schuf für die Frauen, bei gleichzeitiger Auslöschung ihrer persönlichen Autonomie, einen unabhängigen seelischen Bereich, in dem sie allein als Dienerinnen Gottes Gebieterinnen waren.[43] Die geforderte Selbstaufgabe der Katholikin beinhaltete daher nicht ihre Übergabe an den Mann. Die Frau war zur Erfüllung ihrer Bestimmung nicht notwendig auf Ehe und Familie verwiesen. Der aufklärerischen Auffassung von der Existenz eines „Naturgesetzes, aus dem sich beweisen ließe, daß die Lebensgemeinschaft mit dem anderen Geschlecht zur vollen Kraftentfaltung unbedingt nötig sei, und daß ohne sie das Beste im Menschen verkümmere oder gar die Nerven geschädigt werden müßten",[44] setzte der Katholizismus das Ideal der Ehelosigkeit, der Jungfräulichkeit als die dogmatisch am höchsten bewertete Form der Lebensgestaltung entgegen. Zwar galt auch für die Ehefrau das Gebot, die virginitas der Seele zu wahren, aber allein in der Jungfrau, bei der „auch das Leibliche . . . den Gesetzen der Gnade unterworfen"[45] war, und in ihrer reinsten Inkarnation, der Ordensfrau, fand die weibliche Natur in der restlosen Hingabe an Gott und die Allgemeinheit ihre höchste Erfüllung. In diesem Sinn wurde Jungfräulichkeit, gedeutet als geistige Mütterlichkeit, geradezu ein Synonym für „Katholische Aktion".

Die Wesensart der Frau und ihr daraus abgeleitetes Apostolat begründeten nicht nur die Vorrangstellung der Frau gegenüber dem Mann im für beide Geschlechter verbindlichen religiösen Bezugssystem, sondern auch eine „tiefere Verbundenheit" mit den Trägern des kirchlichen Lehramtes, den Geistlichen: „Priester sein und Frau sein heißt: Verstehen, Fruchtbringen in Geduld, Wirken in hingebender, selbstloser Liebe."[46] Während die Frau diese Bestimmungen aus ihren „natürlichen Kräften" als Züge ihres Geschlechtscharakters erfüllte, mußte sich der Priester diese für sein Amt notwendigen weiblichen Wesenseigenschaften aneignen.[47] Das Amtspriestertum beschränkte sich allerdings nicht auf Opferdienst und „demütige Jüngerschaft Christi", die die Frauen (in ihrem allgemeinen Priestertum) oft reiner ausfüllten, sondern enthielt auch die Aufgabe, „dem Himmel Gotteskinder zu zeugen aus der Menschheit". Die „mystische Beziehung" des Priesteramtes zum Mannsein knüpfte an die Definition des Göttlichen an, das Leben nicht zu empfangen, sondern es ewig in sich selber zu haben, was den Gattungszweck des Mannes – „nicht empfangenes Leben weiter zu geben" – „in etwa widerspiegelte". Wie Gott aber über jeder Geschlechtszuordnung stand, mußte auch der Priester sein männliches Geschlecht transzendieren, „über die Grenzen der Natur" hinauswachsen.[48]

Das Verhältnis von Geistlichem und (jungfräulicher) Frau bestimmte sich aus dem göttlichen Einsatz der beiden gemeinsamen ungeteilten Dienstbereitschaft. Während der Priester als Gottes Stellvertreter ihn repräsentierte, stand ihm die Frau nach dem Vorbild Marias zur Seite, als Mutter alles Lebendigen für die Menschheit bittend und Beistand leistend. So wie Marias Wirken nur in Bezug auf Gott denkbar ist, beruhte das religiöse Apostolat der Frauen auf der Verbindung mit dem Klerus. Diese zunächst theoretisch begründete Koalition von Geistlichkeit und Frauen als „befähigt und berufen", die „unheilvollen Mächte" der Zeit zu überwinden,[49] wurde ansatzweise Realität bei der Sexual(reform)-debatte, wo sie sich gegen die (Ehe-)Männer richtete. Das sittliche Versagen der Ehemänner mit den daraus erwachsenen Folgen für die Familie wurde von klerikaler Seite u. a. in den normativen Beschreibungen über das Verhältnis von Klerus und Frauen thematisiert. Der einzelne Priester sei verpflichtet, der Frau gegenüber durch Hochachtung und fehlende „Begehrlichkeit" das „Mannesideal" zu vertreten, dessen sie in der Realität des Geschlechterverhältnisses so „verzweifelt" entbehrte. Der Priester sollte zugleich „ganzer Mann" bleiben, frei von „Weichlichkeit" und ohne „Schein eines gewissen Feminismus".[50]

Diese Mahnung antwortete auf die Gefahr der Entsexualisierung, der der Geistliche, der seine Naturtriebe vergeistigen mußte, ebenso ausgesetzt war wie die Frauen. Dahinter stand aber auch das Bestreben, die Männer in ihrem Sexualverhalten der religiösen Autorität erneut zu unterwerfen. So klagten katholische Frauen, daß ihre Männer zunehmend die kirchlichen Ge- und Verbote beim ehelichen Verkehr mißachteten und allzu häufigen Beischlaf und den Gebrauch von Verhütungsmitteln verlangten.[51] Zwar waren die Frauen durchaus bereit, das Kreuz, das zwischen den Geschlechtern stand[52] und ihrer verschiedenen Natur entstammte, anzunehmen, hatte es doch immer für die Frau eine „sexuelle Ehenot" gegeben, wenn der Mann die Ehe als „Freibrief auf ungehemmte Triebbefriedigung" ansah und sich als „Rohling, verantwortungsloser und unsittlicher Mensch"[53] entpuppte. Aber die „rationalistisch-aufklärerische Gegenwart", – so meinte ein Referent auf dem Katholikentag – verstärke in doppelter Hinsicht die der männlichen Natur immanente Gefahr des egoistischen Auslebens der Sexualität auf Kosten der Frauen. Die Theorie der Sexualreform sichere die Männer in ihrem Sexualegoismus ideologisch ab, und das Bereitstellen der „naturwissenschaftlichen Mittel" (Empfängnisverhütung) erlaube es, auch die Liebe der Rationalisierung zu unterwerfen.[54]

Im Gegensatz zu den Sexualreformern, die die Bedeutung des Sexuallebens für die Gesundheit und „seelische Vollentwicklung" des Menschen betonten und den „Selbstregulationen des Lebens" vertrauten,[55] ging man im zeitgenössischen Katholizismus von der (aus der Erbsünde stammenden) „Dämonie" der Sexualtriebe aus, deren zerstörerische Gewalt sich allein durch Askese und feststehende gesellschaftliche Normen eindämmen ließ. Während das Triebkonzept der neuen Sexualtheorien geschlechtsspezifische Unterschiede negierte, war nach katholischer Auffassung die Sexualität der Frauen grundsätzlich schon vergeistigt und aufgehoben in der Mütterlichkeit. Die Frau galt deshalb in geschlechtlichen Fragen als geborene Führerin des Mannes.[56] Diese Stellung verteidigten die katholischen Frauen vor allem mit dem Argument, der höhere Zweck der Ehe sei die seelische Gemeinschaft der Gatten, auch gegenüber dem eugenisch-bevölkerungspolitischen Flügel des Katholizismus, der die Kinderproduktion in den Vordergrund stellte.[57] Die Frauen als „Bewahrerinnen des Irrationalen", des „Geheimnisses",[58] erhielten von höchster kirchlicher Instanz in der Enzyklika Casti connubii vom 31.12. 1930[59] Unterstützung gegen die der Zeitentwicklung anheimgefallenen Männer, aus deren „Diesseitsgeist" und „berechnender Vernunftbetontheit"[60] auch die „Brutalitäten“[61] im körperlichen Bereich folgen würden.

Zahlreiche Ehebücher und Kleinschriften und Belehrungen der Gläubigen in der Beichte wurden eingesetzt, um die sexuellen Beziehungen in der katholischen Ehe normativ zu regeln und damit dem Entstehen eines kontrollfreien Intimbereichs vorzubeugen. Da jedoch den Männern auf diesem Gebiet ein Unrechtsbewußtsein fehlte, diente die Beichtpraxis vor allem den Frauen zur Gewissenserleichterung und „inneren Festigung“ bzw. Bestätigung. Sie konnten dem „verschwiegenen Berater“ ihre seelische und körperliche Ehenot anvertrauen und über ihre Furcht vor und über tatsächliche Mißhandlung, über Familienunfrieden, Untreue, Vergewaltigung sprechen. Der Priester konnte seinerseits den sündigen Männern mit göttlicher Strafe drohen.[62] Ob die Verbindung von Geistlichen und Frauen Folgen für die innerfamilialen Machtverhältnisse hatte, läßt sich aus den schriftlichen Quellen nicht eindeutig beantworten. Einen Hinweis bieten die Reflexionen eines Vikars; er schreibt über die Eifersucht des Ehemanns auf Gott, „der ihm scheinbar den Platz im Herzen seiner Frau raubt, daß er von seiner Frau sich zurückgesetzt fühlt“, und schließt die Frage an, „ob wir (der Klerus, D. K.) nicht vielleicht die Frau dem Manne gegenüber oft ein wenig in eine falsche Kampfstellung hineingebracht haben ...?“[63] Aber nicht nur sein Fehlverhalten als Ehemann, sondern – und das war die andere Seite der „Männerfrage“, die die katholischen Frauen aufwarfen[64] – auch sein Versagen als Vater erschütterte die Position des Mannes in der Familie. Seine mangelnde Zeit- und Gefühlsaufwendung, auch Verantwortungsscheu gegenüber der Familie, von deren Welt ihn eine „innere Entfremdung“ trennte, waren begründet im Verlust der älteren Hausvaterrolle, aber auch im moralischen Versagen des Mannes.[65]

Der Appell an die „größte Kunst der Mutter, den Vater wieder zur Hauptperson der Familie zu machen“,[66] zeigte ebenso wie die Aufforderung, der Vater solle wieder „in das Heim hineingestellt werden“,[67] allerdings die Hilflosigkeit gegenüber dieser Entwicklung. Neben der ideologisch hervorgehobenen Bedeutung der Mutter und Mütterlichkeit für die Familie blieb für den Mann außer der Zeugung und finanziellen Versorgung der Nachkommen kein inhaltlich definierter Aufgabenbereich. Als Antwort auf diese Situation könnte das folgende, von der katholischen männlichen Jugend als Ergebnis einer „Besinnung über Vater- und Mutterschaft" entworfene Zukunftsbild verstanden werden: „Ein Genius wird aufstehen und der Menschheit zum Bild der Mutter, das in den großen Kunstwerken der Jahrhunderte leuchtend vor uns steht, zum ersten Mal das Bild des Vaters schenken."[68]

Die klerikale Interpretation der „Katholischen Aktion" verknüpfte die innere Erneuerung des Einzelnen mit dessen erneuertem Engagement für den normativ vorgegebenen Aufgabenkreis in der Familie. Zugleich aber zielte sie darauf ab, die Grenze zwischen „privater" Familiengemeinschaft und (Milieu-)Öffentlichkeit aufzuheben. Um persönliches Leben und öffentliches Wirken zusammenzubringen, sollten die in der Familie ausgebildeten geschlechtsspezifischen Verhaltensweisen und Zuständigkeiten der Gläubigen auf die „Pfarrfamilie" übertragen werden. Unter der Leitung des Pfarrers sollten die „naturständischen" Vereine die Lebensführung im Milieu kontrollieren.[69] Zwar war die mit der „Katholischen Aktion" beabsichtigte Umstrukturierung des Vereinswesens und damit des katholischen Milieus insgesamt gegen die starken Verbandszentralen und das ausgebaute Vereinsnetz in Deutschland zunächst nicht durchsetzbar.

Den Frauen aber eröffnete die „Katholische Aktion" als „Entprivatisierungsprogramm" ein neues Arbeitsfeld, galten sie doch als die geeignetesten Helferinnen des Klerus beim Wiederaufbau der Familie. Sie übernahmen innerhalb der Pfarrei zahlreiche, teilweise auch bezahlte seelsorgerische Aufgaben. Neben jene katholischen Frauen, die in Kongregationen, dritten Orden, religiösen Gesellschaften und Ordensgemeinschaften bereits „priesterliche Arbeiten", wie „Säuglingspflege, Wochenpflege, Kleinkindpflege, Waisenfürsorge, Jugenderziehung, Krankenpflege, Gefallenenfürsorge, Armenpflege, Mädchenschutz, Heidenmission, Karitashilfe"[70] leisteten, traten jetzt die besoldeten Apostolatshelferinnen, um in unmittelbarer Zusammenarbeit mit dem Klerus „alle Gemeindemitglieder ihrem religiösen Zweck"[71] zuzuführen. Dabei fiel ihnen vor allem die Aufgabe zu, die „lebendigen Beziehungen" zwischen den Gläubigen und dem Seelsorger zu vermitteln. Diesem Ziel entsprechend wurde ihnen der gesamte Bereich der Hausseelsorge übertragen. Sie besuchten regelmäßig die einzelnen Familien und fungierten so als das „allzeit offene Auge, das die Not und die Gefahren der Seele entdeckt".[72] Bei Ehe- und Sexualproblemen hatten sie als Vertrauenspersonen bei den Frauen Vorrang vor dem männlichen Geistlichen. Von ihnen sollten die Frauen zuerst „Beruhigung und Ermutigung" erlangen.[73] Die Kirche nutzte also institutionell den bestehenden Kommunikations- und Hilfszusammenhang von Frauen. Auf diesen Zusammenhang bezogen sich die Katholikinnen, wenn sie forderten, allein Frauen hätten andere Frauen über ihre ehelichen Pflichten und Rechte vor der Heirat zu unterrichten.[74] Organisatorischer Ausdruck dieses Zusammenhangs waren ihre großen Frauenvereine, und eben dort fand die „Katholische Aktion" in erster Linie ihre Umsetzung.

Seit Entstehen des katholischen Milieus waren die Vereine das wichtigste Mittel, um den Anspruch der katholischen Weltanschauung, den ganzen Menschen zu erfassen und bei der Gestaltung aller Lebensbereiche anzuleiten, organisatorisch einzulösen. Gegen die im 18. Jahrhundert beginnende „Auflösung der Volksgemeinschaft in Interessengemeinschaften" und die Umwandlung der „Gemeinschaftsmenschen" in „Ich-Menschen", „die zwar aufeinander angewiesen . . ., aber seelisch einander entfremdet sind",[75] - sollten die katholischen Vereine Lebensgemeinschaften sein, die sich zur katholischen Volksgemeinschaft zusammenfügten.

So erforderte und rechtfertigte die besondere Stellung des katholischen Sozialgefüges in der Gesellschaft ein außerfamiliales Bezugsnetz. Vereine, die wie die Jungfrauen- und Müttervereine explizit auf eine Familienorientierung abzielten, erlangten im katholischen Milieu mit der Annahme wachsender Familiengefährdung ein immer größeres Gewicht. Damit entstand ein Dilemma. Die Frauen mußten von der Familie getrennt vorbereitet und bestärkt werden, um später gleichermaßen gut ihre „natürliche" Aufgabe in der Familie zu erfüllen und auch außerhalb der Familie mit

„Gemeinschaftssinn" gegenüber Nichtblutsverwandten ihren besonderen Apostolatsaufgaben nachzukommen.[76] In den Klagen über das übermäßige Vereinsleben, das die Familie auseinanderreiße und keine Zeit lasse für das Familienleben, wird deutlich, daß eine Kollision zwischen Familien- und Milieuinteressen zumindest angelegt war.[77]

Die Familienmitglieder wurden jedoch in unterschiedlichem Ausmaß der Familie entzogen. Während die Müttervereine offenbar mit ihrem Vereinsleben auf die häuslichen Arbeitsanforderungen der organisierten Frauen Rücksicht nahmen, tendierten die Jugendvereine dazu, die Familie zu ersetzen. Auch in emotionaler Hinsicht konkurrierten die Vereine mit der Familie, wenn sie „eine große Vertraulichkeit der Mitglieder untereinander"[78] anstrebten und sich als „Liebes- und Notgemeinschaften"[79] verstanden, in die sich die Mitglieder „wohlig betten" konnten, um von ihnen „getragen und gehegt"[80] zu werden. Hilfe zur Verbundenheit untereinander und zugleich deren Ausdrucksmittel war das gemeinsame religiöse Leben mit Gemeinschaftskommunion, religiösen Vorträgen, Wallfahrten, Exerzitien, das auch für nichtorganisierte Frauen ein gleichgeschlechtliches Kommunikationsnetz bereitstellte.[81] In diesen Zusammenhängen konnten Frauen zu einer Identität finden, die sich nicht über den familialen Raum vermittelte. Die Frauenvereine schufen für Katholikinnen aus allen sozialen Schichten eine religiös legitimierte „Gegenidentität" zu den „privatisierenden" Ansprüchen der Männer. Zur Illustration dieser These sollen im folgenden kurz die Wirkungsfelder von drei Frauenverbänden skizziert werden.

Die *Jungfrauen- und Müttervereine* standen in der Kontinuität der schon vor dem 19. Jahrhundert gegründeten religiösen Frauenvereinigungen (z.B. Kongregationen). Sie waren eine Form der kirchlichen Frauenseelsorge und erkannten dementsprechend die unbedingte Autorität der geistlichen Präsides an. Diese Vereine erhielten im 20. Jahrhundert in Auseinandersetzung mit der Frauenbewegung die Aufgabe, „katholische Frauenpersönlichkeiten" auszubilden, die sich ihres „wahren Frauseins" und damit „ihrer besonderen Berufung und Verpflichtung" bewußt waren.[82] Der Vorrang der religiösen Unterweisung blieb bestehen, doch wurden nun zusätzlich im Hinblick auf die veränderten Arbeitsanforderungen in der Familie auch „sexualpädagogische Führung" und staatsbürgerliche Schulung geleistet. Hauswirtschaftliche Kurse, Ehe- und Erziehungsberatung, Mädchenschutzeinrichtungen, Freizeitangebote, politische Vorträge und Besprechung der Tagespresse gehörten zum neuen Erziehungsprogramm.[83] Die Jungfrauenvereine lehnten sich zudem mit Angeboten von Sport-, Wander-, Sing- und Tanzgruppen an die Ausdrucksformen der zeitgenössischen Jugendkultur an. Das religiöse Apostolat der Frauen wurde begriffen als Sorge für die Familienmitglieder, Nachbarn und Vereinsschwestern: „Das miteinander Sorgen und Tragen und Überlegen und Raten in all den Schwierigkeiten des Lebens und der Erziehung, wo Frauen und Mütter sich gegenseitig am besten verstehen und auch darum am besten helfen können."[84] Diesem Ziel sollte der Aufbau von Kleingruppen innerhalb der Vereine ebenso dienen wie regelmäßige Hausbesuche durch „Vertrauensfrauen", die unbezahlt die Arbeit der Apostolatshelferin übernahmen. Mit 760000 Mitgliedern im Zentralverband der katholischen Jungfrauenvereinigungen Deutschlands und 900000 im Verband der katholischen Frauen- und Müttervereine zählten die beiden eng kooperierenden Verbände, denen vor allem Landfrauen und Frauen des unteren Mittelstandes angehörten, zu den größten Frauenorganisationen der Weimarer Republik.[85] Nicht unproblematisch gestaltete sich das Verhältnis dieser Verbände zu den berufsständischen katholischen Frauenvereinen, die in den Großstädten als Konkurrenz auftraten. Deren Organisationsprinzip wurde aus dem Anspruch heraus abgelehnt, daß auch die ledigen erwerbstätigen Frauen über ihre Berufung zur „biologischen" Mutter zu sammeln seien.[86]

Demgegenüber hatten sich die katholischen Frauen-Berufsvereine den Schutz des „sittlich-religiösen Lebens" und die wirtschaftlich-soziale Förderung ihrer Mitglieder zum Ziel gesetzt. Als Beispiel sei hier der *Verband katholisch-kaufmännischer Gehilfinnen und Beamtinnen* vorgestellt. Der Verein wollte sittlichen Halt vermitteln, die Ursachen der „Entartung" des Wirtschaftslebens und die daraus hergeleitete Mission der Frau aufzeigen und die fachliche Weiterbildung fördern, damit die katholischen Frauen im Wirtschaftskampf bestehen und katholischen Einfluß geltend machen könnten.[87] Angesichts der Lebens- und Arbeitsbedingungen der 12500 Frauen, die 1930 im Verband organisiert waren, mutet es wie eine zynische Rechtfertigung der bestehenden Zustände an, wenn der Verband das göttlich bestimmte Los und die Wichtigkeit niedriger Berufsarbeit betonte. Denn die Frauen, die überwiegend ledig waren und bei den Eltern wohnten, arbeiteten auf unteren Positionen in Verkauf und Kontor. Sie mußten nicht nur lange Arbeitszeiten und schlechte Bezahlung in Kauf nehmen. Sie waren auch einer scharfen Konkurrenz um den Arbeitsplatz ausgesetzt und konfrontiert mit Kolleginnen, die sich bemühten, dem Bild der sachlichen, aufstiegsorientierten, attraktiven, sexuell „befreiten" „Neuen Frau" zu entsprechen.[88] Die Übernahme dieses neuen Frauentyps und der ihm innewohnenden Fluchtmöglichkeiten aus dem Arbeitsalltag blieb den Katholikinnen untersagt.

Umgekehrt aber eröffnete ihnen die ideologische Distanzierung vom Typ der „Neuen Frau" eine Möglichkeit, den Warencharakter des Arbeitsverhältnisses, das eben nicht durch die „Erotisierung der Herrschaftsverhältnisse überformt"[89] werden konnte, zu erkennen und den männlichen „Egoismus" und dessen Herrschaft im Wirtschaftsleben anzugreifen.[90] Die Wiederverchristlichung der Wirtschaft erhofften sich die Verbandsfrauen von der Verbesserung der sozialen Beziehungen am Arbeitsplatz und vom solidarischen füreinander Einstehen. Dieses Programm ließ sich wohl nur zwischen Vereinsschwestern realisieren. Ihre häufig in der Vereinszeitung thematisierte gesellschaftliche Isolation beantworteten sie mit verstärktem Gemeinschaftsbewußtsein und der daraus hergeleiteten Überzeugung und Kraft, ihre Mission trotz allem weiterzuverfolgen.

Im Gegensatz zu diesen stark vom Klerus beeinflußten Vereinen entstand 1903 der *Katholische Deutsche Frauenbund* (KDF) aus der Frauenbewegung. Der KDF lehnte die „religiöse Indifferenz" der Frauenbewegung ab und hielt deshalb eine organisatorische Trennung für notwendig, um die Frauenfrage im Geist der katholischen

Weltanschauung zu lösen. Er rechnete sich jedoch weiterhin der Frauenbewegung zu.[91] Der KDF verstand sich erstens als Interessenvertretung und Zusammenschluß aller katholischen Frauen (vereine). Er sah seine Aufgabe darin, deren verschiedene Betätigungsfelder – die sozialen Gegensätze überbrückend – in einen geistigen Zusammenhang zu bringen, um so darauf hinzuwirken, „daß die Frauen überall jene Stelle einnehmen, wie sie ihren Leistungen gegenüber der Familie und der Allgemeinheit und den veränderten Anforderungen der Gegenwart entspricht."[92] Daraus ergab sich als zweite Aufgabe, soziale und staatsbürgerliche Bildung zu vermitteln. Auf praktischem Gebiet widmete sich der KDF drittens der sozialen Arbeit und öffentlichen Vertretung von Fraueninteressen.

Der Anspruch, „Verein aller Frauenvereine" zu sein, blieb nicht unwidersprochen. Die berufsständischen Vereine fürchteten um ihre Selbständigkeit ebenso wie die „naturständischen" und karitativen Organisationen. Zu scharfen Auseinandersetzungen kam es mit dem Volksverein, der die staatsbürgerliche Schulung der Frauen für sich beanspruchte. Hedwig Dransfeld hielt dem Volksverein entgegen, daß es keine Scheidung von politischer Bildung und allgemeinen Frauenaufgaben gebe und daß Frauen nur durch Frauen eine Schulung für ihre Gesamtaufgaben finden könnten, die den Bedürfnissen ihrer weiblichen Persönlichkeit entspreche.[93] Mit diesem Argument wurde auch – was innerhalb des Frauen-Vereinswesens außergewöhnlich war – der klerikale Einfluß abgeschwächt. Der KDF hatte einen geistlichen Beirat mit lediglich beratender Stimme. 1932 organisierte der Frauenbund 194000 Frauen, davon 127000 vorwiegend aus dem Mittelstand in der angeschlossenen Hausfrauenvereinigung, Landfrauen des größeren Grundbesitzes und Akademikerinnen, die die sozialen und politischen Führerinnen stellten und in der Zentrumspartei auf sozialpolitischem Gebiet arbeiteten.[94] Wie der Bund Deutscher Frauenvereine[95] betonte auch der KDF die wichtige Rolle der Frau als Bewahrerin der Kultur und forderte deshalb die Befreiung der Frau zur Freilegung ihrer „innersten Kraft", zum „Sichselbstwiederfinden" und „Sichselbstvertrauen".[96] Der Weg dorthin sollte nicht über eine Geschlechterangleichung führen, polemisch „Vermännerung“ genannt, und auch nicht über die lediglich formale Partizipation an der männlichen Berufswelt. Deren Infragestellung implizierte vielmehr auch Kritik an der positiven Beurteilung des gesellschaftlichen Entwicklungsprozesses und seiner Tendenz, alle Lebensbereiche und Verhaltensweisen der „Rechenhaftigkeit“ zu unterwerfen.[97] Damit artikulierte der KDF das Bewußtsein der katholischen Frauen von der Berechtigung ihres „Konservativismus“ oder, wie es eine Frau auf dem Katholikentag 1931 ausdrückte: „Daß die Frau mit einer gewissen Beharrungstendenz dasteht, ist gerade dem heutigen Leben gegenüber ein besonderer Vorzug.“[98]

Das Programm des KDF, den gesellschaftsrettenden Einfluß der Frauen in den Zentren der politischen Macht durch Mitarbeit in den bestehenden politischen Institutionen durchzusetzen, scheiterte. Die Frauen blieben abgedrängt in die einflußloseren Bereiche der Sozial- und Kulturpolitik. Ihrer ideologischen Aufwertung durch die „Katholische Aktion“ entsprach keine Änderung der Machtverteilung in den männerbeherrschten Bereichen der Politik und Öffentlichkeit. Dieses Ergebnis war bereits angelegt im Begründungszusammenhang, mit dem der Anspruch an die Frauen, den Untergang der Kultur abzuwenden, vorgetragen wurde. Denn darin erschien der für diese Aufgabe von den Katholikinnen geforderte Arbeitseinsatz als Bereitstellung einer Naturressource, als eine aus der Frauennatur fließende selbstverständliche, unsichtbare, aber wirkungsvolle Tätigkeit. Über die realen Durchsetzungschancen, die die Frauen in der gegebenen politischen und gesellschaftlichen Situation des Katholizismus am Ende der zwanziger Jahre in Deutschland hatten, wurde nicht nachgedacht. In der Partei- und Regierungspolitik des Zentrums aber beschränkten die verschärften Kämpfe zwischen gegensätzlichen Klasseninteressen in dieser Zeit den Raum für die Aneignung neuer Machtkompetenzen durch die katholischen Frauen.

Die „Katholische Aktion“ brachte aber dennoch für die Frauen eine Stärkung ihrer Position. Sie kam den Interessen der Frauen entgegen, indem sie deren Kommunikations- und Hilfszusammenhänge, die neben der Männeröffentlichkeit bestanden, unterstützte und erweiterte und damit der in der Weimarer Republik wirksamen Tendenz zur Vereinzelung der Frauen in Kernfamilie und Doppelbelastung gegensteuerte.

Anmerkungen

1 Vgl. dazu Angelika Bremme, Die politische Rolle der Frau in Deutschland. Eine Untersuchung über den Einfluß der Frauen bei Wahlen und ihre Teilnahme in Partei und Parlament, Göttingen 1956, S. 68 ff.
2 Johannes Schauff, Das Wahlverhalten der deutschen Katholiken im Kaiserreich und in der Weimarer Republik. Untersuchungen aus dem Jahre 1928, hg. v. Rudolf Morsey, Mainz 1975, S. 194, 202.
3 Ebd., S. 202, 214.
4 So Schauff; vgl. auch Rudolf Morsey, Der Untergang des politischen Katholizismus. Die Zentrumspartei zwischen christlichem Selbstverständnis und ‚Nationaler Erhebung' 1932/33, Stuttgart 1977, S. 14; vgl. zur Nichtbeachtung von Frauen die Veröffentlichungen der Kommission für Zeitgeschichte. 1983 erschien in der Reihe: Beiträge zur Katholizismusforschung: Alfred Kall, Katholische Frauenbewegung in Deutschland. Eine Untersuchung zur Gründung katholischer Frauenvereine im 19. Jahrhundert, Paderborn.
5 So Hans-Jürgen Arendt, Der Kampf der Kommunistischen Partei Deutschlands um die Einbeziehung der Frauen in die revolutionäre deutsche Arbeiterbewegung in der Periode der Weltwirtschaftskrise (1929–1932), phil. Diss. Leipzig 1970; Richard J. Evans, The Feminist Movement in Germany 1894–1933, London 1976, S. 244; Tim Mason, Zur Lage der Frauen in Deutschland 1930 bis 1940: Wohlfahrt, Arbeit und Familie, in: Gesellschaft. Beiträge zur Marxschen Theorie 6, hg. v. H.-G. Backhaus u. a., Frankfurt/M. 1976, S. 132 f.
6 Vgl. Claudia Hahn, Der öffentliche Dienst und die Frauen: Beamtinnen in der Weimarer Republik, in: Frauengruppe Faschismusforschung, Mutterkreuz und Arbeitsbuch, Frankfurt/M. 1981, S. 69 ff.
7 Mason, S. 131 ff.
8 Christian Hausmann, Leitbilder in der katholischen Frauenbewegung der Bundesrepublik, phil. Diss. Freiburg/Br. 1973, S. 250.
9 Ebd., Zitate S. 5, 249, 157, 93, 157, 248, 164. Ähnlich hielt auch Simone de Beauvoir die katholischen Frauen aufgrund des vom katholischen Kultus vermittelten Masochismus für passiver und demütiger als protestantische Frauen (Das andere Geschlecht, Reinbek 1968, S. 692); die feministische Theologin Mary Daly, Kirche, Frau und Sexus, Olten 1970, nimmt S. 17 ff. Beauvoirs Kritik auf und erklärt S. 160 ff. die „pas-

sive und stumme Stellung" der katholischen Frauen in der Kirche mithilfe der Repressions- und Projektionslehre der Psychoanalyse.

10 Deutschland und der Katholizismus. Gedanken zur Neugestaltung des deutschen Geistes- und Gesellschaftslebens, 2 Bde., hg. v. Max Meinertz, Hermann Sacher, Freiburg 1918.

11 Fritz Tillmann, Ehe und Familie, in: Deutschland Bd. 2, S. 25.

12 So Anton Heinen, Die Familie. Ihr Wesen, ihre Gefährdungen und ihre Pflege, M. Gladbach 1923[3], S. 29.

13 Franz Ostermann, Laienapostolat, in: Deutschland Bd. 1, S. 176.

14 Joseph Mausbach, Das soziale Prinzip und der Katholizismus, in: Deutschland Bd. 2, S. 16.

15 Anton Heinen, Soziale Kultur in Stadt und Land, in: Deutschland Bd. 2, S. 237.

16 Heinen, Familie, S. 22.

17 Gerhard Esser, Glaubenskraft und Abwehr des Unglaubens, in: Deutschland Bd. 1, S. 84.

18 Heinen, Familie, S. 29.

19 Otto Mors S. M. A., Die katholische Frau. Ihr Wirken für Religion, Kultur und Volk in Vergangenheit und Gegenwart, Trier 1929, S. 459 ff.; Maria Bauer, Vom Frauenwesen unserer Tage, in: Katholisches Jahrbuch 1930, Steyl o. J., S. 89 ff.

20 Otto Schilling, Die christliche Ehe und die gottfeindliche Welt, in: Katholisches Kirchenblatt für die Stadt Münster 8, 1932, Nr. 3.

21 Hans Rost, Katholische Familienkultur, Augsburg 1926, S. 14 ff. über Erziehungsaufgaben, S. 43 ff. gegen Familienplanung. Zur Art der Auseinandersetzung mit dem Geburtenrückgang z. B. Josef Hachmann, Konveniatgespräche, in: Katholische Warte 6, 1929: „Ich sehe, wie sich das sterbende Vaterland durch die deutschen Lande schleppt – auf der Suche nach einer Mutter. Ich höre seinen verzweifelten Ruf; aber nirgens ist sie mehr zu finden. Man sieht zwar einige „Herrenschnitte", man entdeckt Siegerinnen in olympischen Spielen, man hört Weibchen girren nach Befriedigung ihrer Lust, aber nirgens findet man eine Mutter".

22 Mors, S. 420; vgl. auch die Schrift eines anonymen katholischen Seelsorgers: Planmäßiger Kampf gegen Würdelosigkeit im weiblichen Geschlecht, Hamm 1916.

23 Ebd., S. 19; Heinen, Soziale Kultur, S. 242.

24 Katholischer Almanach 1933, hg. v. Wilhelm Spael, Köln 1932, S. 81 ff.; vgl. auch Kirchliches Handbuch für das katholische Deutschland, hg. v. Amtliche Zentralstelle für kirchliche Statistik des katholischen Deutschland 9, 1919/20 – 17, 1930/31, Köln o. J.

25 Konrad Algermissen, Die Katholische Aktion, in: Führerkorrespondenz 41, 1928, S. 201.

26 Constantin Noppel S.J., Die Vertiefung der Katholischen Aktion, in: Stimmen der Zeit 113, 1927, S. 337.

27 Ders., Vom Werden und Wachsen der Katholischen Aktion, in: Stimmen der Zeit 115, 1928, S. 249; ders., Katholische Aktion, in: ebd., 125, 1933, S. 303 ff.

28 Noppel, Vom Werden, S. 243.

29 Katholikentag Freiburg 1929: Rettet die christliche Familie; Münster 1930: Rettet die christliche Erziehung; Nürnberg 1931: Die sozialen Nöte der Gegenwart und ihre Überwindung im Geiste der hl. Elisabeth; Essen 1932: Christus in der Großstadt.

30 Rede von Nuntius Pacelli, in: Bericht über den Katholikentag zu Magdeburg 5.–9.9. 1928, Paderborn o.J., S. 21; dasselbe auf lokaler Ebene in: Katholisches Kirchenblatt für die Stadt Münster 7, 1931, Nr. 25: Stütze, führe, leuchte; Nr. 36: Die Stunde der Katholiken; Leid; Nr. 39: Sittlicher Wiederaufbau; Nr. 40: Die innerste Gesinnung; Unsere liebe Frau; 8, 1932, Nr. 1: Verschlimmerung oder Besserung?, Nr. 14: Gestaltende Kräfte aus dem Glauben.

31 Nach Vikar Schulte, Maria als Menschheits- und Frauenideal, in: Frauenart und Frauenleben 10, 1932, S. 142 gelte es, wie Maria „als zweiter Christus an der Vervollkommnung dieser stofflichen, an der Heiligung der geistigen Welt zu arbeiten und in der täglichen Teilnahme am Sterben Christi diese sündige Welt zu erlösen".

32 Vgl. Wolfgang Beinert, Heute von Maria reden? Kleine Einführung in die Mariologie, Freiburg 1973[5], S. 11 ff., 48 ff.

33 Das klingt an bei Msgr. Hermann Klens, Frau und Priester im heutigen Menschheitsleben, in: Frauenart und Frauenleben 10, 1932, S. 130 ff.

34 Ders., Recht und Pflicht der Frau in der Katholischen Aktion, in: Gottes Gaben – Gottes Aufgaben, 2. Verbandstagung des Zentralverbandes der katholischen Jungfrauenvereinigungen Deutschlands 1929, Düsseldorf 1930, S. 17.

35 Maria Müller, Geist und Leben im Wesen der Frau, in: Die katholische Frau in der Zeit, hg. v. Luise Bardenhewer, Anne Franken, Düsseldorf 1931, S. 7; Diözesanpräses J. Heinrichsbauer, Frauenart und Frauenwirken im Volksleben, in: (Anm. 34), S. 22 spricht von „Rettungsaufgaben von säkularer Bedeutung" in dem „die Menschheit umdüsternden Grau der Europa-Untergangsstimmung".

36 Maria Schlüter-Hermkes, Die neue Familie durch die neue Frau, in: Die katholische Frau, S. 15.

37 Dieses und die folgenden Zitate aus Edith Stein, Die Frau. Ihre Aufgabe nach Natur und Gnade, Werke Bd. 5, Louvain/Freiburg 1959, S. 212, 4, 6, 67 f., 213, 13.

38 Friedrich Muckermann S.J., Unsere Liebe Frau, in: Katholisches Kirchenblatt 7, 1931, Nr. 40; zu den Arbeits- und Lebensbedingungen

von Müttern in den 1920er Jahren vgl. Karin Hausen, Mütter, Söhne und der Markt der Symbole und Waren. Der „Deutsche Muttertag" 1923–1933, in: Emotionen und materielle Interessen, hg. v. Hans Medick, David Sabean, Göttingen 1984, S. 473–523.

39 Schulte, Maria, S. 156.

40 Stein, S. 7 ff., 205 f.

41 Helene Wessel, Die Mädchenwelt im Beruf im Ringen mit den Strömungen der Zeit, in: (Anm. 34), S. 80 ff.; Katharina Müller, Die Einwirkung des Berufslebens auf die Frauen- und Mädchenwelt, in: Frauenberuf und Seelsorge. Herbsttagung des Zentralverbandes der katholischen Jungfrauenvereinigungen Deutschlands 1928, Düsseldorf o. J., S. 8 ff.; Helene Weber, Vom Sinn des Berufes und seiner Stellung im Leben der Frau, in: Frauenberufe und Frauenberufung. Vorträge und Berichte der Arbeitsgemeinschaften des Katholischen Deutschen Frauenbundes, Düsseldorf 1928, S. 16 ff.

42 Stein, S. 79; außerdem S. 14 ff., 37.

43 Stein, S. 79; ähnlich Gertrud von Le Fort, Die ewige Frau (1934), München [14]1950, S. 17 ff., 85 ff.

44 Anna Herde, Von der Jungfräulichkeit, in: Frauenart 7, 1929, S. 186. Siehe auch Barbara Duden, Das schöne Eigentum. Zur Herausbildung des bürgerlichen Frauenbildes an der Wende vom 18. zum 19. Jahrhundert, in: Kursbuch 47, 1977, S. 125 ff.

45 Friedrich Franzen (Pallotiner), Maria, die Königin der Katholischen Aktion, Limburg 1929, S. 30; vgl. zum Jungfräulichkeitsideal auch Hilde Lion, Zur Soziologie der Frauenbewegung. Die sozialistische und die katholische Frauenbewegung, Berlin 1926, S. 109 ff.

46 Klens, Frau und Priester, S. 132.

47 Vgl. u. a. Kpl. Josef Schmitz, Maria als Typus der Kirche und im Leben der Kirche, in: Frauenart 10, 1932, S. 181 f.; Frau und Priester, in: Frauenart 9, 1931, S. 104 f.; Engelbert Krebs, Vom ‚Priestertum der Frau', in: Hochland 19, 1921/22, S. 196 ff., nachfolgende Zitate ebd., S. 207, 208.

48 Für Stein, S. 43 f. ist das in der Nachfolge Christi für beide Geschlechter möglich.

49 Klens, Frau und Priester, S. 131.

50 Kpl. Köster, Der Priester im Frauenverein, insbesondere im weiblichen Standesverein, in: Frauenart 7, 1929, S. 113. Den Ausdruck „ganzer Mann" benutzt auch Luise Rinser, Zölibat und Frau, Würzburg 1967[3] als Synonym für echte Persönlichkeit des Priesters.

51 Vgl. Berichtsbuch der 70. Generalversammlung der Katholiken Deutschlands in Nürnberg vom 26.–30. 8. 1931, Nürnberg o. J., S. 225–250: Diskussionsbeiträge; S. 294–296: Gruppenleiterberichte; Elisabeth Schwörer-Jalkowski, Die Hygiene in der Ehe vom Stand-

punkt der katholischen Ärztin, in: Katholische Ehe. Vorträge auf der Delegierten-Versammlung des Katholischen Deutschen Frauenbundes in Hildesheim 1924, o. O. 1927[2], S. 81 ff.

52 Ein im Katholizismus der 1920er Jahre gebräuchlicher Topos.

53 Wilhelmine Schumacher-Koehl, Die verheiratete Frau und die sittliche Not, in: Frauenart 10, 1932, S. 80 f.

54 Josef Schnippenkötter, Die christliche Familie und ihre Gefährdung durch weltanschauliche Gegner, in: Berichtsbuch der 68. Generalversammlung der deutschen Katholiken zu Freiburg vom 28. 8.–1. 9. 1929, Freiburg 1929, S. 206 ff.; vgl. auch: Moderne Ehereformbestrebungen, in: Frauenart 11, 1933, S. 80 ff.; Heinrich Lechtape, Die Krise der Familie, in: Hochland 28, 1930/31, S. 340 ff.; Joseph Mayer, Katholische Sexualethik und Strafrechtsreform, in: Mitteilungen des Reichsfrauenbeirates der Deutschen Zentrumspartei 4, 1929, S. 1 ff.; Hermann Muckermann, Eheliche Liebe, Berlin 1924.

55 Zitate aus Max Seber, Die Liebeskrise der Frau, in: Die schöne Frau 2, 1927; zur Sexualreform vgl. u. a. B. Lindsey, W. Evans, Die Kameradschaftsehe, Berlin/Leipzig o. J.; Theodor van de Velde, Die vollkommene Ehe, Leipzig/Stuttgart 1928[19]; Max Hodann, Geschlecht und Liebe in biologischer und gesellschaftlicher Beziehung, Rudolstadt 1929[5].

56 Vgl. Joseph Mausbach, Der christliche Familiengedanke im Gegensatz zur modernen Mutterschutzbewegung, Münster 1908; Ellen Ammann, Die Gefährdung der christlichen Ehe, in: Katholische Ehe, S. 62 ff.; Maria Heßberger, Wege zum Ziel, in: ebd., S. 108 ff.

57 Vgl. die Beiträge in: Katholische Ehe; die Diskussion auf dem Katholikentag 1929, in: Berichtsbuch, S. 80 ff.; F. Muckermann S. J., Kritik an Freiburg, in: Katholische Warte 6, 1929.

58 Müller, Geist und Leben, S. 9.

59 Rundschreiben von Pius XI., über die christliche Ehe in Hinsicht auf die gegenwärtigen Verhältnisse, Bedrängnisse, Irrtümer und Verfehlungen in Familie und Gesellschaft, Berlin 1931; Max Bierbaum, Religion und Recht in der Ehe. Betrachtungen zur Eheenzyklika Pius XI., Münster 1931; J. Schnippenkötter auf dem Katholikentag 1931, in: Berichtsbuch, S. 226.

60 Schnippenkötter, Christliche Familie, S. 206.

61 Als Aussage z. B. in: Frauenart 7, 1929, S. 163; von einer Hausfrau auf dem Katholikentag 1931, in: Berichtsbuch, S. 231.

62 Vgl. Pfr. Nicolaus Jansen, Ehe und Familie. Ein Buch für Bräute, junge Frauen und Mütter, Kevelaer 1922, S. 174 ff., 194 ff.; H. Muckermann, Eheliche Liebe; Diskussionsbeitrag eines Geistlichen auf dem Katholikentag 1931, in: Berichtsbuch, S. 227.

63 Schulte, Maria, S. 157.

64 So auf dem Katholikentag 1931, vgl. Berichtsbuch, S. 296.

65 Schnippenkötter, Christliche Familie, S. 206; dgl. eine Entschließung auf dem Katholikentag 1929, in: Berichtsbuch S. 85; Ehediskussion auf dem Katholikentag 1931, in: Berichtsbuch, S. 229, 249, 250.

66 Ebd., S. 296.

67 Ebd., S. 250; Schlüter-Hermkes, Neue Familie, S. 17 ff. will den Mann an Haushaltsarbeiten und Kinderstube beteiligen.

68 Zitiert nach Schnippenkötter, Christliche Familie, S. 216.

69 Vgl. K. Algermissen, Die Katholische Aktion, S. 199 ff.

70 Aufzählung aus E. Kerbs, Priestertum, S. 213.

71 Josef Schroeder, Die Katholische Aktion unter besonderer Berücksichtigung der deutschen Verhältnisse, jur. Diss. Erlangen 1932, S. 40 u. ff.

72 Praktischer Arbeitsplan für ein modernes Laienapostolat. Von einem Stadtpfarrer der Erzdiözese Freiburg, Leutesdorf a. Rh. 1929[2], S. 41.

73 Krebs, Priestertum, S. 212; Mayer, Sexualethik, S. 12 ff.; Frausein. Leitsätze aus den Schriften unseres Generalpräses Hermann Klens, Düsseldorf 1930, S. 40 f.

74 Maria Schlüter-Hermkes, Das katholische Ideal der heiligen Ehe, in: Katholische Ehe, S. 47; Ehediskussion auf dem Katholikentag 1931, in: Berichtsbuch, S. 243.

75 August Pieper, Jugend- und Standesvereine als Pflanzschulen unseres Gemeinschaftslebens, in: Soziale Arbeit im neuen Deutschland. Festschrift zum 70. Geburtstag von Franz Hitze, M. Gladbach 1921, S. 219.

76 So die Aussprache über das Referat von Kpl. J. Schmitz, Maria (Anm. 47), S. 183 ff.; A. Seggewiß S. J., Psychologische Gesetze im Gemeinschaftsleben der Mädchen (1), in: Frauenart 9, 1931, S. 110 f.

77 Ehediskussion auf dem Katholikentag 1931, in: Berichtsbuch, S. 249 f., 296; C. Noppel S. J., Gärung im katholischen Vereinswesen, in: Stimmen der Zeit 104, 1923, S. 346 ff.; ders., Vertiefung, S. 337; H. Klens, Die neuzeitliche Arbeit im Frauen- und Mütterverein, in: Frauenart 10, 1932, S. 6; Helene Rothländer, Gruppenarbeit, in: Frauenart 9, 1931, S. 134.

78 A. Kolping, zitiert nach Pieper, Jugend- und Standesvereine, S. 216.

79 Klens, Neuzeitliche Arbeit, S. 7.

80 Pieper, Jugend- und Standesvereine, S. 227.

81 Für die Frauenbeteiligung siehe die Statistiken über kirchliche Handlungen in den Kirchlichen Handbüchern für das katholische Deutschland; vgl. auch Barbara Welter, ‚Frauenwille ist Gottes Wille'. Die Feminisierung der Religion in Amerika 1800–1860, in: Listen der Ohnmacht, hg. v. Claudia Honegger, Bettina Heintz, Frankfurt/M. 1981, S. 326 ff.

82 Anwalt der Frauen. Hermann Klens. Leben und Werk. Memoiren bearbeitet von Ingeborg Rocholl-Gärtner, Paderborn 1978, S. 100, 49 ff.

Von einem „Hineinwachsen“ der katholischen Vereine in die Frauenbewegung spricht Margarete Veeh, Ausbreitung und ideologische Begründung der deutschen Frauenbewegung in der Gegenwart, phil. Diss. Heidelberg 1932, S. 47.

83 Aufschlußreich sind hierfür die Vereinszeitungen: Knospen (für 14–17jährige Mädchen), Kranz (für über 17jährige), Ins Leben hinaus (für Schulabgängerinnen), Die Mutter, ab 1932: Frau und Mutter, Frauenart und Frauenleben (für Priester und leitende Frauen), Die Jugendführerin, Vorstandsbl. für Müttervereine (für Vereinsvorstände).

84 Klens, Neuzeitliche Arbeit, S. 6 f.

85 Vgl. Wilhelm Spael, Das katholische Deutschland im 20. Jahrhundert, Würzburg 1964, S. 99 ff.; M. Schumacher-Koehl, Die katholischen Frauen- und Müttervereine, in: Mitteilungen des Reichsfrauenbeirates 6, 1931, S. 8 ff.; Josepha Fischer, Die Mädchen in den deutschen Jugendverbänden, Leipzig 1933, S. 7 ff.

86 Carl Walterbach, Die Organisation der katholischen Frauen, München 1913, S. 23 ff.; J. Wessel, Aus der Vereinspraxis weiblicher Vereine. Gedanken und Anregungen als Beitrag zur Lösung der Frauenfrage, M. Gladbach 1917, S. 18 ff.; Pater Krötz, Handbuch der Vereinsleitung für Jungfrauenvereine, Bochum 1917, S. 13 ff.

87 Vgl. die programmatischen Erklärungen aus Anlaß des Zusammenschlusses zum Reichsverband in: Die kaufmännische Angestellte und die Beamtin 1, 1930.

88 Vgl. zu den Arbeits- und Lebensbedingungen außer Anm. 87 auch Susanne Suhr, Die weiblichen Angestellten. Arbeits- und Lebensverhältnisse. Eine Umfrage des Zentralverbandes der Angestellten, Berlin 1930; Ute Frevert, Vom Klavier zur Schreibmaschine. Weiblicher Arbeitsmarkt und Rollenzuweisungen am Beispiel der weiblichen Angestellten in der Weimarer Republik, in: Frauen in der Geschichte, hg. v. Annette Kuhn, Gerhard Schneider, Düsseldorf 1979, S. 82 ff.; dies., Traditionelle Weiblichkeit und moderne Interessenorganisation, in: Geschichte und Gesellschaft 7, 1981, S. 507 ff.; zur „Neuen Frau“ vgl. Frauenalltag und Frauenbewegung 1890–1980, Katalog Historisches Museum Frankfurt, Frankfurt/M. 1981, S. 51–75.

89 Frevert, Vom Klavier, S. 102.

90 Vgl. hierzu u. a. die Aufsätze: Unser Wollen; Unser Gruppenabend; Der Christ – auch Propagandist, in: Die kaufmännische Angestellte 1, 1930; Frauenaufgaben des Wirtschaftslebens und die Notwendigkeit einer katholischen Berufsorganisation, in: ebd., 2, 1931.

91 Lion, S. 127 ff.; 25 Jahre Katholischer Deutscher Frauenbund, Köln 1928, S. 7 ff.; Maria Schlüter-Hermkes, Grundsätzliches zur katholischen Frauenbewegung, in: Hochland 26, 1928/29, S. 604 ff.; außerdem das KDF-Organ: Die christliche Frau.

92 Hedwig Dransfeld, Organisationsprobleme der katholischen Frauenwelt, Freiburg 1913, S. 25.
93 Ebd., S. 35 ff.; auch dies., Die Aufgaben der Zukunft und die äußere und innere Ausgestaltung des KDF, Köln 1919.
94 Aus der Arbeit des Katholischen Deutschen Frauenbundes 1931–32, hg. v. d. Zentralstelle des KDF, Köln o. J. (1932); 25 Jahre KDF, Köln 1928; außerdem: Mitteilungen des Reichsfrauenbeirates der Deutschen Zentrumspartei; Anna Briefs-Weltmann, Frauenbewegung und Frauenparlamentarismus in Deutschland, in: Hochland 25, 1928/29, S. 66 ff.; über Hedwig Dransfeld vgl. Helene Weber, in: Selig sind des Friedens Wächter, hg. v. G. Krabbel, Münster 1949; Walter Ferber, in: Zeitgeschichte in Lebensbildern, Bd. 1, hg. v. Rudolf Morsey, Mainz 1973; Ernte eines Lebens. Blätter der Erinnerung zum 80. Geburtstag von Helene Weber, hg. v. der Zentrale des KDF, Köln o. J. (1961).
95 Siehe den Beitrag von Irene Stoehr in diesem Band.
96 Gerta Krabbel, Die tragenden und schaffenden Kräfte im Berufsleben der Frau, in: Frauenberufe, S. 117.
97 Vgl. z. B. Else Hasse. Die Geschlechterfrage als Grundproblem der Weltgeschichte, in: Die christliche Frau 30, 1932, S. 177 ff.
98 Vgl. Berichtsbuch, S. 234.

Über die Autorinnen

Bergmann, Anna A., geb. 1953; Dipl. Pol., studierte Politikwissenschaft in Berlin; Stipendiatin des Hamburger Instituts für Sozialforschung; arbeitet an einer Dissertation über Geburtenrückgang und Geburtenpolitik im Deutschen Kaiserreich bis 1914; Veröffentlichungen: Geburtenrückgang – Gebärstreik. Zur Gebärstreikdebatte 1913 in Berlin, in: Archiv für die Geschichte des Widerstands und der Arbeit, Nr. 4, 1981; Einleitende Gedanken zum Symposium „Theorien weiblicher Subjektivität, hg. von der Zentraleinrichtung zur Förderung von Frauenstudien und Frauenforschung an der Freien Universität Berlin, Frankfurt a. M. 1985; Von der „Unbefleckten Empfängnis“ zur „Rationalisierung des Geschlechtslebens“. Gedanken zur Debatte um den Geburtenrückgang vor dem Ersten Weltkrieg, in: J. Geyer-Kordesch, A. Kuhn (Hg.), Frauenkörper – Medizin – Sexualität. Auf dem Wege zu einer neuen Sexualmoral, Düsseldorf 1986.

Bock, Gisela, geb. 1942, Dr. phil., Professorin für Neuere Geschichte am Europäischen Hochschulinstitut in Florenz; studierte Geschichte und Musikwissenschaft in Berlin, Freiburg, Paris, Rom; Veröffentlichungen u. a.: Thomas Campanella. Politische Intention und philosophische Spekulation, Tübingen 1974; Die „andere“ Arbeiterbewegung in den USA 1905–1922, München 1976; Arbeit aus Liebe – Liebe als Arbeit. Zur Entstehung der Hausarbeit im Kapitalismus, in: Frauen und Wissenschaft. Beiträge zur Berliner Sommeruniversität für Frauen, Berlin 1977 (zus. mit B. Duden); Zwangssterilisation im Nationalsozialismus. Studien zur Rassenpolitik und Frauenpolitik, Opladen 1986.

Ellerkamp, Marlene, geb. 1956, studierte Englisch und Geschichte in Bremen; Staatsexamen; arbeitet an einer Dissertation über Arbeitsbedingungen und Gesundheitsverhältnisse von Textilarbeiterinnen in Bremen und dem bremischen Umland während des Deutschen Kaiserreichs.

Gerhard-Teuscher, Ute, geb. 1939; Dr. phil., studierte Jura, Geschichte und Sozialwissenschaften in Köln, Göttingen, Bonn, Bremen; erstes jur. Staatsexamen; seit 1978 Wiss. Mitarbeiterin in Frauenforschungsprojekten; Veröffentlichungen u.a.: Verhältnisse und Verhinderungen. Frauenarbeit, Familie und Rechte der Frauen im 19. Jahrhundert, Frankfurt 1978; „Dem Reich der Freiheit werb ich Bürgerinnen". Die Frauen-Zeitung von Louise Otto. Hg. u. komm. zus. mit E. Hannover-Drück u. R. Schmitter, Frankfurt 1979; Frauenfragen an die Rechtswissenschaft. Zur Rechtsgeschichte der Frau im 19. Jahrhundert, in: M. Fabricius-Brand u.a. (Hg.), Juristinnen. Berichte, Fakten, Interviews, Berlin 1982. „Bis an die Wurzeln des Übels". Rechtskämpfe und Rechtskritik der Radikalen, in: Feministische Studien 1984, Heft 1: Die Radikalen in der alten Frauenbewegung.

Jungmann, Brigitte, geb. 1956, studierte Englisch und Geschichte in Göttingen, Bremen, Staatsexamen; arbeitet an einer Dissertation über Arbeitsbedingungen und Gesundheitsverhältnisse von Textilarbeiterinnen in Bremen und dem bremischen Umland während des Deutschen Kaiserreichs.

Kaufmann, Doris, geb. 1953; Dr. phil., studierte Geschichte und Politikwissenschaft in Münster und Berlin; seit 1983 Wiss. Mitarbeiterin im Forschungsprojekt „Frau und Christentum" am Institut für ökumenische Forschung der Universität Tübingen; Veröffentlichungen u.a.: Katholisches Milieu in Münster 1928–1933, Düsseldorf 1984; Die Ehre des Vaterlandes und die Ehre der Frauen oder der Kampf an der äußeren und inneren Front. Der Deutsch-Evangelische Frauenbund im Übergang vom Kaiserreich zur Weimarer Republik, in: Evangelische Theologie 46, 1986, H. 3; Die Begründung und Politik einer evangelischen Frauenbewegung in der Weimarer Republik, in: J. Dalhoff u.a. (Hg.), Frauenmacht in der Geschichte, Düsseldorf 1986.

Meyer, Sibylle, geb. 1955, Dipl. Soz., studierte Soziologie, Geschichte und Psychologie in Berlin; Wiss. Mitarbeiterin am Institut für Zukunftsstudien (Berlin) im VW-Projekt „Sozialgeschichte der Haushaltstechnik"; arbeitet an einer Dissertation über den Wandel der Familien im 20. Jahrhundert; Veröffentlichungen u.a.: Das Theater mit der Hausarbeit. Bürgerliche Repräsentation in der Familie der wilhelminischen Zeit, Frankfurt 1982; Wie wir das alles geschafft haben. Alleinstehende Frauen berichten über ihr Leben nach 1945, München 1984 (zus. mit E. Schulze); Von Liebe sprach damals keiner. Familienalltag in der Nachkriegszeit, München 1985 (zus. mit E. Schulze).

Schulte, Regina, geb. 1949, Dr. phil., studierte Geschichte, Germanistik und Sozialkunde in Bonn und München; wiss. Mitarbeiterin am Institut für Geschichtswissenschaft an der Technischen Universität Berlin; Veröffentlichungen: Sperrbezirke. Tugendhaftigkeit und Prostitution in der bürgerlichen Welt, Frankfurt 1979; Dienstmädchen im herrschaftlichen Haushalt. Zur Genese ihrer Sozialpsychologie, in: Zeitschrift für bayerische Landesgeschichte 41, 1978; Die Kindsmörderin Anna H. Eine Fallgeschichte aus dem bayerischen Dorfalltag im 19. Jahrhundert, in: Journal für Geschichte 1981, H. 5; Kindsmörderinnen auf dem Lande, in: H. Medick, D. Sabean (Hg.), Emotionen und materielle Interessen. Anthropologische und historische Beiträge zur Familienforschung, Göttingen 1984, Feuer im Dorf, in: H. Reif (Hg.), Räuber, Volk und Obrigkeit, Frankfurt 1984.

Schwarz, Gudrun, geb. 1948, Dipl. Soz., studierte Soziologie und Psychologie in Berlin, wiss. Mitarbeiterin an der Freien Universität Berlin, arbeitet an einer Dissertation über die Veränderung der Sexualmoral in Deutschland zwischen 1850 und 1933 mit besonderer Berücksichtigung der weiblichen Homosexualität; Veröffentlichung: Vorwort zu: A. Meyer (Hg.), Lila Nächte. Die Damenclubs im Berlin der zwanziger Jahre, Berlin 1981; „Gemeinschaftsleben ist immer ein Wagnis". Gymnastikschule Schwarzerden in der Rhön, in: Die ungeschriebene Geschichte –

Historische Frauenforschung. Dokumentation des 5. Historikerinnentreffens in Wien. 16. bis 19. April 1984, hg. v. B. Bechtel u.a., Wien o.J.

Stoehr, Irene, geb. 1941, Dipl. Soz., 1977–1982 Wiss. Assistentin an der Freien Universität Berlin, Mitarbeiterin in der „Courage", z.Zt. Wiss. Mitarbeiterin des Deutschen Staatsbürgerinnen-Verbandes (Berlin), dort Forschungen zur Geschichte des Allgemeinen Deutschen Frauenvereins; Veröffentlichungen u.a.: Machtergriffen? Deutsche Frauenbewegung 1933, in: Courage, Februar 1983; Fraueneinfluß oder Geschlechterversöhnung? Zur „Sexualitätsdebatte" in der deutschen Frauenbewegung um 1900, in: J. Geyer-Kordesch, A. Kuhn (Hg.), Frauenkörper – Medizin – Sexualität, Düsseldorf 1986; Neue Frau und Alte Bewegung. Zum Generationenkonflikt in der Frauenbewegung der Weimarer Republik, in: J. Dalhoff u.a. (Hg.), Frauenmacht in der Geschichte, Düsseldorf 1986.

Wierling, Dorothee, geb. 1950, Dr. phil., studierte Geschichte und Anglistik in Bochum, Staatsexamen; wiss. Mitarbeiterin im Lehrgebiet Neuere Geschichte der Fernuniversität Hagen. Veröffentlichung: Vom Mädchen zum Dienstmädchen, in: K. Bergmann, R. Schörken (Hg.), Geschichte im Alltag – Alltag in der Geschichte, Düsseldorf 1982; Women Domestic Servants in Germany at the Turn of the Century, in: Oral History 10, 1982; Mädchen für alles. Arbeitsalltag und Lebensgeschichte der Dienstmädchen um die Jahrhundertwende, Bonn, Berlin 1987.

Anzeigen